멘토의
한수

KB091059

E 엑셀
‐‐‐‐‐‐‐‐‐‐
데이터 분석 및 활용
‐‐‐‐‐‐‐‐‐‐‐‐‐‐‐‐‐‐‐‐‐

장효선 지음

BM 성안당
www.cyber.co.kr

멘토의 한 수

엑셀 데이터 분석 및 활용

2019. 3. 29. 초 판 1쇄 인쇄
2019. 4. 10. 초 판 1쇄 발행

저자와의
협의하에
검인생략

지은이 | 장효선
펴낸이 | 이종춘
펴낸곳 | BM (주)도서출판 성안당

주소 | 04032 서울시 마포구 양화로 127 첨단빌딩 3층(출판기획 R&D 센터)
     | 10881 경기도 파주시 문발로 112 출판문화정보산업단지(제작 및 물류)

전화 | 02) 3142-0036
     | 031) 950-6300

팩스 | 031) 955-0510
등록 | 1973. 2. 1. 제406-2005-000046호
출판사 홈페이지 | **www.cyber.co.kr**
ISBN | 978-89-315-5455-7 (13000)
정가 | 20,000원

이 책을 만든 사람들

기획 | 최옥현
진행 | 최창동, 최재석
본문 디자인 | 인투
표지 디자인 | 박원석
홍보 | 김계향, 정가현
국제부 | 이선민, 조혜란, 김혜숙
마케팅 | 구본철, 차정욱, 나진호, 이동후, 강호묵
제작 | 김유석

■ 도서 A/S 안내

성안당에서 발행하는 모든 도서는 저자와 출판사, 그리고 독자가 함께 만들어 나갑니다.
좋은 책을 펴내기 위해 많은 노력을 기울이고 있습니다. 혹시라도 내용상의 오류나 오탈자 등이 발견되면 **"좋은 책은 나라의 보배"**로서 우리 모두가 함께 만들어 간다는 마음으로 연락주시기 바랍니다. 수정 보완하여 더 나은 책이 되도록 최선을 다하겠습니다.
성안당은 늘 독자 여러분들의 소중한 의견을 기다리고 있습니다. 좋은 의견을 보내주시는 분께는 성안당 쇼핑몰의 포인트(3,000포인트)를 적립해 드립니다.

잘못 만들어진 책이나 부록 등이 파손된 경우에는 교환해 드립니다.

머리말

컴퓨터 분야를 전공하면서 전공을 살려보고자 프로그래밍 언어와 컴퓨터 자격증, 그리고 엑셀 등을 가르치는 컴퓨터 전문강사로 수년간 활동했습니다. 이후 웅진식품 해외사업팀으로 입사하여 영업기획, 영업관리, 무역 및 무역사무, SAP PI 업무 등 많은 양의 업무를 혼자 해내며, 엑셀을 좀 더 효과적으로 사용할 수 있는 방법과 시간을 줄일 수 있는 방법에 대해 고민하고 연구하게 되었습니다. 또 웅진그룹 내에서 엑셀 사내 강사로 발탁되어 활동하며 다른 여러 계열사의 각기 다른 업무에 적용도 높은 엑셀 활용방법을 연구하게 되었습니다.

그 덕분에 엑셀을 활용해 데이터를 체계화하고 다양한 기능을 업무에 최대한 활용할 수 있도록 하였습니다. 또한 업무 자체를 엑셀을 통해 자동화하고, 단축할 수 있는 엑셀 활용방법을 개발하여 분야가 다른 계열사의 각기 다른 업무에도 쉽게 적용할 수 있도록 하였습니다.

본 도서는 기업에서 실제 업무를 하며 경험하고 고민한 내용, 그리고 사내강사로 활동하며 얻어낸 다양한 사례와 경험들을 실제 예제로 만들었습니다. 그리고 현재의 엑셀 전문강사로 다양한 연구를 통해 강의했던 내용을 토대로, 현업에서 꼭 필요한 엑셀의 기능과 함수, 그리고 분석 방법과 보고서화 하는 방법을 체계적으로 구성하였습니다.

PART 1~PART 3은 초심자들을 위해, 그리고 엑셀을 체계적으로 사용하는 것에 어려움을 느끼시는 분들을 위해 엑셀의 기본기를 익힐 수 있도록 하였습니다. 업무에 꼭 필요한 다양한 기능과 여러 함수를 예제를 통해 쉽게 알 수 있도록 하였습니다.

PART 4는 앞에서 익힌 기능과 함수를 토대로 좀 더 난이도 있는 함수와 데이터 관리 및 분석 방법들로 구성되어 있습니다. 함수뿐 아니라 다양한 기능을 조합하여 데이터를 관리하고 분석하는 방법을 익힐 수 있도록 하였습니다.

PART 5는 다양한 데이터 분석 기법을 엑셀을 활용하여 효과적으로 표현할 수 있는 방법과 엑셀에서 제공하는 미래예측 기능 및 함수들을 활용하여 데이터를 분석하고 예측하는 방법을 알 수 있도록 구성하였습니다.

PART 6은 앞에서 익힌 기능과 함수를 활용하여 데이터를 자동화하고 가시화할 수 있도록 하였습니다. 양식 컨트롤의 여러 기능과 함수, 차트를 활용하여 많은 양의 데이터를 효과적으로 가시화하고, 보고서화 할 수 있도록 구성하였습니다.

본 도서는 '업무를 하며 엑셀을 좀 더 효과적으로, 쉽게 사용할 수 없을까?'를 고민하시는 여러분들을 위해 그간의 경험과 다양한 노하우를 아낌없이 담았습니다. 데이터 가공부터 보고서까지 한 번에 해결할 수 있으시길, 그리고 업무가 엑셀로 인해 편해지길 바라는 저자의 마음이 잘 전달되길 바랍니다.

본 도서를 집필하며 저자보다 더 많이 고생하신 성안당 최재석 님과 관계자분들께 감사 인사 전하고 싶습니다. 마지막으로 사랑하는 딸 하온이와 든든하게 지지하고 도와주는 남편에게 고마움과 사랑의 마음을 전합니다.

저자 장효선

■ "〈멘토의 한 수〉 EXCEL master 엑셀 데이터 분석 및 활용" 자료 다운로드 및 동영상 강의

"〈멘토의 한 수〉 EXCEL master 엑셀 데이터 분석 및 활용"의 예제 자료 다운로드와 무료 동영상 강의는 멘토의 한 수 EXCEL master(https://cafe.naver.com/excelmc) 카페에서 확인하실 수 있습니다.

❶ 'https://cafe.naver.com/excelmc'에 접속하여 [카페 가입하기]를 클릭합니다. [카페 가입하기] 화면이 오른쪽에 표시되며, 동영상강의를 볼 수 있도록 가입하기 위해서는 〈질문1〉과 〈질문2〉를 입력하셔야 합니다.

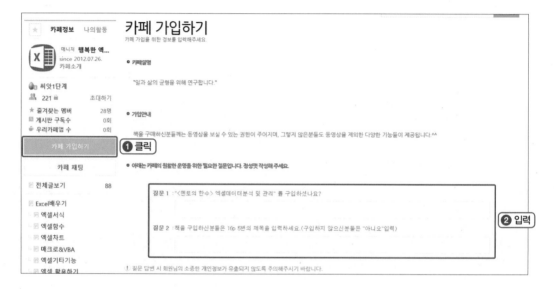

❷ 질문에 대한 답을 입력하고, 보안절차를 거쳤으면, 하단에 있는 [동의 후 가입하기] 버튼을 클릭합니다.

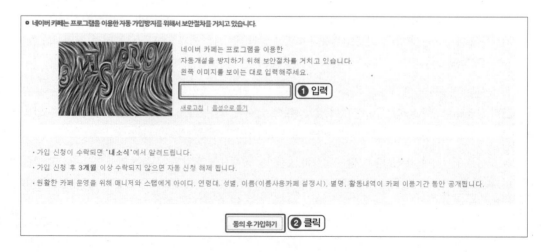

❸ 카페에 가입 후 왼쪽 중간에 있는 메뉴에서 [엑셀도서 동영상강의]를 클릭하면 엑셀의 동영상 강의를 보실 수 있으며, [엑셀도서 예제파일], [엑셀도서 예제완성본]을 클릭하면 예제 파일과 완성본을 다운로드 하실 수 있습니다.

그 외에 해당 사이트에서는 엑셀과 엑셀 도서에 대한 정보와 여러 가지 유익한 내용을 제공합니다.

CONTENTS

PART 02 | 쉽고 간단한 기능을 활용한 데이터관리 및 분석

PART 04 | 함수를 활용한 데이터관리 및 분석

PART 05 | 데이터 분석 & 미래예측

PART 06 엑셀로 효과적인 보고서 작성

엑셀 데이터 분석의 이해와
엑셀기본기 익히기

엑셀에서 데이터를 잘 분석하기 위해서는 엑셀의 기본이 되는 요소와 기능을 잘 알고 있어야 합니다. 그런 후 데이터 베이스화하는 방법을 익히면 엑셀을 효과적으로 사용할 수 있고, 데이터를 분석할 수 있습니다. 엑셀의 기본 구성 요소를 살펴보고 각 기능의 사용 방법과 데이터 베이스화하는 방법을 익히도록 합니다.

Excel

CHAPTER 01 엑셀 데이터 분석의 이해

1. 엑셀 및 엑셀 2016버전의 특징

엑셀에서 값을 입력하는 기본단위를 셀(cell)이라고 하며, 문자나 숫자, 날짜, 시간 등을 입력할 수 있습니다. 엑셀은 데이터가 들어있는 셀을 직접 참조하여 함수 또는 수식을 입력하고, 채우기 핸들을 이용해 나머지 데이터에 함수 수식을 반영할 수 있습니다. 또한 복잡한 분석 작업을 엑셀에서 제공하는 여러 기능으로 이용하여 쉽게 수행할 수 있습니다.

엑셀 2016버전은 많은 기능이 추가되었는데, 트리맵, 선버스트, 폭포 등의 최신 차트와 데이터의 향후 추세를 예측할 수 있는 예측 기능들이 추가되었습니다. 사용자와 동료가 동일한 엑셀 통합문서를 열어 공동 작성할 수 있도록 하였으며, 3D모델을 삽입하여 360도 회전을 통해 시각적이고 창의적인 효과를 나타낼 수 있는 기능을 늘렸습니다.

2. 데이터베이스

데이터베이스를 하나로 간추려 요약하기는 어렵지만, 논리적으로 연관된 데이터들의 집합으로 그 내용을 구조화하여 자료의 중복을 없애고 관리하기 편하게 만들어 놓은 것이라 할 수 있습니다. 엑셀로 차곡차곡 모아 놓은 데이터는 엑셀로 만들어 놓은 데이터베이스라고 할 수 있습니다.

3. 엑셀 데이터 분석의 이해

엑셀 데이터 분석은 엑셀의 스프레드시트에 쌓여 있는 데이터를 통해 과거에서부터 현재를 이해하고 미래 예측이 가능하도록 하는 것이며, 반대로 현재부터 과거를 이해하여 미래예측이 가능하도록 하는 것입니다.

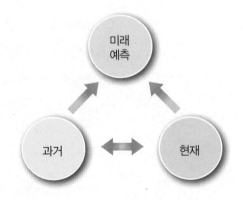

CHAPTER 02
엑셀의 화면구성과 용어 그리고 환경설정

엑셀화면의 구성요소를 살펴보고, 엑셀에서 사용하는 용어들을 정의하여 엑셀에 대한 이해를 높이도록 합니다.

1. 엑셀의 화면구성

엑셀에는 여러 가지 화면 구성요소를 가지고 있습니다. 이 구성요소를 알고 있으면 엑셀을 적절하게 잘 사용할 수 있습니다.

❶ 엑셀 2013버전부터는 엑셀을 시작할 때 시작화면이 먼저 나타납니다. 이곳에서 새 통합 문서를 선택하거나 제공된 서식파일 등을 볼 수 있습니다.

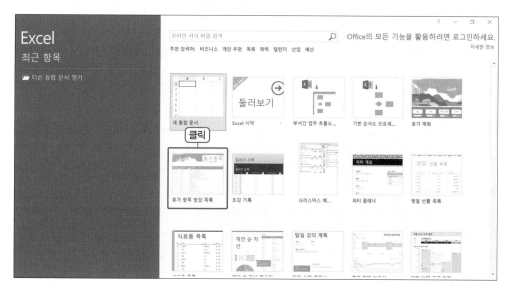

❷ 엑셀 시작화면의 [새 통합 문서]를 클릭하면 엑셀의 시트가 나타나며 여러 가지 구성요소가 있습니다.

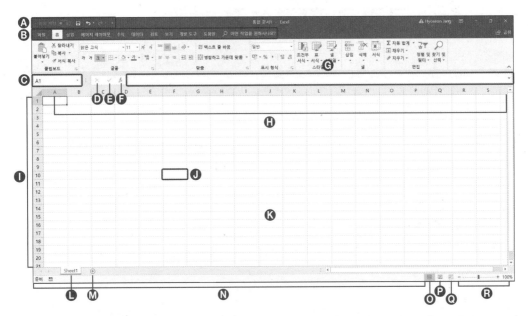

Ⓐ 빠른 실행 도구 모음 : 엑셀의 즐겨찾기입니다. 자주 사용하는 기능을 추가하여 사용할 수 있으며, 단축키가 없는 기능은 빠른 실행 도구 모음에 추가하여 단축키처럼 사용할 수 있습니다.

Ⓑ 메뉴탭 : 각 메뉴탭을 누르면 리본메뉴가 펼쳐집니다. 아이콘 형태이며 특정 기능을 실행하면 확장 도구가 나타납니다.

Ⓒ 이름 상자 : 현재 선택되어 있는 셀의 위치나 정보 등을 알려주며, 선택한 범위에 이름을 설정할 수 있습니다.

Ⓓ 취소 : 수식 입력줄에 입력한 내용을 취소할 수 있으며 ESC 키와 동일한 효과입니다.

Ⓔ 입력 : 수식 입력줄에 입력한 내용을 입력할 수 있으며 Enter 키와 동일한 효과입니다.

Ⓕ 함수삽입 : 함수를 삽입할 수 있는 함수 마법사 창이 열리게 되며, 셀에 '='함수명을 입력한 후 괄호 '('를 입력하고, 함수 삽입 버튼을 클릭하면 해당 함수인수 창이 열리게 됩니다.

Ⓖ 수식입력줄 : 수식을 입력할 수 있으며, 선택한 셀의 내용 또는 수식 등을 보거나 수정할 수 있습니다.

Ⓗ 열 : 데이터를 입력할 수 있는 열 번호로 A열부터 XFD열까지 있습니다.

Ⓘ 행 : 데이터를 입력할 수 있는 행 번호로 엑셀 2007버전 이상은 1행부터 1,048,576행까지 있습니다.

Ⓙ 셀(Cell) : 데이터를 입력할 수 있는 하나의 작은 단위입니다.

Ⓚ 시트(Sheet) : 워크시트라고도 하며, 셀들이 모여 있는 단위로 셀 전체를 말합니다.

Ⓛ 시트 탭 : 엑셀에 추가되어 있는 시트의 나열로 이름 및 시트의 삭제, 수정이 가능합니다. 엑셀 2007, 2010 버전은 기본 시트가 3개이며, 2013버전 이상은 기본시트가 1개입니다.

Ⓜ 새 시트 : 버튼을 누르면 새로운 시트를 추가하여 사용할 수 있습니다.

Ⓝ 상태표시줄 : 현재 상태를 보여주며, 상태표시줄에서 마우스 오른쪽 단추를 누르면 [상태표시줄 사용자 지정] 메뉴가 나타나 간단한 기능들을 설정할 수 있습니다.

Ⓞ 기본 : 시트의 기본 화면을 보여주며, [보기]-[통합 문서 보기] 그룹-[기본]과 동일한 기능입니다.

ⓟ 페이지 레이아웃 : 시트에 설정해 놓은 용지에 맞게 레이아웃을 보여주며, [보기]-[통합문서보기] 그룹-
[페이지 레이아웃]과 동일한 기능입니다.

ⓠ 페이지 나누기 미리보기 : 시트에 입력된 내용을 페이지 나누기 미리보기 형태로 볼 수 있으며, [보기]-[통합
문서 보기] 그룹-[페이지 나누기 미리보기]와 동일한 기능입니다.

ⓡ 확대/축소 : 시트를 확대하거나, 축소할 때 사용하며, 비율을 선택할 수 있습니다.

2. 엑셀에서 자주 사용하는 용어

엑셀에서 사용하는 명칭이 있듯이 자주 사용되는 용어도 있습니다. 이 용어를 잘 익혀 엑셀사용을 원활
하게 합니다.

❶ 마우스 포인터 : 마우스를 움직일 때 따라다니는 두꺼운 십자가 모양입니다.
윈도우에서는 주로 화살표 모양으로 나타납니다.

❷ 셀 포인터 : 현재 시트에서 선택되어 있는 셀입니다. 셀의 테두리가 굵게 표
시됩니다.

❸ 채우기 핸들 : 셀 포인터의 오른쪽 하단에 있는 작은 검은 점으로 채우기 핸
들 위에 마우스를 클릭한 상태로 드래그하면 셀에 데이터가 자동으로 채워
집니다.

채우기 핸들

❹ 자동 채우기 : 입력한 데이터 또는 수식 등을 채우기 핸들이나, 단축키 등을 이용해 선택한 범위만
큼 자동으로 채우는 것을 뜻합니다.

❺ 셀 이름 : 각 셀은 이름이 있으며, 이름의 형식은 셀이 위
치한 열과 행 번호를 합쳐서 설정됩니다. A열의 2행일
경우는 A2셀, D열 9행일 경우는 D9셀 등이 됩니다.

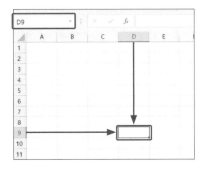

❻ 서식 : 셀에 있는 여러 데이터 또는 차트, 그림 등의 표시 형식, 글꼴, 색 등을 말합니다.

❼ 함수 : 엑셀에는 많은 기능을 가진 함수들이 존재합니다. [수식]-[함수 라이브러리] 그룹 안에 분류
되어 있으며, 함수는 복잡한 계산 및 여러 기능을 함수를 통해 사용자가 엑셀에서 쉽고 간단하게 사
용할 수 있도록 합니다.

⑧ 인수 : 함수의 괄호 안에 입력하는 값으로, 함수를 실행하기 위한 필요 요소입니다. 숫자, 텍스트, 수식 등으로 이루어지며, 인수가 없이 사용되는 함수들도 있습니다.

⑨ 수식 : 셀에 '='을 입력하여 사칙연산, 함수 등을 입력해 놓은 것을 말합니다.

3. 엑셀의 환경설정

사용자가 자주 사용하는 기능을 추가하거나, 사용자 편의에 맞게 환경을 설정할 수 있습니다. 엑셀 화면의 [파일]-[옵션]을 눌러 [Excel 옵션] 창에서 조절할 수 있습니다.

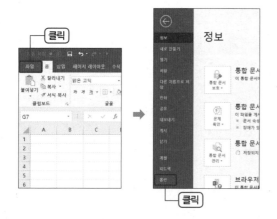

❶ 엑셀 시작 시 시작화면 표시 : 오피스 2013버전부터 엑셀을 시작하면 시작화면이 표시되는데 시작화면 없이 바로 엑셀 시트로 시작되도록 할 수 있습니다.

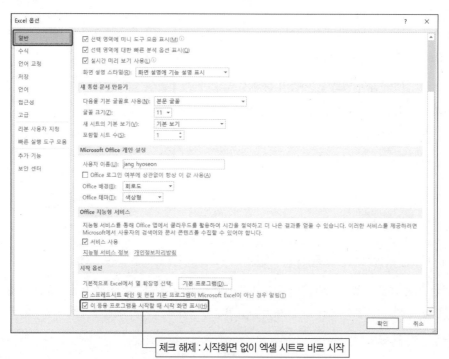

체크 해제 : 시작화면 없이 엑셀 시트로 바로 시작

② 계산옵션 : 함수 또는 수식을 자동으로 계산되도록 하거나 수동으로 계산되도록 설정할 수 있습니다. (기본 설정은 [자동]입니다.) 수동으로 설정되어 있을 경우는 값을 수정하더라도 해당 파일을 닫았다 다시 열거나, 수식이 들어 있는 셀 안으로 커서를 위치시킨 후 Enter 키를 쳐야지만 함수 또는 수식의 값이 반영됩니다.

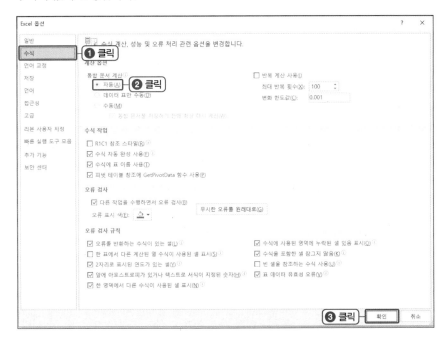

③ 한/영 자동 고침 : 엑셀에서 텍스트를 입력할 때 자동으로 한글이나, 영어로 변경되는 경우가 있습니다. [한/영 자동 고침]을 해제하면 자동으로 변경되지 않습니다.

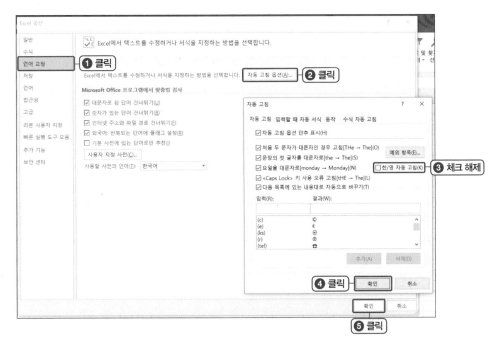

❹ 표시할 최근 문서 수 : 기존에 열었던 파일은 최근문서에 남아 있는데, 문서의 수를 조절할 수 있습니다. [Excel 옵션] 창의 [고급]-[표시] 부분에서 [표시할 최근 통합 문서 수]를 수정합니다. '0'을 입력하면 최근 문서목록에 표시되지 않습니다.

❺ 데이터 분석 도구 설치 : [데이터 분석] 도구는 여러 가지 통계 분석이 가능한 분석 도구입니다. 기능을 추가할 때는 [Excel 옵션]-[추가 기능]에 있는 [관리]의 목록에서 [Excel 추가 기능]으로 선택하고 [이동] 버튼을 클릭합니다.

[추가 기능] 창에서 [분석 도구]에 체크한 후 [확인]을 클릭하면 [데이터]-[분석] 그룹-[데이터 분석]이 추가됩니다.

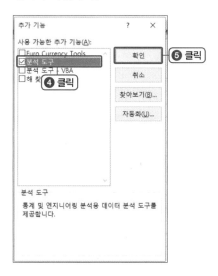

❻ 개발 도구 추가 : 개발 도구를 추가해 놓으면 매크로나 엑셀에서 제공하는 Visual Basic, 그리고 여러 가지 양식 도구 등을 사용할 수 있습니다. 〈오피스 2010 이상 버전〉은 [파일]-[옵션]-[Excel 옵션] 창-[리본 사용자 지정]-개발 도구를 체크하고 [확인] 버튼을 클릭합니다.

xcel

다른버전

〈오피스 2007버전〉은 [오피스 단추]를 클릭하고 [Excel 옵션]을 클릭합니다.

[Excel 옵션] 창이 열리면 [기본 설정]에서 [리본 메뉴에 개발 도구 탭 표시]를 체크하고 [확인] 버튼을 클릭합니다.

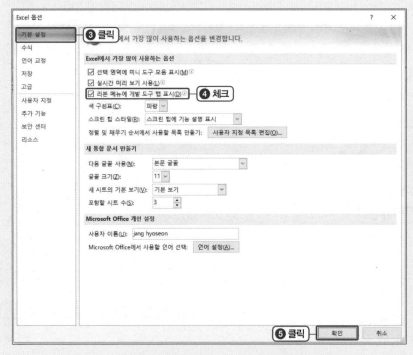

CHAPTER 03 효과적으로 데이터베이스화 하는 방법

엑셀에서 데이터를 잘 관리하고 분석하기 위해서 데이터베이스화하는 작업이 매우 중요합니다. 데이터베이스화가 잘되어 있으면 엑셀을 조금 더 쉽게 사용할 수 있고, 데이터베이스화가 잘되어 있지 않으면 여러단계의 수작업이 필요해 질 수 있고, 많은 시간이 소요될 수 있습니다.

1. 데이터에 기본키(고유키)를 반드시 포함해야 합니다.

기본키(고유키)가 없으면 특정 조건에 맞추어 데이터를 가공하거나 분석해야 할 때 기준이 되는 값을 만들어야 하는 경우가 발생하므로, 엑셀에서 관리하는 대부분의 파일에는 기본키(고유키)를 입력하여 데이터베이스화하는 것이 좋습니다. 기본키(고유키)는 제품에는 제품코드, 사원에서는 사원코드, 거래처는 거래처코드, 고객은 고객코드 등과 같은 것을 말합니다.

	제품코드	제품명	생산일자	입고일	입고량	재고량	총재고량	출고일	출고량
			제품 입,출고현황						
4	2110201	CH02-112	2017-11-01	2017-11-02	412	199	611	2017-11-04	611
5	2110192	NMC01-01	2017-11-01	2017-11-02	311	318	629	2017-11-03	629
6	2110190	CH01-001	2017-11-01	2017-11-02	262	275	537	2017-11-05	539
7	2110197	NMC01-02	2017-11-02	2017-11-03	494	165	659	2017-11-06	659
8	2110028	CH02-113	2017-11-02	2017-11-03	433	333	766	2017-11-04	766
9	2110029	NMC01-06	2017-11-03	2017-11-04	228	265	493	2017-11-06	493
10	2110342	CH01-002	2017-11-03	2017-11-04	466	294	760	2017-11-05	760
11	2110341	UB001-N	2017-11-05	2017-11-06	79	104	183	2017-11-06	183
12	2110339	UB001-R	2017-11-06	2017-11-07	112	314	426	2017-11-10	440
13	2110952	CH01-003	2017-11-06	2017-11-07	238	141	379	2017-11-10	379
14	2110954	UB002-R	2017-11-07	2017-11-08	346	344	690	2017-11-09	690
15	2110914	UB002-N	2017-11-07	2017-11-08	205	100	305	2017-11-11	305
16	2110808	MK00-01	2017-11-07	2017-11-08	453	198	651	2017-11-10	651
17	2110812	JVCB-EQ	2017-11-08	2017-11-09	231	259	490	2017-11-12	490
18	2110752	CH02-114	2017-11-08	2017-11-09	246	200	446	2017-11-11	446
19	2110749	JVCB-EQ	2017-11-09	2017-11-10	140	251	391	2017-11-13	391
20	2110353	CH01-004	2017-11-09	2017-11-10	279	286	565	2017-11-12	565
21	2110351	JVCB-EN	2017-11-09	2017-11-10	341	274	615	2017-11-13	615
22	2110357	JVCB-EM	2017-11-09	2017-11-10	350	118	468	2017-11-11	468
23	2110220	CH02-115	2017-11-10	2017-11-11	350	393	743	2017-11-13	744

기본키(고유키)

2. 필드명(머리글)을 입력하고 그 아래로 해당 데이터를 입력합니다.

데이터를 분석할 때 작성되어 있는 데이터를 빠르게 파악하는 것이 중요합니다. 필드명(머리글)이 입력되어 있으면 각 데이터의 내용을 쉽고 빠르게 파악할 수 있습니다.

필드명(머리글)은 데이터의 상단에 위치시키고, 각 필드명(머리글) 아래로 해당 데이터들이 입력되도록 합니다. 그리고 필드명에 서식을 지정하면 데이터와 구분되어 더 쉽게 파악할 수 있습니다.

제품코드	제품명	생산일자	입고일	입고량	재고량	총재고량	출고일	출고량
2110201	CH02-112	2017-11-01	2017-11-02	412	199	611	2017-11-04	611
2110192	NMC01-01	2017-11-01	2017-11-02	311	318	629	2017-11-03	629
2110190	CH01-001	2017-11-01	2017-11-02	262	275	537	2017-11-05	539
2110197	NMC01-02	2017-11-02	2017-11-03	494	165	659	2017-11-06	659
2110028	CH02-113	2017-11-02	2017-11-03	433	333	766	2017-11-04	766
2110029	NMC01-06	2017-11-03	2017-11-04	228	265	493	2017-11-05	493
2110342	CH01-002	2017-11-03	2017-11-04	466	294	760	2017-11-05	760
2110341	UB001-N	2017-11-05	2017-11-06	79	104	183	2017-11-08	183
2110339	UB001-R	2017-11-06	2017-11-07	112	314	426	2017-11-10	440
2110952	CH01-003	2017-11-06	2017-11-07	238	141	379	2017-11-10	379
2110954	UB002-R	2017-11-07	2017-11-08	346	344	690	2017-11-09	690
2110914	UB002-N	2017-11-07	2017-11-08	205	100	305	2017-11-11	305
2110808	MK00-01	2017-11-07	2017-11-08	453	198	651	2017-11-10	651
2110812	JVCB-EQ	2017-11-08	2017-11-09	231	259	490	2017-11-12	490
2110752	CH02-114	2017-11-08	2017-11-09	246	200	446	2017-11-11	446
2110749	JVCB-EQ	2017-11-09	2017-11-10	140	251	391	2017-11-13	391
2110353	CH01-004	2017-11-09	2017-11-10	279	286	565	2017-11-12	565
2110351	JVCB-EN	2017-11-09	2017-11-10	341	274	615	2017-11-13	615
2110357	JVCB-EM	2017-11-09	2017-11-10	350	118	468	2017-11-11	468
2110220	CH02-115	2017-11-10	2017-11-11	350	393	743	2017-11-13	744

제품 입,출고현황

필드명(머리글)

3. [병합하여 가운데 맞춤]은 데이터베이스화된 파일에는 가급적 사용하지 않습니다.

엑셀에는 [병합하여 가운데 맞춤]이라는 좋은 기능이 있습니다. 하지만 이 기능은 데이터베이스 파일에는 사용하지 않는 것이 좋습니다. 그림과 같이 회원구분에 [병합하여 가운데 맞춤]을 사용하여 동일한 회원구분값을 하나로 표현하였습니다. 사용자가 보기에는 병합된 셀 만큼 회원구분이 무엇인지 쉽게 알 수 있지만, 엑셀은 그렇지 않습니다.

NO.	회원구분	고객번호	이름	성별	지역	매출액
2	기업회원	88B001	B	여	제주	1,981,600
26		02B001	Z	남	광주	701,600
27		03B001	AA	남	대전	811,600
28		02B002	BB	여	전북	2,135,000
41		88B002	I	여	울산	1,905,600
42		76B002	M	여	울산	287,700
43		88B004	P	여	전남	903,700
46		97B003	Y	여	인천	3,477,000
1	일반회원	98C001	A	남	강원	1,043,200
3		98C002	C	남	부산	471,500
6		98C003	F	남	대구	4,669,800
10		00C002	J	여	울산	1,733,300
32		00C001	E	남	대구	2,982,500
40		98C003	F	남	대구	4,669,800
4	프리미엄	11A001	D	남	대전	1,432,900
29		16A001	CC	남	대구	2,110,100
33		15A001	G	여	인천	2,064,900
38		13A003	X	남	경남	3,601,500
44		15A002	S	여	경북	1,020,000
45		13A002	W	여	강원	2,971,100

그림처럼 '기업회원'의 [병합하여 가운데 맞춤]을 해제해 보면 고객번호 88B001 데이터 앞에만 '기업회원'이 있고 그 아래 셀은 모두 비어 있는 것을 볼 수 있습니다. [병합하여 가운데 맞춤]은 선택한 셀의 가장 상단에 있는 데이터만 남고 모두 지워지므로 함수 수식을 입력하면 상단에 있는 데이터 하나만 인식하게 됩니다. 또 범위를 지정하거나, 수식을 자동 채우기를 할 때도 [병합하여 가운데 맞춤] 기능을 사용해 놓았을 경우 잘못된 범위가 지정되거나, 수식이 자동으로 반영되지 않는 경우가 생깁니다. 그러므로 [병합하여 가운데 맞춤] 기능은 데이터를 가공한 파일에 사용하는 것이 효과적입니다.

NO.	회원구분	고객번호	이름	성별	지역	매출액
2	기업회원	88B001	B	여	제주	1,981,600
26		02B001	Z	남	광주	701,600
27		03B001	AA	남	대전	811,600
28		02B002	BB	여	전북	
41		88B002	I	여	울산	
42		76B002	M	여	울산	287,700
43		88B004	P	여	전남	903,700
46		97B003	Y	여	인천	3,477,000
1	일반회원	98C001	A	남	강원	1,043,200
3		98C002	C	남	부산	471,500
6		98C003	F	남	대구	4,669,800
10		00C002	J	여	울산	1,733,300
32		00C001	E	남	대구	2,982,500
40		98C003	F	남	대구	4,669,800
4	프리미엄	11A001	D	남	대전	1,432,900
29		16A001	CC	남	대구	2,110,100
33		15A001	G	여	인천	2,064,900
38		13A003	X	남	경남	3,601,500
44		15A002	S	여	경북	1,020,000
45		13A002	W	여	강원	2,971,100

[병합하여 가운데 맞춤] 해제

4. 데이터가 많을수록 함수 대신 피벗 테이블이나 필터 등의 기능을 활용합니다.

엑셀을 잘하고 함수를 잘 다루는 사람일수록 함수만 사용하여 데이터를 관리하거나 분석하려고 합니다. 하지만 피벗 테이블, 필터, 고급 필터, 부분합 등의 기능을 활용하면 많은 양의 데이터를 원하는 조건에 맞도록 쉽게 표현할 수 있습니다.

합계 : 매출액	거래일자												
지역	제품분류	1월	2월	3월	4월	5월	6월	7월	8월	9월	10월	11월	12월	종합계
기타지역	건강음료				1530830				2841785			1834000		6206615
	과채주스	9429148	3098862	4381642	778910	11177882	5770872	1095672	3415841	8651169	3582750		5987360	57370108
	유제품	2817192	2116296	942462				2066792	2425696	4607840	5306940		1090631	21373849
	육류	4649624	4822388	4519448	8501674	5082400	6006006	9518207	19763298	18621236	9977713	13366618	10328920	1151557532
동남아	건강음료			1157192	1495766	1366100	1288980	3109404	1380480	2992892	2701092			15491906
	과채주스	5083706	3995914	732400	8409959	2396316	7007447	2818480	7683997	4694994	2456800	6723162	2410652	54413827
	유제품	1701675	3975234	2615536	3983970	2215304		2491630	1188880		1362965	2529042	3727817	25792053
	육류	8556098	1824680	3197990	1126538	5429166	996336	10765057	9496291	14114323	11625450	6095200	10703975	83931104
	차음료		1852935					3192992	4698024	3945507		2039550		15729008
미주	과채주스	6526510	7303814	6179966	3762858	7453145	1538040	7091314	8367012	9302807	8017193	2533269	9716973	77792901
	유제품	3986638		4429248	1499995	2339064	5735329	2256295	3449482	8446742	2812012	10234371	5392501	50581677
	육류	10192316	9688565	6203786	19647636	7891216	10207169	11675668	26836061	24117516	12804887	8961303	8061563	156287686
오세아니아	과채주스	4343546	3480351	2178300	6631572	2025540	6060006	4395119	6374628	2658694	2679172	6961883	55708037
	유제품	3299762	1482073		2270699	4655224	2180744	6687621	1264521	1033668	1819803	3501973	3365419	31561507
	육류	6884155	9304534	8835321	5792434	8208740	4750018	5347153	13281680	23792468	10040224	9135938	5912810	111285479
유럽	건강음료	2107668		2716065	2563400				2227345	1120185	1167840	1849540	2809991	16561834
	과채주스	8092468	6641600	10025045	5940942	1226232	7008028	4678940	9765254	18063317	8065023	7134019	4544131	91184999
	유제품	1003266		1941170	7903320	1731499	874816	7185903	8272929	3991152	2202714	8298611	5629546	49034926
	육류	5935013	11311461	5146576	6140100	11265397	12531328	14419802	10763140	13011799	12832283	5320464	16468340	125145703
	차음료	4173877		3122509	1948625	2201242	964036	2659625	1417238		4932151		2356155	23775458

'지역별 제품분류에 따른 월별 매출액'을 피벗 테이블로 만들어 표현함

5. 데이터를 필요 없이 세분화하지 않습니다.

엑셀에서 데이터베이스화하기 위해서는 관련성 있는 데이터를 최대한 하나로 합쳐주는 것이 좋습니다.
데이터의 양이 적고 중복되는 내용이 많다면 시트별 또는 행, 열을 분리하여 관리하는 것 보다 하나의
시트에 통합하여 관리하는 것이 더 효과적일 수 있습니다.

No.	거래일자	제품코드	제품명	제품분류	판매량	단가	매출액
1	2018-01-18	2110114	JVCB-EX	육류	49	14162	693,938
2	2018-02-21	2110456	JOB01-03	과채주스	55	15345	843,975
3	2018-04-10	2110795	CH01-005	육류	29	16814	487,606
4	2018-05-14	2110587	UMM02-01	육류	37	16508	610,796
5	2018-05-23	2110516	CHMS01-01	과채주스	85	14380	1,222,300
6	2018-06-16	2110456	JOB01-03	과채주스	90	15345	1,381,050
7	2018-07-21	2110571	JVCB-EJ	유제품	89	16984	1,511,576
8	2018-08-21	2110463	MK00-05	육류	77	12605	970,585
9	2018-09-09	2110192	NMC01-01	과채주스	48	18491	887,568
10	2018-09-15	2110713	JVCB-JJ	육류	94	15692	1,475,048
11	2018-10-08	2110435	WOM01-01	유제품	48	14347	688,656
12	2018-11-04	2110463	MK00-05	육류	38	12605	478,990
13	2018-12-12	2110126	CHS01-01	육류	41	14522	595,402

시트 탭: CK물산 | HMD | KC그룹 | SMP | KAL | Sheet1 | Sheet2 | Sheet3 | Sheet4

많지 않은 데이터를 업체별로
시트에 세분화 해놓음

CHAPTER 04 엑셀을 편리하고 폼나게 사용하도록 해주는 단축키

● 예제파일 : c1-4.xlsx   완성파일 : c1-4f.xlsx

엑셀에서 자주 사용하는 기능이 단축키가 있다면 조금 더 쉽고 편리하게 엑셀을 사용할 수 있습니다. 만약 단축키가 없다면 [빠른 실행 도구 모음]에 삽입하여 단축키를 만들 수 있습니다.

1. 컨트롤(Ctrl) 키와 시프트(Shift) 키

컨트롤(Ctrl) 키와 시프트(Shift) 키는 다른 키와 조합하여 사용하며, 두 키를 다른 키와 조합했을 때는 비슷하지만 다른 기능을 가지고 있습니다.

❶ 방향과 범위를 선택할 수 있는 컨트롤(Ctrl) 키와 시프트(Shift) 키

Ctrl +	방향키	데이터가 있는 경우 : 데이터가 있는 처음 또는 끝까지 이동
		데이터가 없는 경우 : 셀 포인터부터 행 또는 열의 처음 또는 끝까지 이동
	셀 선택	선택한 셀이 모두 블록지정
	SpaceBar	셀 포인터가 있는 열 전체 블록지정

Shift +	방향키	방향키의 방향대로 하나의 셀씩 블록지정
	셀 선택	시작한 셀에서부터 클릭한 셀까지의 연속된 셀을 블록지정
	SpaceBar	셀 포인터가 있는 행 전체 블록지정

Ctrl+Shift +	방향키	데이터가 있는 경우 : 데이터가 있는 처음 또는 끝까지 블록지정
		데이터가 없는 경우 : 셀 포인터부터 행 또는 열의 처음이나 끝까지 블록지정
	SpaceBar	데이터가 있는 경우 : 데이터가 있는 전체를 블록지정(Ctrl+Shift+8, Ctrl+* 단축키와 동일)
		데이터가 없는 경우 : 시트 전체 블록지정(Ctrl+A 단축키와 동일)

2. 꼭 알고 있어야 할 단축키

엑셀에서는 컨트롤(Ctrl) 키나 시프트(Shift) 키, 또는 알트(Alt) 키는 다른키들과 조합하여 여러 가지 단축키로 만들어져 있습니다.

① 셀 서식(Ctrl+1) : 셀에서 마우스 오른쪽 단추를 누르면 메뉴에 나오는 [셀 서식]의 단축키입니다.

② 복사(Ctrl+C) & 붙여넣기(Ctrl+V) : 특정 셀 또는 범위를 복사하거나 붙여넣기로 할 때 사용하는 단축키로 윈도우 전체에서도 동일하게 사용합니다.

③ 실행취소(Ctrl+Z) : 방금 전에 했던 실행을 취소하는 것으로 윈도우에서도 동일하게 사용하는 단축키입니다.

④ 선택한 셀에 같은 데이터 입력(Ctrl+Enter) : 여러 개의 셀을 선택한 후 선택된 셀에 동일한 데이터를 입력할 수 있습니다.

멘토의 한 수

비어 있는 셀을 선택해서 한꺼번에 "사원"을 입력하도록 합니다.

① Ctrl 키를 누른 상태로 원하는 셀을 선택하거나, 마우스로 특정 범위를 블록지정합니다. 예시는 Ctrl 키를 눌러 여러 셀을 선택하였습니다.

② 특정 셀이 선택되면 다른 키를 누르지 않고 바로 입력할 값인 "사원"을 입력합니다. "사원"을 입력한 후 바로 키보드의 Ctrl 키를 누른 상태로 Enter 키를 치면 선택된 셀에 모두 "사원"이 입력됩니다.

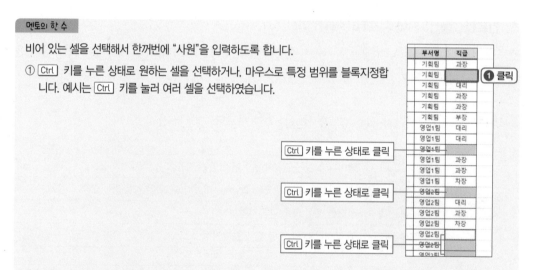

❺ 수식 보기(Ctrl + ~) : 셀에 입력되어 있는 수식을 볼 수 있습니다. 다시 한 번 (Ctrl + ~) 키를 누르면 원래상태로 돌아갑니다.

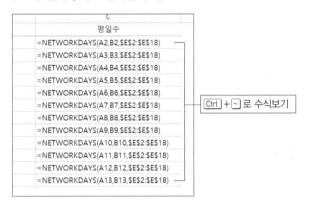

❻ 행 삽입(Ctrl + Shift + +) 또는 (Ctrl + 키패드의 +) : 삽입할 위치에 아래에 있는 행을 전체 선택하고 Ctrl + Shift + + 키나 또는 Ctrl + 키패드의 + 키를 누르면 행이 삽입됩니다.

❼ 만들어진 표 안에 행 삽입(Shift + 마우스 드래그) : 삽입할 행의 위에 있는 행을 블록 지정하고 키보드의 Shift 키를 누른 상태로 블록지정 한 행의 오른쪽 맨 아래에 마우스를 가져다 대면 마우스의 포인터 모양이 달라집니다. 이때 아래로 드래그하면 만들어진 표 안에서 행이 삽입됩니다.

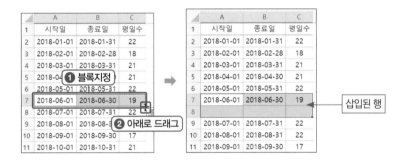

❽ 이동 창(F5) 또는 (Ctrl + G) : 엑셀에서 데이터를 효과적으로 다룰 수 있는 [옵션]이 있는 [이동] 창을 열 수 있습니다.

❾ 선택하여 붙여넣기 창(Ctrl + Alt + V) : 여러 가지 붙여넣기 옵션이 들어 있는 [선택하여 붙여넣기] 창의 단축키입니다.

❿ 셀 안으로 커서 이동(F2) : 셀을 더블클릭하여 커서가 셀 안으로 들어가게 하는 것과 동일한 기능을 합니다.

⓫ 셀 안에서 줄 바꿈(Alt + Enter) : 셀 안에서 줄을 바꿀 때 사용하는 단축키입니다. 그냥 Enter 키를 치면 다음 셀에 입력할 수 있도록 셀 포인터가 이동하게 됩니다.

⑫ 위에 있는 데이터의 복제([Ctrl]+[D]) : 셀 포인터의 바로 위에 있는 데이터를 복제하여 반복 입력합니다. 복제할 데이터가 있는 셀을 포함하여 아래로 셀을 블록지정 한 다음 [Ctrl]+[D] 키를 누르면 블록지정 한 범위만큼 데이터가 복제됩니다.

⑬ 왼쪽 데이터를 오른쪽으로 복제([Ctrl]+[R]) : 데이터를 오른쪽으로 복제할 때 사용합니다. 복제할 데이터나 수식을 포함하여 오른쪽으로 범위를 블록 지정한 후 [Ctrl]+[R] 키를 누르면 데이터나, 수식이 복제됩니다.

⑭ 찾기([Ctrl]+[F]), 바꾸기([Ctrl]+[H]) : 찾기([Ctrl]+[F])는 [찾기 및 바꾸기] 창의 [찾기] 탭이 열리고, 바꾸기([Ctrl]+[H])는 [찾기 및 바꾸기] 창의 [바꾸기] 탭이 열리게 됩니다. 둘 중 하나만 외워도 편리하게 사용할 수 있습니다.

⑮ 다음 통합문서로([Ctrl]+[Shift]+[Tab]) 또는 ([Ctrl]+[F6]) : 통합문서(엑셀파일)가 두 개 이상 열려 있을 때 다음 문서로 이동하게 됩니다.

⑯ 함수 마법사 실행([Shift]+[F3]) : 함수가 없는 셀에서는 [함수 마법사] 창이 열리게 되고, 함수가 들어 있는 셀에서는 해당 함수의 [함수인수] 창이 열리게 됩니다.

⑰ 이전 시트로 이동([Ctrl]+[PageUp]), 다음 시트로 이동([Ctrl]+[PageDown]) : 현재 사용하고 있는 시트를 기준으로 시트의 앞 시트나, 다음 시트로 이동할 수 있습니다.

⑱ 현재 날짜([Ctrl]+[;]) : 선택되어 있는 셀에 현재의 날짜가 표시됩니다. 날짜 함수 중 Today 함수와 동일합니다.

⑲ 새 통합문서 열기([Ctrl]+[N]) : 새로운 통합문서를 열 수 있습니다.

⑳ 저장([Ctrl]+[S]) : 파일을 저장할 수 있는 단축키입니다.

엑셀에서는 이 밖에도 많은 단축키가 있습니다. 모두 알기보다는 본인 업무에 필요한 몇 가지만 알아도 효과적으로 엑셀을 사용할 수 있습니다.

3. 단축키를 만들어 사용하기

엑셀에서 자주 사용하는 기능 중 단축키가 없는 경우가 종종 있습니다. 이 경우에는 [빠른 실행 도구 모음]에 추가하여 단축키로 사용할 수 있습니다.

❶ [홈]-[클립보드] 그룹-[서식복사]를 [빠른 실행 도구 모음]에 추가하기 위해 [서식복사]에서 마우스 오른쪽 단추를 클릭합니다. 그리고 메뉴에서 [빠른 실행 도구 모음에 추가]를 클릭합니다.

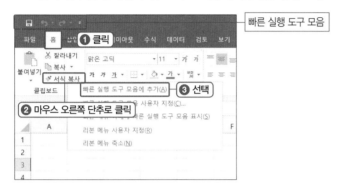

❷ 같은 방법으로 [홈]-[맞춤] 그룹-[병합하고 가운데 맞춤]을 마우스 오른쪽 단추로 클릭하여 [빠른 실행 도구 모음에 추가]를 클릭합니다. 리본메뉴에서 자주 사용하는 단추를 같은 방법으로 추가합니다.

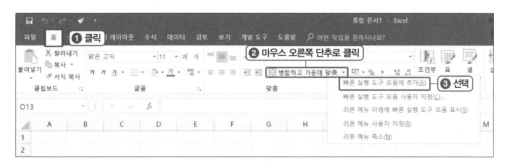

❸ 화면의 왼쪽 상단에 있는 [빠른 실행 도구 모음]에 여러 단추가 추가된 것을 확인할 수 있습니다.

❹ 이때 Alt 키를 누르면 [빠른 실행 도구 모음]에 추가된 단추에 번호가 부여되는데, Alt 키를 누른
상태로 사용할 단추의 번호를 누르면 기능이 실행됩니다.

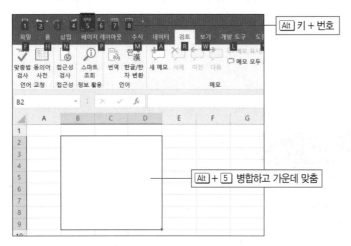

❺ [빠른 실행 도구 모음]에 추가된 단추를 삭제할 때는 삭제할 버튼에서 마우스 오른쪽 단추를 눌러 나
온 메뉴에서 [빠른 실행 도구 모음에서 제거]를 클릭합니다.

CHAPTER 05

간단하지만 파워풀한 서식기능

● 예제파일 : c1-5.xlsx, c1-5-1.xlsx, c1-5-2.xlsx, c1-5-3.xlsx
● 완성파일 : c1-5f.xlsx, c1-5-1f.xlsx, c1-5-2f.xlsx, c1-5-3f.xlsx

엑셀에서 함수나 피벗 테이블과 같은 기능 외에도 간단하지만 파워풀하게 업무시간을 단축시켜주는 기능들이 있습니다. 알고 있으면 업무가 쉬워지는 서식 기능에 대해 배워보도록 합니다.

1. 화면에 보이는 셀만 복사 & 붙여넣기

'c1-5.xlsx' 파일을 열어 데이터의 숨겨진 행 또는 열을 제외한 데이터를 복사 & 붙여넣기 할 수 있습니다.

❶ 특정 행을 숨기기 하기 위해 7, 14, 19, 24번 행을 선택합니다. 그리고 선택한 행 번호 위에서 마우스 오른쪽 단추를 눌러 [숨기기]합니다.

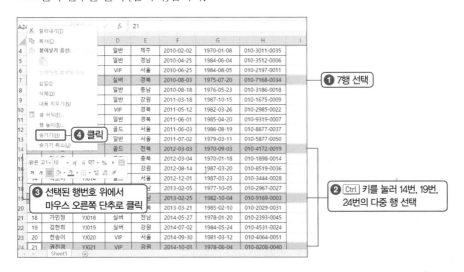

멘토의 한 수

여러 행이나 열을 선택할 때 먼저 선택할 행(7번행)을 클릭한 후 [Ctrl] 키를 누른 상태에서 14번, 19번, 24번 행을 차례로 선택하면 여러 개의 행을 한꺼번에 선택할 수 있습니다.

❷ [숨기기]를 완료하면 데이터가 있는 셀까지 범위[A3:H54]를 블록 지정합니다. 그리고 키보드에 F5 키를 눌러 [이동] 창이 나오면 [옵션] 버튼을 클릭합니다.

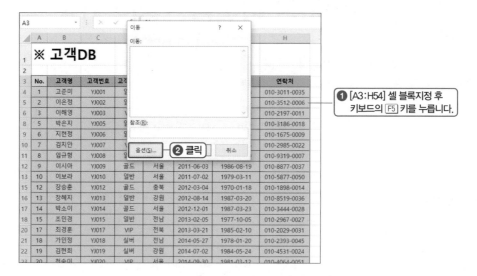

❶ [A3:H54] 셀 블록지정 후 키보드의 F5 키를 누릅니다.

❸ [이동 옵션] 창이 열리면 [화면에 보이는 셀만]을 클릭하고 [확인] 버튼을 클릭합니다.

❹ 시트에는 특별한 변화 없이 그대로 블록지정이 된 상태입니다. 키보드의 Ctrl + C 키를 누르면 숨겨진 셀을 제외하고 화면에 보이는 셀만 복사가 됩니다.

숨겨진 셀은 제외된 상태

❺ 복사된 셀을 붙여넣기 위해 [A57] 셀을 클릭하고 붙여넣기 Ctrl + V 키를 누르면 숨겨진 셀은 제
외하고 붙여넣기가 됩니다.

2. 만들어 놓은 표의 방향을 쉽게 바꾸기(표의 행, 열 바꾸기)

'c1-5-1.xlsx' 파일의 예제를 사용하여, 만들어 놓은 표의 방향만 바꿔 입력해야 할 때 간단한 기능으로
빠르게 표를 다시 생성할 수 있습니다. '지역별 회원수' 표의 행과 열을 바꾸도록 합니다.

❶ '지역별 회원수' 표의 A열에 위치한 지역명과 3행에 위치한 회원 분류의 방향을 바꿔 표를 작성하기
위해 데이터가 있는 [A3:F13] 셀까지 범위를 블록지정하고, 복사 (Ctrl + C)를 눌러 복사합니다.

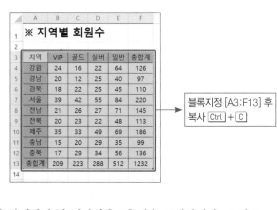

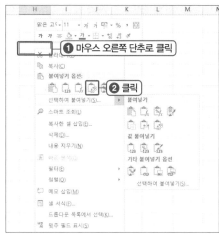

❷ 붙여넣기 할 위치인 [H3] 셀을 클릭합니다. 그리고
마우스 오른쪽 단추를 눌러 [붙여넣기 옵션]-[바
꾸기] 단추를 클릭합니다.

다른버전

〈오피스 2007버전〉 마우스 오른쪽 버튼을 눌렀을 때 [붙여넣기 옵션]이 없습니다. 이때는 마우스 오른쪽 버튼을 클릭한 후 [선택하여 붙여넣기]를 누르고, [선택하여 붙여넣기] 창에서 [행/열 바꿈]을 클릭한 후 [확인] 버튼을 클릭합니다.

❸ 지역이 3행으로, 회원분류가 [H] 열로 변경된 것을 확인할 수 있습니다.

※ 지역별 회원수

지역	VIP	골드	실버	일반	총합계
강원	24	16	22	64	126
경남	20	12	25	40	97
경북	18	22	25	45	110
서울	39	42	55	84	220
전남	21	26	27	71	145
전북	20	23	22	48	113
제주	35	33	49	69	186
충남	15	20	29	35	99
충북	17	29	34	56	136
총합계	209	223	288	512	1232

지역	강원	경남	경북	서울	전남	전북	제주	충남	충북	총합계
VIP	24	20	18	39	21	20	35	15	17	209
골드	16	12	22	42	26	23	33	20	29	223
실버	22	25	25	55	27	22	49	29	34	288
일반	64	40	45	84	71	48	69	35	56	512
총합계	126	97	110	220	145	113	186	99	136	1232

행, 열 바뀜

3. 날짜처럼 보이는 텍스트를 날짜 형식으로 변환하기

'c1-5-2.xlsx' 파일의 예제처럼 업무를 하다 보면 날짜가 '2018.12.20.'의 모양으로 입력되어 있는 경우가 있습니다. 사용자는 날짜로 인식하지만, 엑셀에서는 날짜 형식이 아니기 때문에 텍스트로 인식하게 됩니다. 찾기/바꾸기 기능으로 간단하고 빠르게 엑셀이 인식할 수 있는 날짜 형식으로 변경할 수 있습니다.

❶ '가입일'과 '생년월일'의 날짜형식을 변경하기 위해 데이터가 있는 [F4:G54] 셀을 블록 지정합니다. [홈]-[편집] 그룹-[찾기 및 선택]-[바꾸기]를 클릭하거나 Ctrl+H 키를 누릅니다.

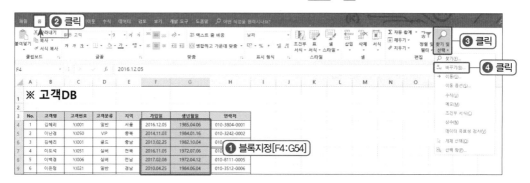

❷ [찾기 및 바꾸기] 창의 [바꾸기] 탭에서 [찾을 내용]에 '.'을 입력하고, [바꿀 내용]에 '-'를 입력합니다.

❸ [모두 바꾸기]를 클릭하면 '204개 항목이 바뀌었습니다.'라는 메시지창이 열리면서 바꾸기가 됩니다. [확인] 버튼을 클릭하여 바꾸기를 완료합니다.

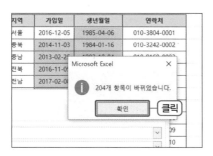

❹ '가입일'과 '생년월일'이 [홈]-[표시 형식] 그룹에서 [날짜] 형태로 변경된 것을 확인할 수 있습니다.

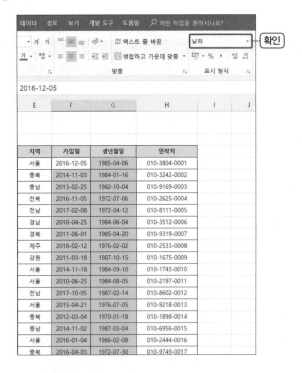

멘토의 한 수

[찾기 및 바꾸기]를 이용하여 바꾸기를 했는데 '가입일'과 '생년월일'이 숫자로 변경된 경우는 [홈]-[표시 형식] 그룹에서 [간단한 날짜]로 변경해주면 됩니다.

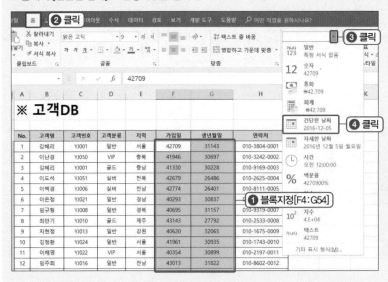

4. 중복된 데이터를 하나만 남기고 지우기

'c1-5-3.xlsx'의 예제파일에 나열되어 있는 과목명이 중복되어 있으므로 동일한 과목명을 [중복된 데이터 제거] 기능을 이용해 하나만 남기고 삭제합니다.

❶ 중복된 데이터가 있는 [A4:B66] 셀까지 블록지정 합니다.

블록지정 [A4:B66]

❷ [데이터]-[데이터 도구] 그룹-[중복된 항목 제거]를 클릭하여 나온 [중복된 항목 제거] 창에서 중복된 데이터를 제거할 [열]을 '과목명'과 '난이도'로 선택합니다(기본으로 선택되어 있습니다).

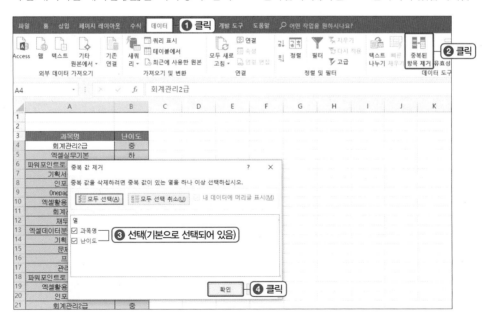

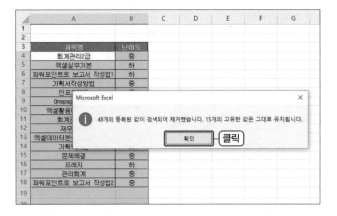

❸ [확인] 버튼을 클릭하면 제거된 개수와 고유한 값의 개수가 표시된 메시지 창이 열리며 실행됩니다.
   [확인] 버튼을 클릭하여 중복된 항목 제거를 완료합니다.

> **멘토의 한 수**
>
> 중복된 항목을 제거하기 위해서 '과목명'과 '난이도'를 모두 선택하면 '과목명'은 같으나 '난이도'가 다르면 중복된 데이터가 아닌 고유한 값으로 인식해 제거되지 않습니다.

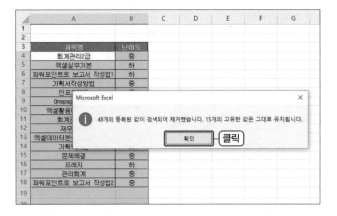

CHAPTER 06
표 스타일 설정과 데이터 요약이 가능한 표기능

● 예제파일 : c1-6.xlsx   ● 정답파일 : c1-6f.xlsx

핵심내용 엑셀 프로그램은 사용자가 만들어 놓은 표는 범위 형식으로 인식하고, [표] 기능을 사용할 경우 표로 인식하게 됩니다. [표] 기능은 데이터를 쉽고 빠르게 기록할 수 있으며, 표 스타일 설정 및 정렬, 필터 등의 기능이 제공됩니다. 또, 구조적 참조 등을 통해 데이터가 추가될 때마다 적용해 놓았던 함수나 수식의 참조 범위를 재설정하지 않아도 되며, 이미 만들어 놓은 데이터를 [표] 기능으로 변경하여 관리할 수도 있습니다.

1. [표]로 변환(Ctrl+T), 스타일 지정하기

작성해 놓은 데이터에 [표] 기능을 적용하고 스타일을 지정합니다.

❶ 작성해 놓은 데이터를 [표]로 변환하기 위해서는 데이터가 있는 [A2] 셀을 클릭하고 [삽입]-[표] 그룹-[표]를 클릭합니다.

❷ [표 만들기] 창에서 변환할 데이터의 범위'=$A$2:$G$48'를 확인하고, [머리글 포함(M)]에 체크가
되어 있는지 확인합니다. 그리고 [확인]을 클릭하여 [표]로 변환합니다.

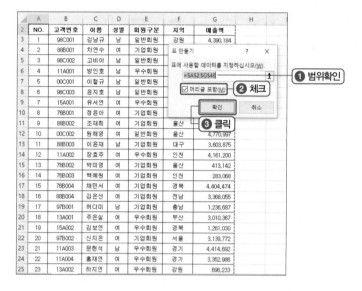

[표 만들기]에서 [머리글 포함(M)]을 체크하지 않으면 필드명(머리글)을 데이터 영역으로 인식하여, 머리글 위
에 열1, 열2, 열3...의 형식으로 머리글을 자동생성하게 됩니다.

❸ [표]가 된 후에는 자동필터와 스타일이 기본으로 설정되며, [표] 기능에 대한 확장 도구인 [디자인]
탭이 생성됩니다.

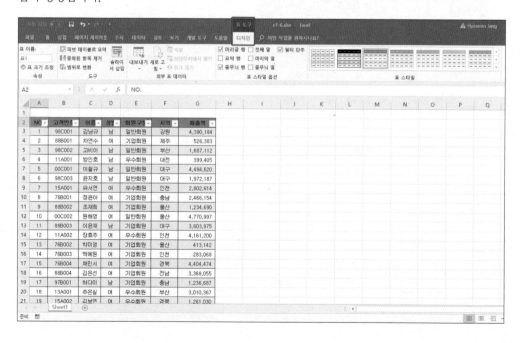

❹ [표]의 제일 하단인 48행의 다음 행에 데이터를 입력하면 자동으로 서식이 적용되고, 표의 범위가 늘어나게 되어 데이터를 관리하기 용이해집니다.

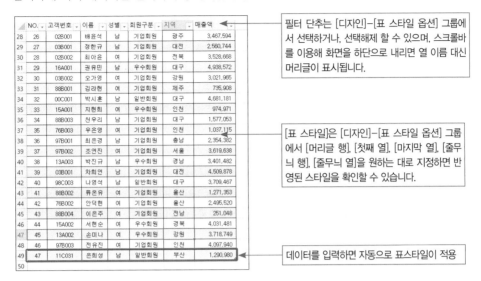

필터 단추는 [디자인]−[표 스타일 옵션] 그룹에서 선택하거나, 선택해제 할 수 있으며, 스크롤바를 이용해 화면을 하단으로 내리면 열 이름 대신 머리글이 표시됩니다.

[표 스타일]은 [디자인]−[표 스타일 옵션] 그룹에서 [머리글 행], [첫째 열], [마지막 열], [줄무늬 행], [줄무늬 열]을 원하는 대로 지정하면 반영된 스타일을 확인할 수 있습니다.

데이터를 입력하면 자동으로 표스타일이 적용

❺ [표]를 블록 지정하면 오른쪽 하단에 나타나는 [빠른 분석]을 통해 서식(조건부 서식), 차트, 합계, 테이블(피벗 테이블), 스파크라인을 바로 적용하여 분석이 가능합니다.

※[빠른 분석]은 엑셀 2013 이후 버전에서만 사용 가능합니다.

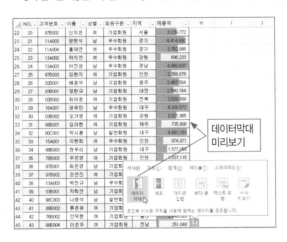

데이터막대 미리보기

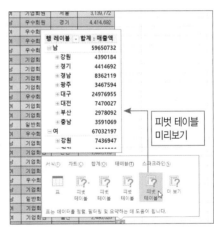

피벗 테이블 미리보기

❻ [디자인]−[표 스타일 옵션] 그룹에 있는 [요약 행]을 선택하면 표의 하단에 [요약 행]이 추가됩니다. [요약 행]은 SUBTOTAL 함수가 적용되어 있어 자주 사용하는 기본적인 데이터의 값들을 쉽게 확인하고 관리할 수 있습니다.

멘토의 한 수

SUBTOTAL 함수는 함수 안에 11개의 함수를 포함하고 있는 함수로, 필터로 추출된 데이터에 대한 값을 계산할 수 있습니다.(137P 참조)

멘토의 한 수

[표] 기능을 사용한 후 [표]의 데이터를 참조하는 함수를 지정하고 새롭게 데이터를 추가해도 함수 내에 참조범위가 자동으로 반영됩니다. [표] 기능을 사용한 후에는 함수 안에 들어가는 범위가 일반적인 셀 참조가 아니라 구조적 참조 구문(표 및 열의 이름을 조합하는 형식)을 사용하기 때문입니다.

셀 참조	구조적 참조 구문
=SUM(G3:G49)	=SUM(표1[매출액])

❼ [표] 기능을 이용해 만들어 놓은 표를 다시 범위형식의 표로 되돌리기 위해서는 [디자인]-[도구] 그룹-[범위로 변환]을 클릭하거나, 또는 [A2] 셀을 클릭하고 마우스 오른쪽 단추를 눌러 [표]-[범위로 변환]을 클릭하면 됩니다. 이때, [표] 기능에서 적용한 서식은 지워지지 않습니다.

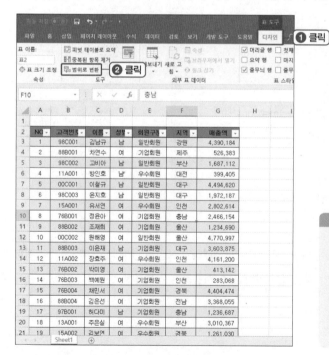

멘토의 한 수

[표] 기능이 설정된 표인지, 아니면 일반 표인지는 눈으로 봐서는 쉽게 확인하기 어렵습니다. 데이터가 있는 셀에 클릭한 후 표 도구의 [디자인] 탭이 나오는지 확인하는 방법이 가장 빠른 방법입니다.

CHAPTER 07

원하는 순서로 데이터를 나열할 수 있는 정렬

● 예제파일 : c1 - 7.xlsx   ● 정답파일 : c1 - 7f.xlsx

핵심 내용 [정렬] 기능은 내림차순(큰 수가 위로, ㅎ~ㄱ), 오름차순(작은 수가 위로, ㄱ~ㅎ) 그리고 사용자가 정한 기준으로 정렬할 수 있는 사용자 지정 정렬이 있습니다. 사용자 지정 정렬은 사용자가 원하는 형태로 정렬할 수 있어 데이터를 분석하기에 좋은 기능입니다.

1. 내림차순 정렬을 이용해 매출 순위 파악하기

예제파일의 '고객DB' 시트에 매출액을 가장 큰 순서로 나열(매출액을 기준으로 내림차순)하여 매출 순위를 파악합니다.

❶ 예제파일의 '고객DB' 시트에서 매출액이 가장 큰 순서대로 정렬할 것이므로 매출액이 있는 [G2] 셀을 마우스로 클릭합니다. 그리고 [데이터]−[정렬 및 필터] 그룹 −[텍스트 내림차순 정렬]을 클릭하면 매출액이 가장 큰 순서대로 나열되어 매출 데이터를 쉽게 파악할 수 있습니다.

No.	이름	고객번호	회원구분	성별	지역	매출액
16	배현정	88B004	법인회원	여	전라	69,331,918
29	정현수	16A001	프리미엄	남	경상	69,331,918
22	장지민	11A004	프리미엄	여	경기	67,298,374
43	한소영	88B008	법인회원	여	전라	67,194,923
14	고진경	76B003	법인회원	여	경기	67,068,719
4	이재영	11A001	프리미엄	남	충청	65,592,935
2	정민경	88B001	법인회원	여	제주	65,224,070
20	윤성은	97B002	법인회원	여	서울	65,003,383
38	오민철	13A005	프리미엄	남	경상	64,161,131
32	임유민	00C009	일반회원	남	경상	64,002,776
36	김주현	97B004	법인회원	남	충청	62,799,843
7	김은지	15A001	프리미엄	여	경기	62,072,661
34	은성환	88B006	법인회원	남	경상	61,494,628
28	황다희	02B002	법인회원	여	전라	61,278,990
41	이승연	88B007	법인회원	남	전라	61,178,815
30	김민지	03B002	법인회원	여	강원	61,168,837
25	김영하	97B008	법인회원	여	경기	60,239,237

멘토의 한 수

정렬은 [데이터]–[정렬 및 필터] 그룹에도 있지만, [홈]–[편집] 그룹에도 정렬 및 필터 기능이 있습니다. 동일한 기능이니 편리한 곳에 위치한 정렬을 사용합니다.

❷ 정렬해 놓은 매출액이 동일하다면 정렬 기준을 더 추가하여 순서를 정할 수 있습니다. [데이터]–[정렬 및 필터] 그룹–[정렬]을 클릭하면 [정렬] 창이 열리게 됩니다.

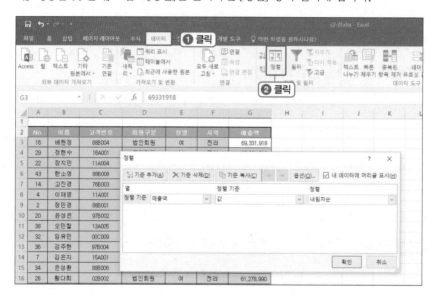

❸ [정렬] 창이 열리면 '회원구분'을 다음 기준으로 만들어 보도록 하겠습니다. [기준 추가]를 클릭하여 다음 기준을 삽입하고, 목록에서 '회원구분'을 선택합니다.

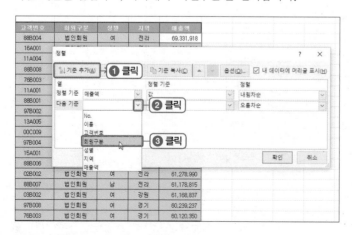

④ 해당 기준의 [정렬기준]을 목록에서 내림차순으로 선택하고 [확인] 버튼을 클릭합니다.

⑤ 두 개의 정렬 기준을 모두 내림차순으로 해 놓았기 때문에 가장 큰 매출액이 위로 오게 되며, 만약 매출액이 동일하다면 회원구분이 ㅎ, ㅍ, ㅌ... 순으로 정렬됩니다. 3행과 4행에 있는 매출액이 동일하므로 회원구분이 내림차순으로 정렬되어 '프리미엄' 회원이 위로 오게 되었습니다.

동일한 매출액, 내림차순 정렬로 '프리미엄'회원이 위로 옴

2. 원하는 순서로 정렬해 지역별 데이터 분석하기

예제 시트에 있는 지역을 '서울, 경기, 충청, 강원, 전라, 경상, 제주' 순으로 정렬하여 데이터를 분석하려고 합니다. 사용자가 원하는 순서로 정렬하고자 할 경우 사용자 지정 정렬을 사용하여 할 수 있습니다.

❶ 지역을 기준으로 정렬할 것이므로 '지역'이 있는 [F2] 셀을 클릭하고, [데이터]−[정렬 및 필터] 그룹−[정렬]을 클릭합니다. 이때 앞에서 정렬한 기준들이 그대로 있다면 [기준삭제] 버튼을 눌러 기준을 모두 삭제하도록 합니다.

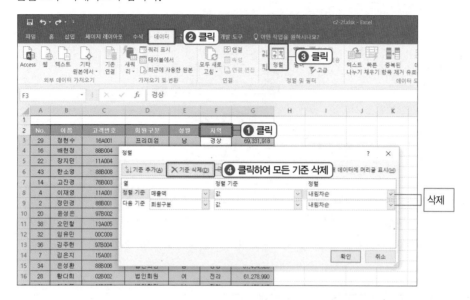

❷ 정렬 기준을 삭제한 후 [기준추가]를 클릭하고 정렬기준을 '지역'으로 변경합니다. 그리고 [정렬]에 목록 단추를 클릭하여 [사용자 지정 목록...]을 선택합니다.

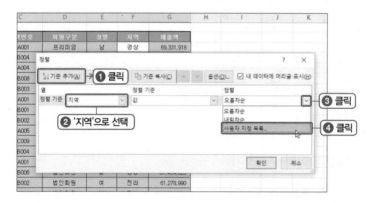

❸ [사용자 지정 목록] 창이 열리면 [새 목록]에 파란색으로 선택되어 있는 상태입니다. [새 목록]을 선택된 상태에서 오른쪽 [목록 항목]의 입력란에 '서울, 경기, 충청, 강원, 전라, 경상, 제주'를 입력합니다.

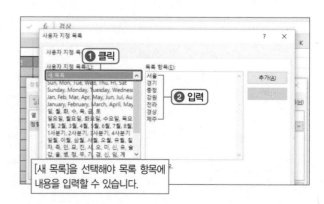

[새 목록]을 선택해야 목록 항목에 내용을 입력할 수 있습니다.

[사용자 지정 목록]의 [새 목록] 아래에 있는 데이터들은 엑셀에서 미리 제공하는 목록들입니다. 우리가 '일'을 입력하고 드래그를 해서 자동 채우기를 하면 일, 월, 화, 수, 목, 금, 토가 자동으로 입력되는 것은 [사용자 지정 목록]에 있는 데이터가 입력되는 것입니다.

❹ 오른쪽에 있는 [추가] 버튼을 클릭하면 [사용자 지정 목록]의 제일 하단으로 입력한 데이터가 추가됩니다. [확인] 버튼을 클릭합니다.

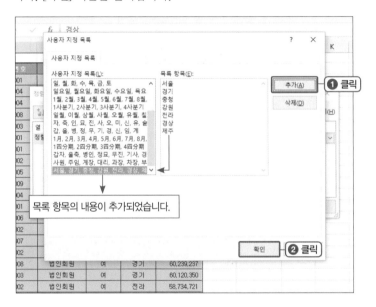

❺ 다시 [정렬] 창으로 돌아오면 [정렬] 목록에 '서울, 경기, 충청, 강원, 전라, 경상, 제주'가 입력되어 있는 것을 확인할 수 있습니다. [정렬]의 목록을 열어 보면 입력한 내용의 반대로 입력된 데이터가 함께 추가되어 있어 역순으로 정렬도 가능하게 됩니다.

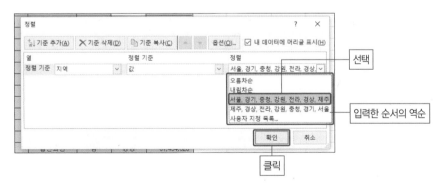

❻ '서울, 경기, 충청, 강원, 전라, 경상, 제주'를 선택하고 [확인] 버튼을 클릭하면 지정한 순서대로 지역이 정렬됩니다.

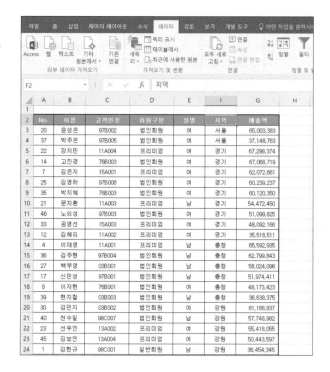

3. 행을 기준으로 정렬하기

[정렬] 기능은 열을 기준으로 정렬하도록 기본 설정이 되어 있으나 간단한 설정을 통해 행을 기준으로 정렬할 수 있습니다.

❶ 예제파일의 '지점별 매출액' 시트에 12행에 있는 '총합계'를 작은 값이 앞으로 오도록 정렬하려고 합니다. 데이터가 있는 범위 [B3:J12] 셀까지를 블록지정합니다. 그리고 [데이터]-[정렬 및 필터] 그룹-[정렬] 버튼을 클릭합니다.

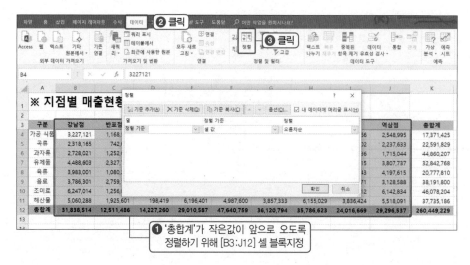

❶ '총합계'가 작은값이 앞으로 오도록 정렬하기 위해 [B3:J12] 셀 블록지정

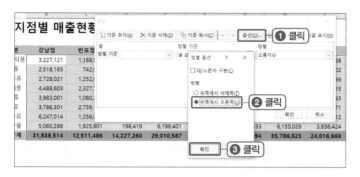

② [정렬] 창이 열리면 [옵션] 버튼을 눌러 [정렬 옵션] 창을 열어줍니다. [왼쪽에서 오른쪽]을 선택하여 행 방향으로 정렬하도록 변경하고 [확인] 버튼을 클릭합니다.

③ [정렬] 창에서 [정렬기준]의 목록에서 총합계가 위치한 [행12]를 선택한 후 정렬 방식을 '오름차순'으로 그대로 두고 [확인] 버튼을 클릭합니다.

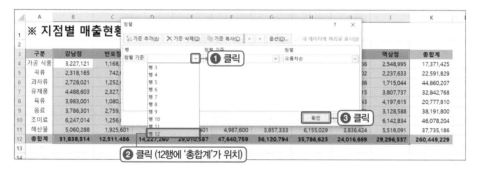

④ 오름차순으로 정렬했기 때문에 총합계의 값이 작은 것부터 나열되었습니다.

CHAPTER 08 필요한 데이터만 쉽게 추출할 수 있는 자동필터

● **예제파일** : c1-8.xlsx   ● **정답파일** : c1-8f.xlsx

핵심 내용 [자동필터] 기능은 [데이터]-[정렬 및 필터] 그룹-[필터] 또는 [홈]-[편집] 그룹-[정렬 및 필터]-[필터]에 있는 기능으로 선택한 셀에서 원하는 데이터를 추출할 수 있도록 하는 기능입니다. 원하는 데이터를 추출해서 가장 쉽게 집계할 수 있기 때문에 업무에서는 빼놓을 수 없는 기능입니다.

1. 자동필터(Ctrl+Shift+L)로 '강남점'의 '육류' 매출액을 쉽게 파악하기

[자동필터] 기능으로 구매지점에서 '강남점'을, 제품분류에서 '육류'를 추출하여 매출액을 알아봅니다.

❶ [자동필터]를 삽입하기 위해 [A3:G3] 셀까지 블록 지정하고, [데이터]-[정렬 및 필터] 그룹-[필터] 또는 [홈]-[편집] 그룹-[정렬 및 필터]-[필터]를 실행합니다. 단축키는 Ctrl + Shift + L 입니다.

❷ [자동필터]가 실행되면 블록 지정했던 각 필드명(머리글)마다 목록단추가 생성되며, '강남점'인 데 이터를 추출하기 위해 '구매지점'의 목록단추를 클릭합니다. 펼쳐지는 메뉴에서 [모두선택]을 눌러 전체 선택을 해제하고 '강남점'에만 체크하여 [확인] 버튼을 클릭합니다.

❸ 그리고 제품분류가 '육류'인 데이터를 추출해야 하므로 제품분류의 목록단추를 눌러 [모두 선택]을 해제하고 '육류'만 선택합니다. [확인] 버튼을 클릭합니다.

④ 구매지점이 '강남점'이면서, 제품분류가 '육류'인 데이터만 추출이 되었습니다. 이때 주문 합계의 값을 블록 지정하면 하단 상태 표시줄에 블록 지정한 범위의 평균, 개수, 숫자 데이터 개수, 최소값, 최대값, 합계가 표시됩니다.

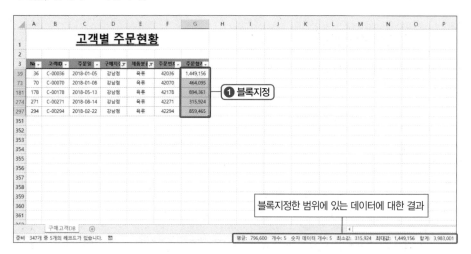

멘토의 한 수

엑셀 화면의 가장 하단에 있는 상태표시줄에서는 기본적으로 선택한 데이터의 개수가 표시됩니다.

그러나 개수 외에 합계, 평균, 개수, 숫자 셀 개수, 최대, 최소값을 상태표시줄에 표시되도록 해 놓으면 아주 간단한 기능으로 데이터를 빠르게 분석할 수 있습니다. 방법은 상태표시줄에서 마우스 오른쪽 단추를 클릭합니다. 그리고 나오는 메뉴에서 평균, 개수, 숫자 셀 개수, 최소값, 최대값, 합계에 모두 체크를 합니다.

가끔 숫자를 선택했으나, 상태표시줄에 개수만 표시되는 경우가 있습니다. 이런 경우 보이는 것은 숫자이지만, 엑셀에서는 텍스트로 인식하고 있는 경우입니다.

❺ [데이터]-[정렬 및 필터] 그룹-[지우기]를 선택하면 자동필터로 필터링해 놓은 데이터가 모두 펼쳐지게 됩니다.

❻ 만약 주문 합계의 금액 중에 100만 원 이상, 120만 원 이하인 값을 추출할 경우에는 데이터가 모두 펼쳐진 상태에서 주문합계의 자동필터 목록에 있는 [숫자 필터]의 하위메뉴를 클릭 후 [해당범위]를 선택합니다.

❼ [사용자 지정 자동 필터] 창이 열리면 '>=' 부분에는 '1000000'을 입력하고, '<=' 부분에는 '1200000'을 입력합니다. [확인] 버튼을 누르면 해당 범위에 속한 값만 표시됩니다.

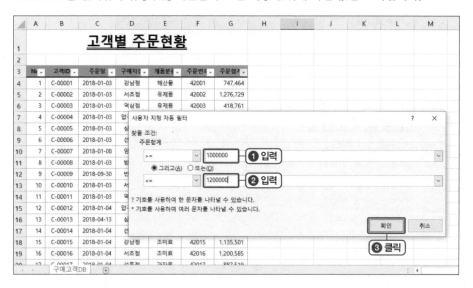

❽ 특정 셀에 들어있는 색을 기준으로 자동필터로 필터링을 할 수 있습니다. 주문합계의 임의의 셀에 노란색과 빨간색 배경색을 넣었습니다.

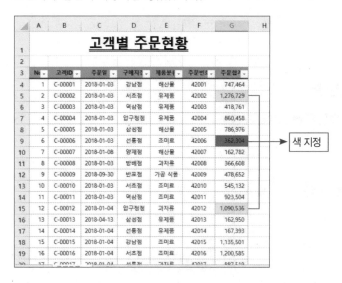

❾ '주문합계'의 자동필터 목록단추를 클릭하여 [색 기준 필터]의 하위메뉴에 현재 존재하는 색이 보입
니다.

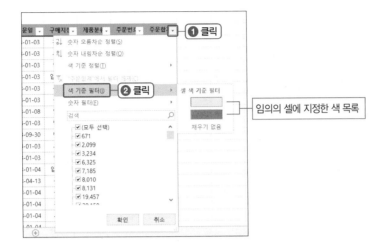

❿ 만약 빨간색을 선택하면 빨간색이 배경색으로 들어있는 셀만 추출이 됩니다.

멘토의 한 수

[색 기준 필터]는 배경색뿐 아니라 글자색도 추출이 가능합니다.

쉽고 간단한 기능을 활용한 데이터관리 및 분석

엑셀에는 복잡한 기능이나, 어려운 함수들을 이용해 데이터를 관리하고 분석할 수도 있지만, 간단한 기능을 활용해 원하는 형태의 데이터로 관리하거나 분석할 수 있습니다. 엑셀에서 제공하는 여러기능들을 익혀 데이터를 쉽고 빠르게 관리하고 분석할 수 있도록 합니다.

Excel

상위, 하위 데이터를 쉽게 파악해서 서식을 지정하는 조건부 서식

CHAPTER 01

● 예제파일 : c2-1.xlsx, c2-1-1.xlsx   ● 정답파일 : c2-1f.xlsx, c2-1-1f.xlsx

핵심내용 [조건부 서식] 기능을 활용하면 특정 조건에 맞는 데이터를 사용자가 원하는 서식에 맞춰 표시해 줍니다. 조건부 서식에는 셀 강조 규칙, 상위/하위 규칙, 데이터 막대, 색조, 아이콘 집합, 새 규칙 등의 메뉴를 포함하고 있습니다.

1. [조건부 서식]으로 상위 10%, 하위 10% 데이터 파악하기

'c2-1.xlsx' 파일의 5월 영업사원별 매출실적 현황에서 [조건부 서식]으로 매출총액의 상위 10%와 하위 10%를 사용자가 지정한 서식에 맞춰 시각화 합니다.

❶ 매출총액이 있는 [E4:E49] 셀 범위를 블록 지정한 후, [홈] 탭-[스타일] 그룹-[조건부 서식]-[상위/하위 규칙]-[상위 10%]를 클릭합니다.

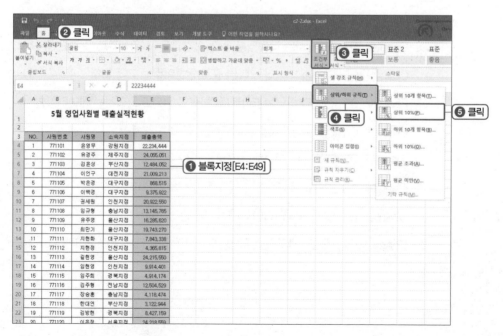

❷ [상위 10%] 창이 열리면 [적용할 서식]의 목록단추를 눌러 [사용자 지정 서식]을 누릅니다.

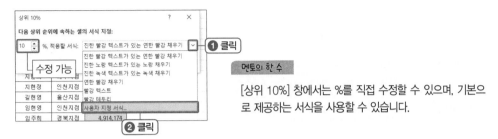

> **멘토의 한 수**
>
> [상위 10%] 창에서는 %를 직접 수정할 수 있으며, 기본으로 제공하는 서식을 사용할 수 있습니다.

❸ [셀 서식] 창이 열리면 [채우기] 탭을 클릭하고 배경색을 노란색 계열로 선택한 후 [확인]을 클릭합니다. [상위 10%] 창에서 다시 [확인]을 클릭합니다.

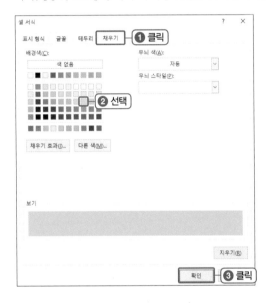

❹ 블록지정 한 데이터들 중 상위 10%에 해당하는 값에만 서식이 지정되어 데이터를 쉽게 분석할 수 있습니다.

	A	B	C	D	E	F
22	19	771119	김방현	경북지점	8,427,159	
23	20	771120	이은정	서울지점	24,218,559	
24	21	771121	이해영	경기지점	14,084,121	
25	22	771122	김덕성	경기지점	27,106,741	
26	23	771123	김정환	강원지점	23,761,801	
27	24	771124	김선호	경남지점	22,837,113	
28	25	771125	윤택이	인천지점	7,447,637	
29	26	771126	김소영	광주지점	14,323,048	
30	27	771127	구하라	대전지점	28,050,049	
31	28	771128	박은지	전북지점	13,824,993	
32	29	771129	이환영	대구지점	147,696	
33	30	771130	이우정	강원지점	7,042,719	
34	31	771131	박지현	제주지점	19,995,201	
35	32	771132	박재정	대구지점	14,535,777	
36	33	771133	김윤영	인천지점	312,457	
37	34	771134	류수진	대구지점	4,772,967	
38	35	771135	전아겸	인천지점	9,968,914	
39	36	771136	황난겸	충남지점	8,772,969	
40	37	771137	신경철	서울지점	29,053,589	
41	38	771138	김영미	경남지점	25,143,459	
42	39	771139	김미정	대전지점	22,058,683	
43	40	771140	김성우	대구지점	17,680,653	
44	41	771141	조경연	울산지점	7,906,300	
45	42	771142	고윤정	울산지점	21,146,166	
46	43	771143	공택우	전남지점	901,817	
47	44	771144	공진겸	경북지점	28,589,276	
48	45	771145	윤지우	강원지점	2,317,371	
49	46	771146	김상원	인천지점	2,350,666	

Sheet1

❺ 하위 10%도 앞에서와 같은 방법으로 데이터 범위를 블록 지정하고 [홈] 탭-[스타일] 그룹-[조건부 서식]-[상위/하위 규칙]-[하위 10%]를 클릭합니다. [하위 10%] 창에서 [적용할 서식] 목록에 있는 [연한 빨강 채우기]를 선택하여 간단하게 서식을 지정합니다.

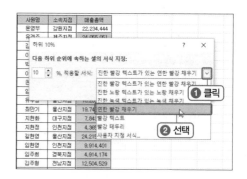

❻ [확인] 버튼을 클릭하면 상위/하위 10%에 각각 지정한 서식이 표시된 것을 확인할 수 있습니다.

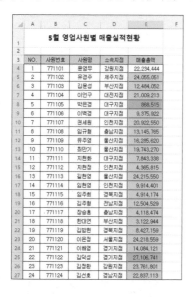

멘토의 한 수

[조건부 서식]은 [상위/하위 규칙] 이외에도 [셀 강조 규칙], [데이터 막대], [색조], [아이콘 집합] 메뉴를 통해 원하는 서식을 지정할 수 있어 분석할 데이터를 조금 더 효과적으로 표현할 수 있습니다.

- [셀 강조 규칙]은 [보다 큼], [보다 작음], [다음 값의 사이에 있음], [같음], [텍스트 포함], [발생 날짜], [중복값] 등을 통해 정해진 서식 또는 사용자가 지정하는 서식으로 강조할 수 있습니다.
- [상위/하위 규칙]은 [상위 10개 항목], [상위 10%], [하위 10개 항목], [하위 10%], [평균 초과], [평균 미만] 등을 통해 선택한 범위에서 사용자가 정한 항목, %, 평균을 자동으로 계산하여 서식을 지정할 수 있습니다.
- [데이터 막대]는 [그라데이션 채우기], [단색 채우기] 등을 통해 선택한 범위의 값에 따라 셀 내에 막대의 길이가 길거나 짧게 표현되며, 최소, 최대값을 직접 정할 수 있습니다.
- [색조]에는 12개의 정해져 있는 색조가 있으며, 선택한 범위의 셀 전체에 선택한 색조가 들어갑니다. 사용자가 원하는 색조로 변경할 수 있습니다.
- [아이콘 집합]은 [방향], [도형], [표시기], [추천] 등을 통해 특정 데이터가 있는 셀에 아이콘이 표시될 수 있도록 합니다. 아이콘의 모양은 주어진 모양만 가능합니다.
- [새 규칙]은 [조건부 서식]에 사용자가 직접 규칙을 적용할 수 있으며, 함수 및 수식을 활용할 수 있습니다.
- [규칙 관리]는 기존 규칙을 수정, 삭제하거나, 새로운 규칙을 적용할 수 있습니다.

2. 수식을 입력해서 이상 값에 서식 지정하기

'c2−1−1.xlsx' 파일처럼 업무를 하다 보면 이상 값이 있는지 확인해야 하는 경우가 있습니다. 예제에서는 '재고량'보다 '출고량'이 큰 경우 이상 값이므로 해당 행 전체에 서식을 지정할 것입니다.

① 행전체에 서식을 지정할 것이므로 필드명(머리글)을 제외한 전체 데이터 [A4:G84] 셀을 블록지정하고 [홈]−[스타일] 그룹−[조건부 서식]−[새 규칙]을 클릭합니다.

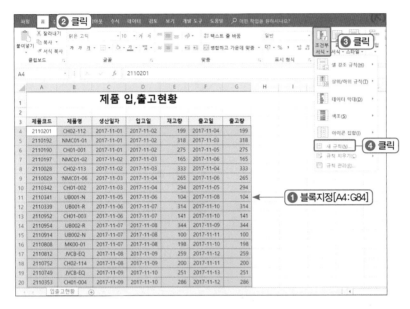

② [새 서식 규칙] 창에서 [수식을 사용하여 서식을 지정할 셀 결정]을 클릭하고 [다음 수식이 참인 값의 서식 지정]의 입력란에 '='을 입력하여 수식을 시작합니다. '출고량'이 있는 [G4] 셀을 클릭하고, 자동으로 설정된 절대참조를 키보드의 F4 키를 눌러 열 혼합 참조인 [$G4]로 변경 될 때까지 눌러줍니다. '>'를 입력하고 '재고량'이 있는 [E4] 셀을 클릭하여, 키보드의 F4 키를 눌러 열 혼합참조인 [$E4]로 변경될 때까지 눌러줍니다. 그리고 [서식] 버튼을 클릭합니다.

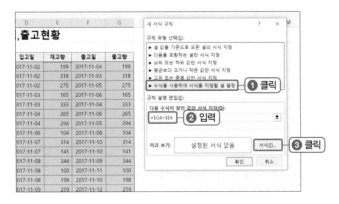

❸ [셀 서식] 창이 열리면 [채우기] 탭을 눌러 색을 선택하고 [확인] 버튼을 눌러 [셀 서식] 창을 닫습니다. [새 서식 규칙] 창도 [확인] 버튼을 눌러 닫아 줍니다.

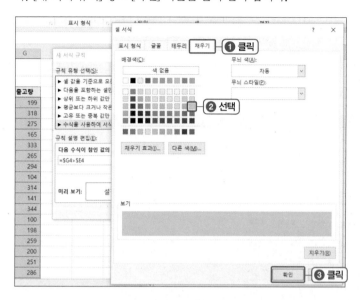

❹ 이상값이 있는 행 전체가 선택한 서식이 반영된 것을 확인할 수 있습니다.

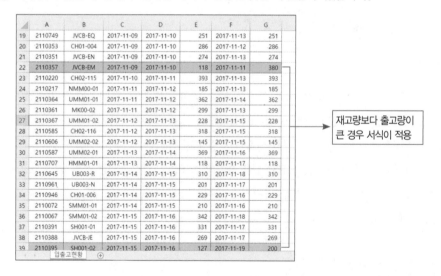

재고량보다 출고량이 큰 경우 서식이 적용

3. [조건부 서식] 지우기

지정한 [조건부 서식]을 지울 때는 [선택한 셀의 규칙 지우기], [시트 전체에서 규칙 지우기], [이 표에서 규칙 지우기], [이 피벗 테이블에서 규칙 지우기]의 4개의 메뉴로 지울 수 있습니다.

❶ 특정 범위에 적용한 [조건부 서식]을 지울 때는 데이터를 블록지정 한 후 [홈]−[스타일] 그룹−[조건부 서식]−[규칙 지우기]−[선택한 셀의 규칙 지우기]를 클릭합니다.

멘토의 한 수

조건부 서식의 [규칙 지우기] 메뉴에 있는 [이 표에서 규칙 지우기]는 [삽입]−[표] 그룹−[표] 기능을 사용한 후 조건부 서식을 지정한 경우 사용할 수 있으며, [이 피벗 테이블에서 규칙 지우기]도 [삽입]−[표] 그룹−[피벗 테이블] 기능을 사용한 후 조건부 서식을 지정한 경우 사용할 수 있습니다.

원하는 데이터만 다른 표로 만들어주는 고급 필터

CHAPTER 02

● 예제파일 : c2-2.xlsx ● 정답파일 : c2-2f.xlsx

 [고급] 필터 기능은 정해진 조건입력 방법만 잘 이해하면 원하는 데이터를 쉽고 빠르게 새로운 표로 만들어 낼 수 있습니다. 데이터가 있는 위치 그대로 추출하거나, 복사 위치를 지정하여 새로운 표로 생성할 수 있습니다.

1. [고급] 필터에 조건 입력하는 방법 이해하기

[고급] 필터의 조건은 비어있는 셀에 필드명(머리글)과 필드값(데이터=조건)이 있어야 합니다. 이때 필드명(머리글)과 필드값(데이터)은 주어진 데이터와 동일하게 입력하여야 합니다.

조건	내용
거래처구분 일반회원	[거래처구분]이 '일반회원'인 데이터를 추출합니다.
거래처구분 일반회원 기업회원	[거래처구분]이 '일반회원'이거나 '기업회원'인 데이터를 추출합니다. (OR 조건)
거래처구분　지역 일반회원　강원	[거래처구분]이 '일반회원'이면서 [지역]이 '강원'인 데이터를 추출합니다.(AND 조건)
거래처구분　지역 일반회원 　　　　강원	[거래처구분]이 '일반회원'이거나, [지역]이 '강원'인 데이터를 추출합니다.(OR 조건)
거래처구분　지역 일반회원　강원 기업회원　제주	[거래처구분]이 '일반회원'이면서 [지역]이 '강원'이거나, '기업회원'이면서 '제주'인 데이터를 추출합니다.(AND 조건이면서 OR 조건)

2. 달성률이 100% 이상인 데이터 추출하기

❶ 달성률이 100% 이상인 데이터를 추출하기 위해 조건을 [L1:L2] 셀에 입력합니다. 필드명(머리글)에 '달성률'을 입력하고 [L2] 셀에 '>=100%'를 입력합니다.

❷ [A3] 셀을 마우스로 클릭하고 [데이터]−[정렬 및 필터] 그룹−[고급]을 클릭합니다. [고급 필터] 창이 열리면 [현재 위치에 필터]에 선택하고, [목록 범위]에 데이터 전체를 선택합니다. 그리고 [조건 범위]에 입력해 놓은 조건이 있는 [L1:L2] 셀을 블록 지정합니다.

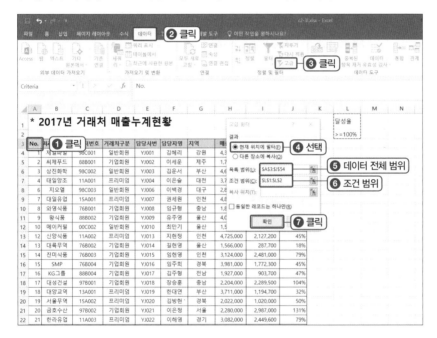

❸ [확인] 버튼을 클릭하면 데이터가 있는 위치에 조건에 맞는 데이터만 화면에 보이고 그외의 데이터는 행 숨기기가 됩니다. 만약 [데이터]−[정렬 및 필터] 그룹−[지우기]를 클릭하면 데이터가 모두 원 상태로 돌아가게 됩니다.

	A	B	C	D	E	F	G	H	I	J	K	L	M
1	* 2017년 거래처 매출누계현황											달성률	
2												>=100%	
3	No.	거래처명	거래번호	거래처구분	담당사번	담당자명	지역	매출목표	매출액	달성률			
5	2	씨제푸드	88B001	기업회원	YJ002	이세운	제주	1,793,000	1,981,600	111%			
8	6	지오열	98C003	일반회원	YJ006	이백경	대구	2,838,000	4,669,800	165%			
12	10	메이커필	00C002	일반회원	YJ010	최만기	울산	1,578,000	1,733,300	110%			
18	17	대성건설	97B001	기업회원	YJ018	장승훈	충남	2,204,000	2,289,500	104%			
21	20	금호수산	97B002	기업회원	YJ021	이은정	서울	2,280,000	2,987,000	131%			
26	25	태일그룹	97B003	기업회원	YJ026	윤택이	인천	2,004,000	3,477,000	174%			
31	30	유림육가공	03B002	기업회원	YJ031	이우정	강원	3,041,000	4,029,500	133%			
37	37	멜타무역	92B002	기업회원	YJ038	신경철	서울	1,685,000	2,987,000	177%			
38	38	무영음료	53A003	프리미엄	YJ039	김영미	경남	3,223,000	3,601,500	112%			
40	40	CK푸산	00C003	일반회원	YJ041	김성우	대구	2,669,000	4,669,800	175%			
45	45	우미음료	43A002	프리미엄	YJ046	윤지우	강원	1,753,000	2,971,100	169%			
46	46	삼미그룹	20B034	기업회원	YJ048	신윤경	서울	3,570,000	3,601,500	101%			
48	49	월포트	29C003	일반회원	YJ050	이난경	대구	2,268,000	4,669,800	206%			
51	52	아람식품	65A002	프리미엄	YJ053	김경주	충북	2,732,000	2,987,000	109%			
54	56	동관무역	98C004	일반회원	YJ057	윤은우	경남	2,095,000	3,477,000	166%			
55													

3. 조건에 맞는 데이터 중 원하는 항목만 새로운 표로 만들기

[고급] 필터는 조건에 맞는 데이터를 원하는 항목만 추출해 새로운 표로 만들 수 있습니다. 달성률이 100% 이상인 데이터의 [거래처명], [거래처구분], [지역], [매출목표], [매출액]만 새로운 표로 만들도록 합니다.

❶ 달성률이 100% 이상인 데이터 중 [거래처명], [거래처구분], [지역], [매출목표], [매출액]만 추출하기 위해 [L3:P3]에 추출할 데이터의 필드명(머리글)을 입력합니다.

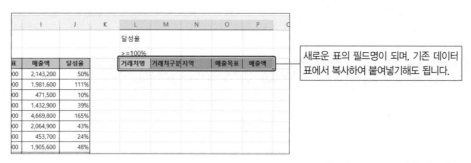

❷ [A3] 셀을 클릭하고 [데이터]-[정렬 및 필터] 그룹-[고급]을 클릭한 후 [고급] 필터 창에서 [다른 장소에 복사]를 선택합니다. [목록 범위]와 [조건 범위]가 잘 지정되어 있는 지 확인하고, [복사 위치]에 미리 입력해 놓은 필드명(머리글)범위 [L3:P3]을 선택합니다.

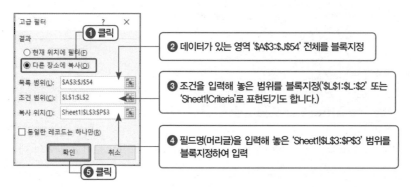

멘토의 한 수

[복사 위치]에 특정 필드명을 입력하지 않고, 비어 있는 셀을 클릭하면 데이터 영역의 'No.'부터 '달성률'까지 조건에 맞는 데이터를 모두 추출하여 표로 생성합니다.

❸ 조건에 맞는 데이터 중 미리 입력해 놓았던 필드명(머리글)에 맞는 데이터만 추출되어 표 형태로 만들어졌습니다. 이때 [매출목표]와 [매출액]은 데이터의 길이가 셀 크기보다 커서 #으로 표현이 됩니다. [O] 열과 [P] 열의 경계선에 마우스를 가져다 대고 오른쪽으로 드래그하거나, 경계선을 더

블클릭하면 [매출목표]의 셀 크기를 자동으로 맞춰 데이터값이 나타납니다. [매출액] 셀도 [P] 열과
[Q]의 경계에서 크기를 넓히도록 합니다.

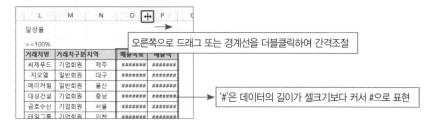

멘토의 한 수

#표시가 되는 열이 나란히 있다면, 해당 열을 블록 지정하여 오른쪽으로 드래그하거나 열의 경계에서 더블 클
릭하면 한꺼번에 셀의 크기를 변경할 수 있습니다.

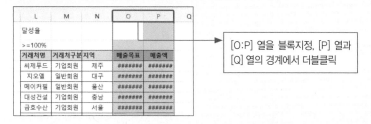

CHAPTER 03

분산되어 있는 데이터를 하나의 시트로 통합하는 데이터통합

●예제파일 : c2-3.xlsx   ●정답파일 : c2-3f.xlsx

핵심 내용 [통합] 기능은 데이터의 나열 순서나 목록과는 상관없이 분산되어 있는 데이터를 하나로 통합해 주는 기능입니다. 데이터를 합계 또는 평균, 개수 등 11개의 함수로 통합할 수 있습니다.

1. 분산되어 있는 데이터 통합하기

'c2-3.xlsx' 파일의 예제를 열어 여러 범위로 분산되어 있는 데이터를 [제품명]을 기준으로 통합합니다.

❶ 데이터를 통합할 [A19] 셀을 클릭한 후 [데이터]-[데이터 도구] 그룹-[통합]을 클릭합니다.

	CK물산			HMD			KC그룹	
제품명	판매량	매출액	제품명	판매량	매출액	제품명	판매량	매출액
JVCB-EX	49	693,938	CHMS01-04	77	1,124,046	SH001-05	86	1,084,030
JOB01-03	55	843,975	CH01-002	90	1,161,900	MK00-02	82	1,612,366
CH01-005	29	487,606	CH01-006	90	1,382,490	JOB01-03	33	506,385
UMM02-01	37	610,796	HBHG01-01	67	981,416	SMM01-01	26	338,546
CHMS01-01	85	1,222,300	MK00-01	37	622,118	NMC01-05	41	719,345
JOB01-03	90	1,381,050	NMC01-04	81	1,303,209	JVCB-EJ	63	1,069,992
JVCB-EJ	89	1,511,576	JVCB-EJ	25	424,600	JHB01-01	71	1,031,062
MK00-05	77	970,585	CL02-02	57	865,773	JAJ01-01	29	424,792
NMC01-01	48	887,568	JOB01-02	92	1,238,688	JAJ01-01	55	805,640
JVCB-JJ	94	1,475,048	CHMS01-01	61	877,180	UB001-N	10	967,014
WOM01-01	48	688,656	SH001-05	69	1,129,875	UB002-N	76	1,103,672
MK00-05	38	478,990	JVCB-EJ	65	1,103,960	JTB01-04	82	1,014,832

제품별 매출 총액

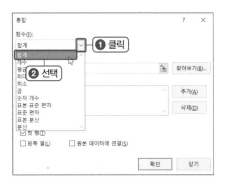 상단 우측: Excel 로고

❷ [통합] 창의 함수를 선택할 수 있는 목록단추를 눌러 사용할 함수인 '합계'를 선택합니다.

❸ [참조]의 입력란에 CK물산의 데이터가 있는 범위를 선택하면 자동으로 '$A$3:$C$15'가 입력됩니다. [추가] 버튼을 눌러 [모든 참조 영역]안에 추가하고, 같은 방법으로 HMD의 데이터가 있는 '$E$3:$G$15' 범위와 KC그룹의 데이터가 있는 '$I$3:$K$15' 범위를 추가한 후 [사용할 레이블] 부분의 [첫 행], [왼쪽 열]을 모두 선택해 줍니다.

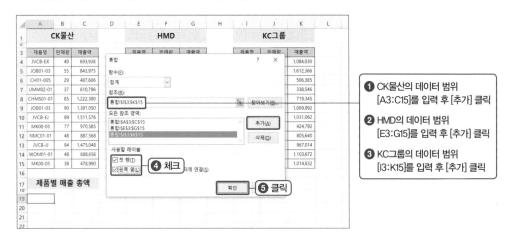

❶ CK물산의 데이터 범위
[A3:C15]를 입력 후 [추가] 클릭

❷ HMD의 데이터 범위
[E3:G15]를 입력 후 [추가] 클릭

❸ KC그룹의 데이터 범위
[I3:K15]를 입력 후 [추가] 클릭

멘토의 한 수

제품명에 따른 데이터 통합을 하기 위해서는 제품명의 앞에 있는 열에 다른 데이터가 있어도 [참조]에 제품명이 있는 셀부터 통합하고자 하는 데이터가 있는 셀까지 블록지정을 해야 합니다.

❹ 제품명의 순서나, 입력된 횟수와 상관없이 제품명을 기준으로 선택했던 범위에 있는 판매량, 매출액의 합계가 구해집니다. 매출액이 '#'으로 표시된 경우는 [C] 열의 너비를 넓히도록 합니다.

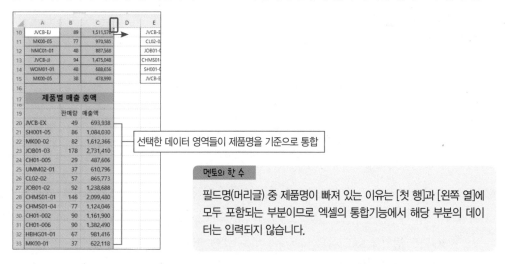

선택한 데이터 영역들이 제품명을 기준으로 통합

멘토의 한 수

필드명(머리글) 중 제품명이 빠져 있는 이유는 [첫 행]과 [왼쪽 열]에 모두 포함되는 부분이므로 엑셀의 통합기능에서 해당 부분의 데이터는 입력되지 않습니다.

2. 원본 데이터의 값이 변경되면 통합된 데이터의 값도 함께 변경되도록 하기

원본 데이터를 연결하여 원본이 수정되면 연결된 통합데이터의 값도 변경되도록 할 수 있습니다. 같은 시트 내에서 데이터를 통합하면 [원본 데이터에 연결] 기능을 사용할 수 없으므로 통합할 시트를 따로 만들어야 합니다.

❶ 원본 데이터에 연결하기 위해 [새 시트] 단추를 눌러 시트를 추가합니다.

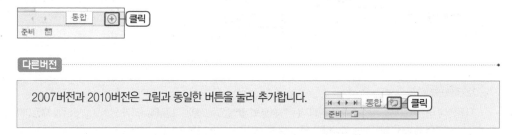

다른버전

2007버전과 2010버전은 그림과 동일한 버튼을 눌러 추가합니다.

❷ 추가된 새 시트의 [A1] 셀을 클릭하고, [데이터]-[데이터 도구] 그룹-[통합]을 클릭합니다.

❸ [통합] 창이 열리면 사용할 함수를 '합계'로 선택하고, [참조]의 입력란을 클릭한 후 CK물산의 데이터 범위[A3:C15]와 HMD의 데이터 범위[E3:G15], 그리고 KC그룹의 데이터 범위[I3:K15]를 각각 블록지정하여 [추가]합니다. 그리고 [첫 행], [왼쪽 열], [원본 데이터에 연결]을 모두 체크합니다.

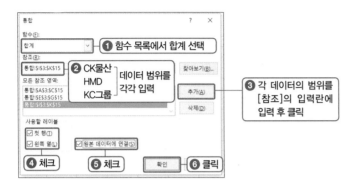

❹ [확인] 버튼을 누르면 데이터가 통합되면서 번호 버튼과 '+' 버튼이 함께 나타납니다.

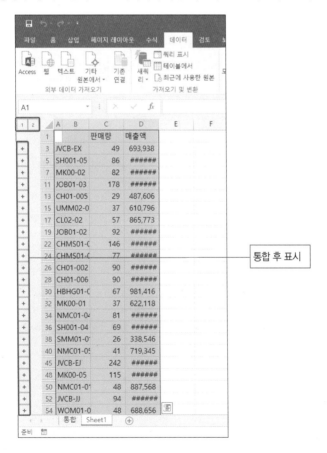

통합 후 표시

❺ [A] 열부터 [D] 열까지 열을 블록 지정하여 데이터가 전체 보이도록 열의 너비를 조정하고, 앞쪽 2
번 버튼을 눌러보면 '+' 버튼들이 펼쳐지며 '–' 버튼으로 바뀌게 됩니다. 비어 있는 것처럼 보였던
[B] 열에 데이터의 원본 위치를 확인할 수 있는 경로가 표시되어 있으며, 통합된 데이터인 판매량
또는 매출액의 값을 선택해 보면 그 값의 위치가 어디인지 표시되어 있는 것을 수식 입력줄에서 확
인할 수 있습니다.

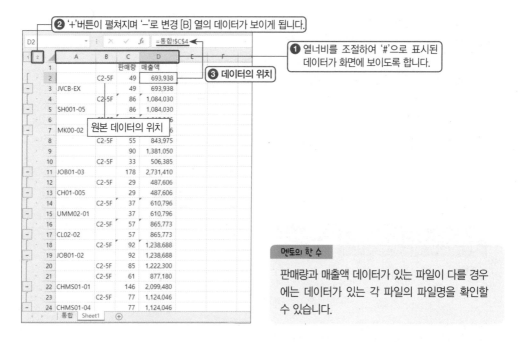

멘토의 한 수

판매량과 매출액 데이터가 있는 파일이 다를 경우
에는 데이터가 있는 각 파일의 파일명을 확인할
수 있습니다.

❻ 제품명과 동일한 행에 위치한 값은 해당 제품명의 데이터를 통합기능으로 구한 합계값입니다.

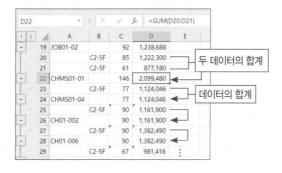

멘토의 한 수

1번을 클릭하면 펼쳐진 데이터가 숨겨지면서 해당 합계값
만 나타나는 것을 확인할 수 있습니다.

데이터가 숨겨지며
합계값만 표시됨

		A	B	C	D	E
+	17	CL02-02		57	865,773	
+	19	JOB01-02		92	1,238,688	
+	22	CHMS01-01		146	2,099,480	
+	24	CHMS01-04		77	1,124,046	
+	26	CH01-002		90	1,161,900	
+	28	CH01-006		90	1,382,490	
+	30	HBHG01-01		67	981,416	
+	32	MK00-01		37	622,118	
+	34	NMC01-04		81	1,303,209	
+	36	SH001-04		69	1,129,875	
+	38	SMM01-01		26	338,546	
+	40	NMC01-05		41	719,345	
+	45	JVCB-EJ		242	4,110,128	
+	48	MK00-05		115	1,449,575	
+	50	NMC01-01		48	887,568	
+	52	JVCB-JJ		94	1,475,048	
+	54	WOM01-01		48	688,656	
+	56	JHB01-01		71	1,031,062	
+	59	JAJ01-01		84	1,230,432	
+	61	UB001-N		62	967,014	
+	63	UB002-N		76	1,103,672	
+	65	JTB01-04		82	1,014,832	
	66					

D22 · : > ✓ fx =SUM(D20:D21)

❼ 제품명 'JVCB–EX'의 현재 값인 693,938을 원본 데이터에서 0으로 변경해 보면 통합된 데이터
에도 반영된 것을 확인할 수 있습니다.

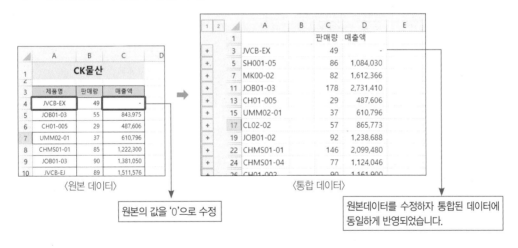

〈원본 데이터〉

〈통합 데이터〉

원본의 값을 '0'으로 수정

원본데이터를 수정하자 통합된 데이터에
동일하게 반영되었습니다.

● 예제파일 : c2-3-1.xlsx   ● 정답파일 : c2-3-1f.xlsx

예제 c2-3-1.xlsx 파일을 열어 [A14] 셀에 제품분류를 기준으로 [표1, 표2, 표3]의 연도별 매출액을 전체 통합하세요.

제품분류에 따른 연 매출현황

[표1]

제품분류	2016년	2018년
음료	361,929,219	496,621,050
TEA	468,140,374	321,683,824
건강식품	303,508,709	376,276,393
스낵류	349,255,820	309,050,600

[표2]

제품분류	2016년	2017년	2018년
음료	358,929,960	495,689,418	309,755,177
건강식품	355,648,647	483,036,599	352,840,488
스낵류	354,989,611	404,615,276	469,065,944
캔디류	402,902,324	381,455,508	302,267,456
아이스크림류	395,061,687	437,422,302	348,702,861

[표3]

제품분류	2018년
음료	426,639,250
건강식품	351,418,282
스낵류	327,935,011
캔디류	380,273,736

매출통합

	2016년	2017년	2018년
음료	720,859,179	495,689,418	1,233,015,477
TEA	468,140,374		321,683,824
건강식품	659,157,356	483,036,599	1,080,535,163
스낵류	704,245,431	404,615,276	1,106,051,555
캔디류	402,902,324	381,455,508	682,541,192
아이스크림류	395,061,687	437,422,302	348,702,861

Explanation

❶ [표1], [표2], [표3]을 통합하여 표시할 [A14] 셀을 클릭하고 [데이터]-[데이터 도구] 그룹-[통합]을 클릭합니다.

❷ [통합] 창이 열리면 [참조]의 입력란에 [표1]의 필드명(머리글)을 포함한 전체 데이터 영역을 선택하고, [추가] 버튼을 클릭합니다. 같은 방법으로 [표2]의 데이터 전체 영역과, [표3]의 데이터 전체 영역을 선택하여 각각 [추가] 버튼을 클릭합니다.

❸ [첫 행]과 [왼쪽 열]을 모두 체크한 후 [확인] 버튼을 클릭하여 통합기능을 실행합니다.

❹ 통합된 데이터 범위에 서식을 지정합니다.

CHAPTER 04

빠르고 간편하게 데이터를 집계하는 부분합

● 예제파일 : c2-4.xlsx   ● 정답파일 : c2-4f.xlsx

 [부분합]은 값을 구할 데이터를 그룹화(정렬)하여 간단하게 집계할 수 있는 기능입니다. 주어진 11개의 함수를 이용해 여러 가지 값을 집계할 수 있습니다.

1. 특정기준으로 매출액 합계 구하기

'c2-4.xlsx' 파일에 있는 예제의 [회원분류]를 기준으로 [부분합] 기능을 사용해 매출액의 합계를 구합니다.

① 정렬(그룹화)할 항목인 회원분류가 있는 [D3] 셀을 클릭하고 [데이터]-[정렬 및 필터] 그룹-[텍스트 오름차순 정렬]을 클릭하여 회원별로 모아줍니다.

멘토의 한 수

[부분합] 기능을 활용하여 데이터를 집계할 때는 반드시 그룹화할 항목을 기준으로 정렬을 해주어야 합니다. 정렬 없이 나열된 상태로 [부분합]을 실행하면 집계된 값이 반복적으로 생성됩니다.

❷ [D3] 셀을 클릭하고 [데이터]-[개요] 그룹-[부분합]을 클릭한 후 [부분합] 창에서 [그룹화할 항목]의 목록단추를 눌러 '회원분류'로 선택합니다. [사용할 함수]에서 '합계'를 선택하고, [부분합 계산 항목]에는 '매출액'만 체크하여 [확인] 버튼을 클릭합니다.

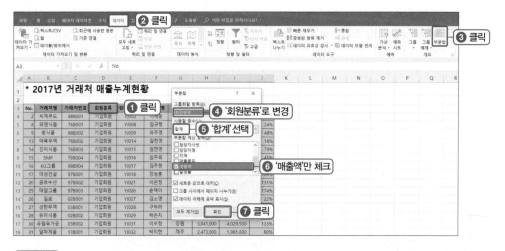

다른버전

〈오피스 2007, 2010 버전〉 [데이터]-[윤곽선] 그룹-[부분합]을 클릭하여 그룹화할 항목을 선택합니다.

❸ [부분합]이 완료되면 행 번호 앞에 1~3까지의 버튼이 보이고, 화면 중간에 각 회원별로 요약되어 있습니다. 데이터 전체가 펼쳐진 상태가 3번 버튼이 눌러져 있는 상태입니다.

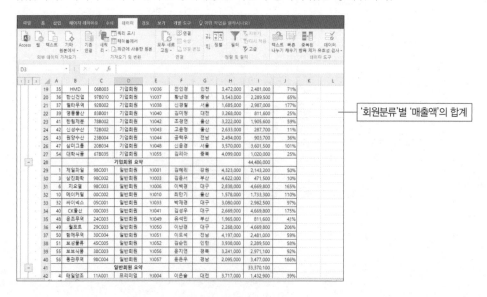

'회원분류'별 '매출액'의 합계

2번 버튼을 클릭하면 각 회원별 요약값과 총합계만 보이게 되며, 1번 버튼을 클릭하면 회원별 요약된 값도 모두 숨겨지고 총 합계값만 확인할 수 있습니다.

2. 매출액 합계와 평균값을 함께 보기

[부분합]에서 제공하는 함수를 더 사용하여 여러 데이터를 집계할 수 있습니다. 앞에서 합계를 구했으니, 평균을 추가하여 구하도록 합니다.

❶ 회원분류별 평균을 추가하기 위해 [데이터]-[개요] 그룹 -[부분합]에서 [그룹화할 항목]은 그대로 두고, [사용할 함수]를 평균으로 변경합니다.

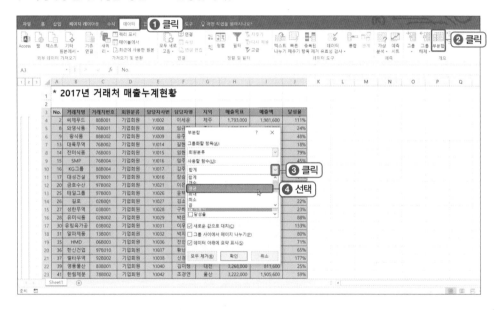

❷ [부분합 계산 항목]도 변경하지 않고, 하단에 있는 [새로운 값으로 대치]에 체크를 해제하여 합계가 평균으로 변경되지 않도록 합니다. 그리고 [확인] 버튼을 클릭합니다.

❸ 합계를 나타내는 요약과 추가한 평균이 함께 표시되며, 버튼도 4번까지 나오게 됩니다. 1번 버튼은 전체 평균과 전체 합계값만, 2번 버튼은 각 회원분류의 요약값과 전체 평균, 전체 요약값만, 3번 버튼은 각 그룹인 회원분류별 평균과 요약값이 나타납니다. 4번이 전체 데이터가 펼쳐진 상태를 나타냅니다.

멘토의 한 수

① [부분합]에서는 마지막에 추가한 함수가 위로 나타나게 됩니다. 만약 평균이 합계를 뜻하는 요약의 아래로 가도록 하기 위해서는 합계보다 평균을 먼저 구한 후에 합계를 구하면 됩니다.

② [부분합] 창에 [그룹 사이에서 페이지 나누기]가 있습니다. 해당 항목을 체크 후 확인을 누르면 데이터 화면에 점선이 생깁니다. 이 점선은 페이지를 나타내는 점선입니다.

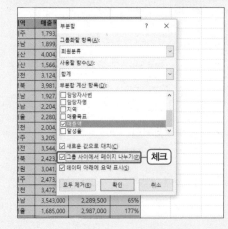

[보기]-[통합 문서 보기] 그룹 -[페이지 나누기 미리보기]를 선택하면 부분합된 데이터 그룹별로 페이지가
나뉘어 있는 것을 볼 수 있습니다.

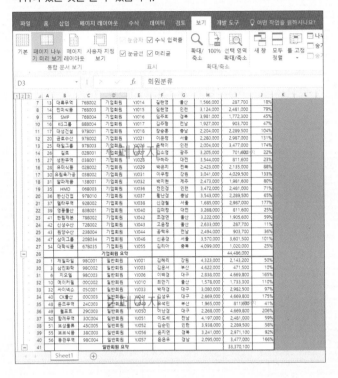

❹ 부분합을 지우기 위해서는 [데이터]-[개요] 그룹-[부분합]에서 [모두 제거] 버튼을 클릭합니다.

예제 'c2-4-1.xlsx' 파일을 열어 본부명을 경영지원본부, 해외사업본부, 재무회계본부, 신사업본부, 영업지원본부, 영업본부로 정렬하고, 본부별로 평균 교육이수시간과 최대 교육이수시간을 구하세요.

		A	B	C	D	E	F	G	H	I	J	K	L	M	N	O	P
	49	109	a109	10310109	010-1111_2330	(주)ㄱㄱㅁㅁㄱ103	경영지원본부	경영기획	계장	33	2015-12-01	관리회계	8	8	수료	2015-08-08	엑셀데이터분
	50	113	a113	10210113	010-1111_2334	(주)ㄱㄱㅁㅁㄱ102	경영지원본부	경영지원	차장	20	2015-08-16	재무회계1	8	6	수료	2015-08-18	관리회계
	51	114	a114	10310114	010-1111_2335	(주)ㄱㄱㅁㅁㄱ102	경영지원본부	경영지원	부장	28	2015-05-14	관리회계	8	6	수료	2015-09-28	엑셀데이터분
	52	115	a115	10410115	010-1111_2336	(주)ㄱㄱㅁㅁㄱ104	경영지원본부	경영지원	과장	26	2015-03-22	리더십	8	1	미수료	2015-01-25	협상스킬
	53	116	a116	10510116	010-1111_2337	(주)ㄱㄱㅁㅁㄱ105	경영지원본부	경영지원	사원	25	2015-02-04	재무회계1	8	3	미수료	2015-02-15	재무회계2
	54	117	a117	10610117	010-1111_2338	(주)ㄱㄱㅁㅁㄱ106	경영지원본부	경영기획	주임	25	2015-08-05	재무회계1	8	1	미수료	2015-06-20	재무회계2
	55	118	a118	10710118	010-1111_2339	(주)ㄱㄱㅁㅁㄱ107	경영지원본부	경영기획	계장	31	2015-03-01	재무회계2	8	7	수료	2015-01-17	관리회계
	56						경영지원본부 최대			33							
	57						경영지원본부 평균			25.5							
	58	43	a43	10610043	010-1111_2264	(주)ㄱㄱㅁㅁㄱ106	해외사업본부	해외사업팀	주임	23	2015-06-21	재무회계1	8	5	미수료	2015-08-12	관리회계
	59	44	a44	10710044	010-1111_2265	(주)ㄱㄱㅁㅁㄱ107	해외사업본부	해외사업팀	대리	22	2015-10-11	관리회계	8	5	미수료	2015-05-16	엑셀데이터분
	60	90	a90	10310090	010-1111_2311	(주)ㄱㄱㅁㅁㄱ103	해외사업본부	해외사업팀	부장	22	2015-03-25	리더십	8	2	미수료	2015-04-23	협상스킬
	61	91	a91	10410091	010-1111_2312	(주)ㄱㄱㅁㅁㄱ104	해외사업본부	해외사업팀	주임	24	2015-09-18	재무회계1	8	6	수료	2015-02-14	재무회계2
	62						해외사업본부 최대			24							
	63						해외사업본부 평균			22.75							
	64	41	a41	10410041	010-1111_2262	(주)ㄱㄱㅁㅁㄱ104	재무회계본부	재무팀	계장	26	2015-10-23	재무회계1	8	7	수료	2015-09-18	재무회계2
	65	42	a42	10510042	010-1111_2263	(주)ㄱㄱㅁㅁㄱ105	재무회계본부	회계팀	사원	25	2015-04-13	재무회계2	8	3	미수료	2015-11-05	관리회계
	66	88	a88	10110088	010-1111_2309	(주)ㄱㄱㅁㅁㄱ101	재무회계본부	재무팀	주임	27	2015-07-24	재무회계1	8	2	미수료	2015-05-29	관리회계
	67	89	a89	10210089	010-1111_2310	(주)ㄱㄱㅁㅁㄱ102	재무회계본부	회계팀	과장	27	2015-08-19	관리회계	8	4	미수료	2015-01-26	엑셀데이터분
	68						재무회계본부 최대			27							
	69						재무회계본부 평균			26.25							
	70	45	a45	10810045	010-1111_2266	(주)ㄱㄱㅁㅁㄱ108	신사업본부	신사업팀	차장	28	2015-04-09	리더십	8	3	미수료	2015-10-21	협상스킬
	71	92	a92	10510092	010-1111_2313	(주)ㄱㄱㅁㅁㄱ105	신사업본부	신사업팀	계장	17	2015-10-10	재무회계2	8	1	미수료	2015-04-17	관리회계
	72						신사업본부 최대			28							
	73						신사업본부 평균			22.5							
	74	5	a5	10510005	010-1111_2226	(주)ㄱㄱㅁㅁㄱ105	영업지원본부	영업지원	부장	20	2015-02-12	리더십	8	7	수료	2015-04-29	협상스킬
	75	6	a6	10610006	010-1111_2227	(주)ㄱㄱㅁㅁㄱ106	영업지원본부	영업기획	주임	17	2015-06-18	재무회계1	8	1	미수료	2015-05-23	재무회계2
	76	16	a16	10610016	010-1111_2237	(주)ㄱㄱㅁㅁㄱ106	영업지원본부	영업지원	계장	23	2015-10-25	재무회계1	8	1	미수료	2015-05-27	재무회계2

Explanation

❶ 본부명을 기준으로 교육 이수시간과 최대 교육이수시간을 구할 것이므로 '본부명'이 있는 [F3] 셀을 클릭하고 [데이터]-[정렬 및 필터] 그룹-[오름차순 정렬]합니다.

❷ [데이터]-[개요] 그룹 -[부분합]을 클릭한 후 [부분합] 창이 열리면 [그룹화할 항목]을 '본부명'으로 선택합니다. [사용할 함수]는 '평균'을 선택하고 [부분합 계산 항목]은 '교육이수시간'을 체크합니다.

❸ [확인]을 눌러 부분합을 나오게 한 후 다시 최대 교육 이수시간을 구해야 하므로 [데이터]-[개요] 그룹 -[부분합]을 클릭한 후 [부분합] 창이 열리면 [사용할 함수]는 '최대값'을 선택합니다.

❹ [부분합] 창의 [새로운 값으로 대치]에 체크 해제를 한 후 [확인]을 누르면 구해져 있던 평균이 사라지고 최대값만 표시되게 됩니다.

CHAPTER 05 자동으로 분석해서 표로 만들어 주는 피벗 테이블

● 예제파일 : c2-5.xlsx ● 정답파일 : c2-5f.xlsx

1. 피벗 테이블 삽입하기

'매출데이터' 시트의 제품분류별 월 매출합계를 피벗 테이블을 사용해 구하도록 합니다.

❶ [A3] 셀을 선택하고 [삽입]-[표] 그룹-[피벗 테이블]을 선택합니다. [피벗 테이블 만들기] 창에서 [표 또는 범위 선택]에 피벗 테이블로 만들 데이터 범위인 [$A$3:$M$983] 셀이 입력되도록 하고 [새 워크시트]가 선택된 상태로 [확인] 버튼을 클릭합니다.

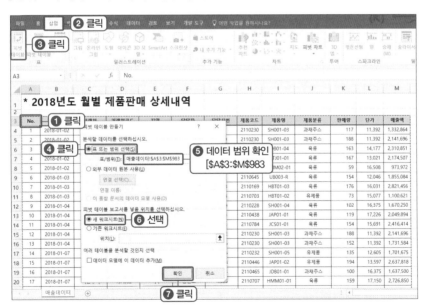

① 데이터가 있는 범위에 셀포인터를 놓고 피벗 테이블을 시작하면 [표 또는 범위 선택]의 입력란에 데이터가
있는 'A3:M983' 셀이 시트명과 함께 절대참조가 포함되어 자동으로 입력됩니다. 그렇지 않을 경우에는 [표/
범위] 입력란에 커서를 두고 데이터 범위를 블록지정하면 쉽게 입력할 수 있습니다.
② 데이터가 있는 시트에 피벗 테이블을 삽입할 때는 [기존 워크시트]를 선택하고, 피벗 테이블이 삽입될 위치
를 클릭해 주면 클릭한 위치부터 피벗 테이블이 삽입됩니다.

❷ 새로운 시트가 추가되고, 피벗 테이블을 만들 수 있게 됩니다.

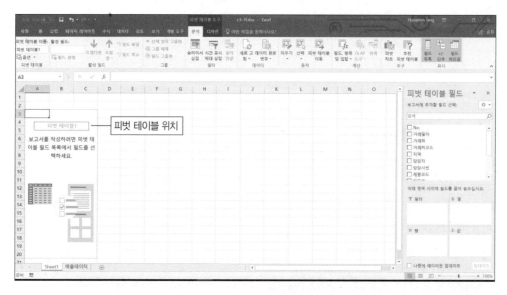

❸ [피벗 테이블 필드 목록]에서 [행]에 들어갈 '제
품분류'를 드래그하거나 체크박스에 체크하면
자동으로 [행]에 들어가게 됩니다. '거래 일자'
를 [열]에 끌어다 놓으면 자동으로 '월'이 추가
되며, 날짜가 '월'단위로 표시됩니다.

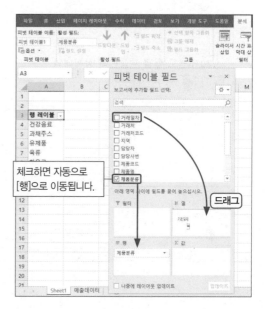

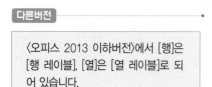

다른버전

〈오피스 2013 이하버전〉에서 [행]은
[행 레이블], [열]은 [열 레이블]로 되
어 있습니다.

❹ 다시 [피벗 테이블 필드목록]에서 '매출액'에 체크하거나 값에 끌어 놓으면 제품분류별로 각 거래일자에 매출액 합계가 표시됩니다.

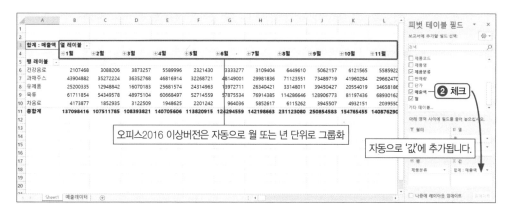

❺ 그룹화된 년도나 월 앞에 '+' 표시가 생성되며, 눌러보면 '+' 표시가 '–' 모양으로 변경되면서 해당월에 포함된 날짜가 나열됩니다.

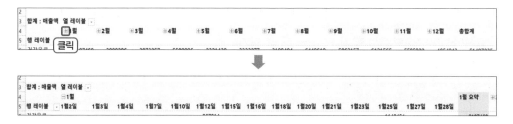

> **다른버전**
>
> 〈오피스 2013 이하버전〉 오피스 2013 이하버전에서는 만들어 놓은 피벗 테이블에서 거래일자를 직접 월단위로 그룹화해야 합니다.
> ① '거래일자' 중 하나의 셀에서 마우스 오른쪽 단추를 눌러 메뉴에서 [그룹]을 클릭합니다.
>
>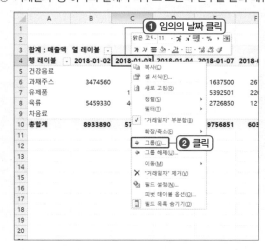

② [그룹화] 창이 나타나면서 '시작' 날짜와 '끝' 날짜가 자동으로 설정되어 있으며, 단위는 '월'에 파란색으로 선택된 상태입니다. 월 단위로 그룹화할 것이므로 [확인] 버튼을 클릭합니다. 만약 '월'과 '분기'로 그룹화 하고자 할 경우는 '분기'를 클릭하면 됩니다. 이때 선택한 것을 다시 한 번 클릭하면 선택이 해제됩니다.

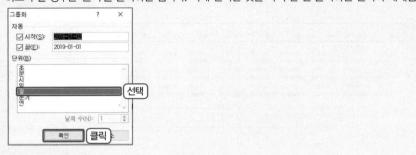

멘토의 한 수

그룹화된 날짜를 해제할 때는 날짜를 선택하여 마우스 오른쪽 단추를 클릭하고, 메뉴에서 [그룹 해제]를 선택합니다.

2. 피벗 테이블의 보고서 형식 변경 및 요약 제거하기

만들어 놓은 피벗 테이블에 '지역', '담당자'를 추가하고, 형식과 요약을 조정하도록 합니다.

❶ [피벗 테이블 필드 목록]에서 '지역'을 체크하면 [행]에 있는 '제품분류'밑으로 자동으로 추가됩니다.

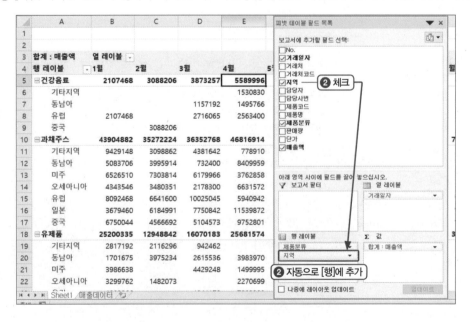

❷ 지역별 제품분류 데이터를 분석할 것이므로 [행]에 추가된 '지역'을 마우스로 드래그하여 '제품분류'의 위로 이동시켜 줍니다.

❸ '지역'이 '제품분류' 위로 변경된 후 [행]에 '담당자'를 추가합니다. '지역'의 하위 데이터로 '제품분류'가 '제품분류'의 하위 데이터로 '담당자'의 데이터가 포함됩니다.

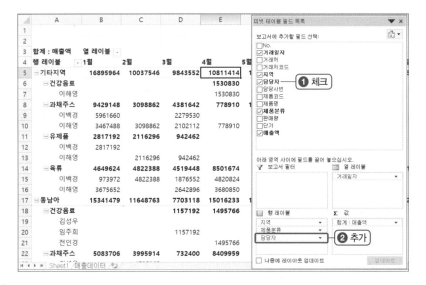

❹ 피벗 테이블의 기본형식이 개요 형식이므로 [행]에 추가한 필드의 데이터는 피벗 테이블에서는 각 필드명의 하위로 들어가게 되는데, 피벗 테이블 확장 도구의 [디자인]−[레이아웃] 그룹−[보고서 레이아웃]−[테이블 형식으로 표시]를 클릭하여 표시 형식을 변경합니다.

❺ 각 필드명의 하위였던 데이터의 순서가 표 형태로 정리되는 것을 확인할 수 있습니다.

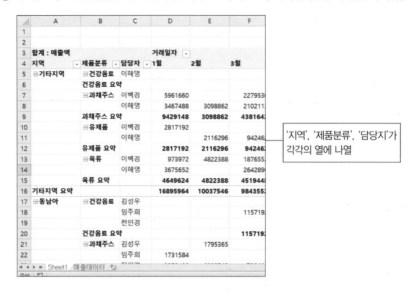

'지역', '제품분류', '담당지'가
각각의 열에 나열

❻ 그러나 각 필드별로 요약이 들어가 있어
피벗 테이블이 복잡해 보이므로, 피벗 테
이블 확장 도구의 [디자인]-[레이아웃]
그룹-[부분합]-[부분합 표시 안 함]을
클릭하여 요약을 없애도록 합니다.

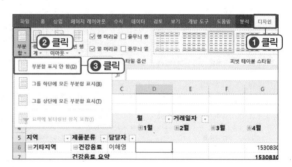

❼ '지역'과 '제품분류'가 한 번씩만 표시되므로 피벗 테이블 확장 도구의 [디자인]-[레이아웃] 그
룹-[보고서 레이아웃]-[모든 항목 레이블 반복]을 클릭하여 반복된 값이 입력되도록 합니다(오피
스 2007버전은 해당 메뉴가 없습니다).

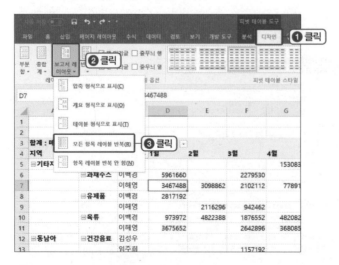

❽ '지역'과 '제품분류'의 내용이 반복하여 입력되는 것을 확인할 수 있습니다.

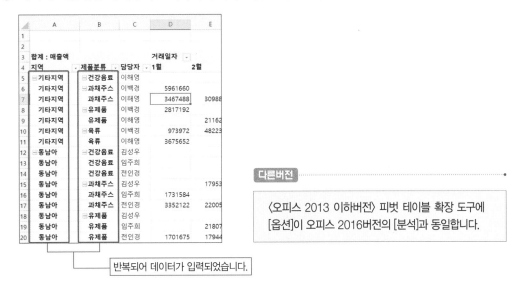

반복되어 데이터가 입력되었습니다.

다른버전

〈오피스 2013 이하버전〉 피벗 테이블 확장 도구에
[옵션]이 오피스 2016버전의 [분석]과 동일합니다.

3. 피벗 테이블의 총합계 표시와 비어있는 셀 변경하기

피벗 테이블의 [값]에 숫자를 추가하면 행과 열에 자동으로 총합계값이 표시됩니다. 총합계를 해제하고, [값]의 비어있는 셀에는 숫자 '0'을 입력하도록 합니다.

❶ 피벗 테이블을 만들면 각 행과 열에 자동으로 총합계가 표시됩니다. 피벗 테이블 확장 도구의 [분석]−[피벗 테이블] 그룹−[옵션]을 클릭하여 [피벗 테이블 옵션] 창의 [요약 및 필터] 탭에 총합계에 대한 옵션을 체크 해제하면 표시되지 않습니다.

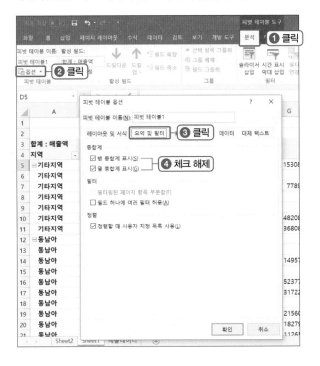

❷ 피벗 테이블의 [값]에 추가한 항목에 값이 없을 경우는 비어 있는 셀로 표시되는데 비어 있는 셀을 특정값으로 채울 수 있습니다. 피벗 테이블 확장 도구의 [분석]−[피벗 테이블] 그룹−[옵션]을 클릭한 후 [피벗 테이블 옵션] 창에서 [레이아웃 및 서식] 탭을 눌러 [서식]의 [빈 셀 표시]에 '0'을 입력합니다.

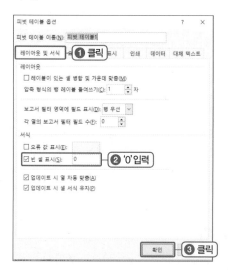

❸ [확인] 버튼을 클릭하면 피벗 테이블의 비어 있는 셀에 '0'이 채워진 것을 확인할 수 있습니다. 숫자뿐 아니라 원하는 값을 입력할 수 있습니다.

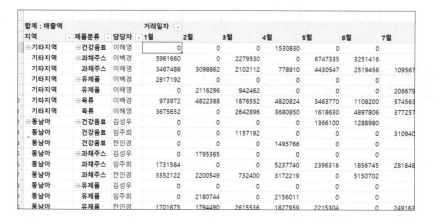

멘토의 한 수

[값]에 추가하여 피벗 테이블에 표시된 숫자값은 사용자가 임의로 수정할 수 없습니다. 표시된 값을 수정하고자 할 경우 원본 데이터에서 변경한 후 피벗 테이블 확장 도구의 [분석]−[데이터] 그룹−[새로고침]을 클릭해야 합니다.

4. 피벗 테이블의 [값]에 표시된 매출액을 구성하는 데이터 확인하기

피벗 테이블의 [값]에 추가해 놓은 매출액이 어떤 데이터들로 구성되어 있는지 알 수 있습니다. 특정값의 데이터 구성을 확인합니다.

❶ 만들어진 피벗 테이블의 매출액이 어떤 데이터로 구성되어 있는지 확인하기 위해 매출데이터 하나를 마우스로 더블클릭합니다.

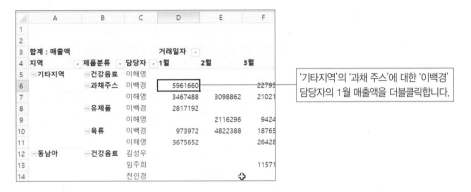

❷ 시트가 새롭게 추가되며 더블클릭했던 매출액을 구성하고 있는 데이터에 [표]가 적용되어 표시됩니다.

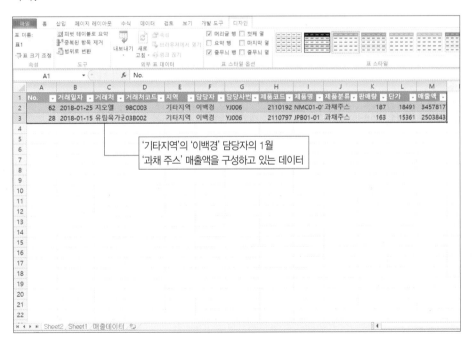

5. 피벗 테이블의 [값]에 표시된 함수 변경하기

피벗 테이블의 [값]에 추가된 숫자값은 자동으로 합계로, 텍스트는 개수로 표시됩니다. 피벗 테이블의
[값]에서 반영할 수 있는 11개의 함수 중 최대값으로 '매출액'을 표시하도록 합니다.

❶ 매출액이 있는 임의의 셀을 클릭하고 마우스 오른쪽 단추를 클릭합니다. 메뉴에서 [값 요약 기
준]-[최대값]을 클릭합니다.

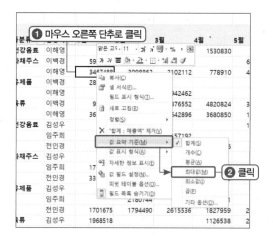

❷ 지역별로 각 제품분류의 담당자별 월 최대 매출액을 표현하는 피벗 테이블로 변경된 것을 확인할 수
있습니다.

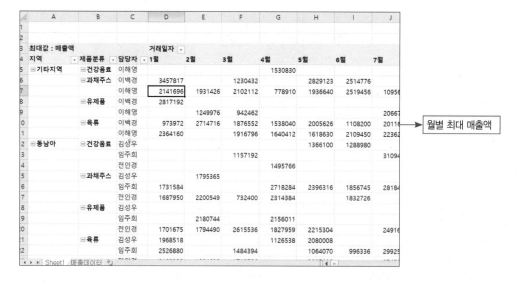

월별 최대 매출액

실습문제

● 예제파일 : c2-5-1.xlsx ● 정답파일 : c2-5-1f.xlsx

예제를 활용하여 거래처별 월 매출 총액을 분석할 수 있는 피벗 테이블을 완성합니다.

합계 : 매출액 열 레이블	⊞1월	⊞2월	⊞3월	⊞4월	⊞5월	⊞6월	⊞7월	⊞8월	⊞9월	⊞10월	⊞11월	⊞12월	총합계
행 레이블													
CK물산	1968518	1795365		1126538	3446108	1288980	3192992	2105035	3279276	1362965	1537810	2410652	23514239
HMD	1664172	1794490		1827959	2285088	1832726	2606418	1188880	4230966	1121640	1997750	1715384	22265473
KC그룹	5552555	4025229	5061532	4667985	2215304	3317976	7657715	9548141	10529805	6588757	9954657	8668201	77787857
SMP	3629354	2180744	2641586	4675467	2396316	996336	6101958	8412491	4455282	4098272	3896737	2917432	46401975
고려행	1984052	1697408		2352564	4214250	2371356	1855199	1183350	6545956	1157400	966160	2302000	26629695
금호수산	1053008	1982208	3124503	2878618	4332686	1424000	3811527	3458906	6377936	3447843	1705751	7567355	41164341
금호제화	2400944	637400		2238132	1354184	2651099	806471	956928	2792608	4976361		1114061	19928188
길로	2526880	1852935		2718284	1064070	1856745	2818480	3193125	3252387	4974673		1130775	25388354
대관그룹	1210080	3176750		1222848	989860	3912937	945664	1851538	4920400	4982867		2763112	25976056
대륙무역	3360234	2781783	2298124	3747948	981024	5878582	926100	6234074	5175150	3784966	3474317	3075276	41717578
대서양식품	2207610	2280150		1479632	2272040	2382843	1506571	2903391	672354	2734991		1270971	19710553
대성건설	4427278	2017680	2405374	2746142	1777110	2487011	4071372	6569113	5051523	1959881	3786460	3822678	41121622
대양교역	2861474	925769	4063011	3197890	2672790	2654685	3052126	8678608	7630496	2177837	3112446	2953206	43980338
대일유업	4710260	2701092	6213730	2900138	3834010	3121744	1466020	9084190	8895619	3807792	6984265	2907980	56626840
대학식품	2041960	2505375	2918592	1923590		998875	3211474	3495846		1132324	3979400	1270026	23477462
데티무역	1202004	752004		2499492	1064900	1750220	2425206	1000611	1154222	1124240	1950225	2102270	19026290

Explanation

❶ '매출데이터' 시트의 [A3] 셀을 선택하고 [삽입]-[표] 그룹-[피벗 테이블]을 선택하여 데이터 전체 범위가 선택되어 있는지 확인한 후 [확인] 버튼을 클릭합니다.

❷ 새로운 시트가 삽입되면서 피벗 테이블을 입력할 수 있는 영역이 나타나는데 이때 [피벗 테이블 필드]에서 [행]에 '거래처', [열]에 '거래일자'를 끌어다 놓습니다. 오피스 2016버전 이상은 자동으로 '거래일자'가 '월'로 표시되며 오피스 2013버전 이하는 본문을 참고하여 '월'로 그룹화합니다.

❸ [값]에 '매출액'을 끌어다 놓으면 거래처별 월 매출 현황을 확인할 수 있습니다.

간단하게 데이터의 추이를 분석하는 스파크라인

● 예제파일 : c2-6.xlsx   ● 정답파일 : c2-6f.xlsx

핵심내용 [스파크라인]은 오피스 2010버전부터 새롭게 만들어진 기능으로 차트를 따로 삽입하지 않고 선택한 데이터를 특정 셀에 [꺾은선형], [열], [승패]로 나타낼 수 있습니다. [승패]의 경우 음수값과 양수값을 가지고 표현할 수 있습니다.

1. 스파크라인으로 데이터 분석하기

[스파크라인]을 사용하면 데이터의 흐름을 쉽게 파악할 수 있습니다. 예제에서는 각 지점의 월별 매출 추이를 [스파크라인]의 [열]을 이용해 파악하도록 합니다.

❶ [스파크라인]의 [열]을 이용해서 매출 추이를 분석하기 위해 스파크라인을 삽입할 [N4] 셀을 클릭하고 [삽입]-[스파크라인] 그룹-[열]을 클릭합니다.

❷ [스파크라인 만들기] 창이 열리면 [데이터 범위]에 데이터가 있는 [B4:M4] 셀을 블록지정하여 줍니다. [위치 범위]는 스파크라인이 들어갈 위치로 현재 셀 포인터가 있는 위치가 자동으로 반영됩니다.

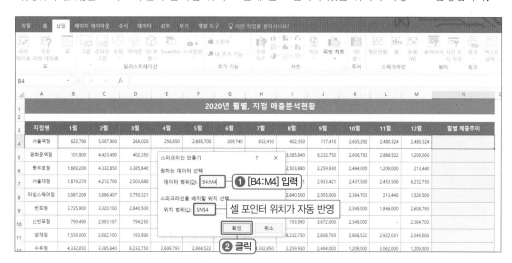

❸ 서울역점의 월별 매출추이에 열 스파크라인이 추가되면, 채우기 핸들로 미아점까지 스파크라인을 자동채우기 합니다.

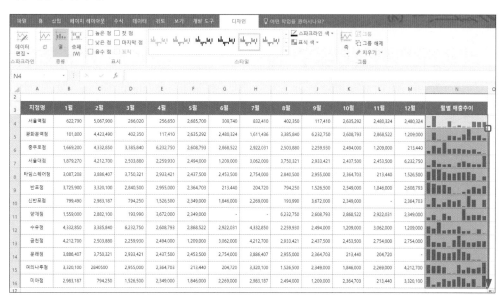

채우기 핸들로
자동 채우기

2. 스파크라인 편집하기

스파크라인이 추가되면 스파크라인 확장 도구가 나오는데 이 확장 도구에서 스파크라인의 디자인을 변경할 수 있습니다.

❶ 스파크라인 확장 도구의 [디자인]-[표시]에 있는 [높은점]과 [낮은점]에 체크하면 높은점과 낮은점의 색만 변경됩니다.

❷ 스파크라인의 색은 [스타일] 그룹의 스타일 목록이나, [스파크라인 색]에서 변경할 수 있습니다.

> **멘토의 한 수**
>
> 예제처럼 스파크라인을 자동채우기하면 스파크라인 전체가 그룹으로 설정되어 반영한 서식도 전체에 반영됩니다. [디자인]-[그룹] 그룹-[그룹 해제]를 눌러 그룹을 해제할 수 있습니다.

❸ 스파크라인을 지우려면 [디자인]-[그룹] 그룹-[지우기]를 눌러 지울 수 있습니다. [지우기]-[선택한 스파크라인을 지우기]는 선택한 스파크라인만 지워지며, [선택한 스파크라인 그룹 지우기]를 누르면 그룹을 해제하지 않았을 경우 전체 스파크라인이 지워집니다.

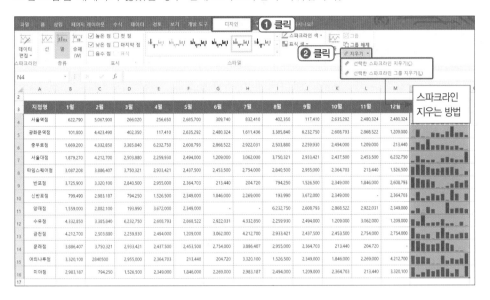

멘토의 한 수

스파크라인의 [꺾은선형]은 [열]과 동일한 방법으로 데이터의 흐름을 분석할 수 있습니다. 하지만 [승패]는 음수와 양수값을 통해 나타냅니다. 숫자 0을 입력하면 막대가 나오지 않으며, 양수나 음수의 값의 크기와는 상관없이 양수인지 음수인지에 따라 음수값은 아래로 양수값은 위로 막대가 올라가게 됩니다. 스파크라인 확장 도구 [디자인]-[표시] 그룹에서 음수값에 체크하면 음수값의 색이 변경됩니다.

● 예제파일 : c2-6-1.xlsx   ● 정답파일 : c2-6-1f.xlsx

예제를 활용하여 전 직원 체육대회의 종목별 현황에 결과를 스파크라인의 [승패]로 표시하여 결과를 나타내도록 합니다.

	A	B	C	D	E	F
1			전직원 체육대회 종목별 현황			
2						
3	종목	지원부서	영업부서	생산부서	결과	
4	족구	-1	1	-1		
5	축구	1	-1	-1		
6	탁구	-1	1	-1		
7	계주	-1	-1	1		
8						
9						

Explanation

❶ 입력되어 있는 값에 대해 승패로 표시하기 위해 [E4:E7] 셀을 블록지정 합니다. 그리고 [삽입]-[스파크라인] 도구-[승패]를 클릭합니다.

❷ [스파크라인 만들기] 창이 열리면 [데이터 범위] 입력란에 각 종목별 결과가 표시되어 있는 [B4:D7] 셀을 선택하여 입력합니다.

❸ 위치 범위가 결과를 표시할 셀이 맞는지 확인한 후 [확인]을 클릭하면 한꺼번에 종목별 스파크라인이 표시됩니다.

원하는 데이터만 추출해서 보는 슬라이서

CHAPTER 07

● 예제파일 : c2-7.xlsx   ● 정답파일 : c2-7f.xlsx

> **핵심내용** [슬라이서]는 오피스 2010버전부터 새롭게 만들어진 기능입니다. 표 또는 피벗 테이블을 삽입한 후 슬라이서 기능으로 원하는 데이터를 쉽게 추출해서 볼 수 있도록 되어 있습니다.

1. 데이터를 [표]로 변환 및 슬라이서 삽입하기

슬라이서를 사용하기 위해서는 데이터를 [표] 또는 [피벗테이블]로 변경하고 사용하는 것이 효과적입니다. 데이터를 [표]로 변환 하도록 합니다.

❶ 예제파일을 열어 [A3] 셀을 클릭하고 [삽입]-[표] 그룹-[표] 또는 단축키는 Ctrl + T 키를 누릅니다. [표 만들기] 창이 열리면 데이터의 범위가 맞는지 확인한 후 [머리글 포함]에 체크가 된 상태로 [확인] 버튼을 클릭합니다.

다른버전

> [표]대신 [피벗 테이블]에서 슬라이서를 효과적으로 사용할 수 있습니다.

❷ [표]로 바뀐 데이터의 [A3] 셀에서 [삽입]-[필터] 그룹-[슬라이서]를 클릭하여 [슬라이서 삽입] 창을 열어줍니다.

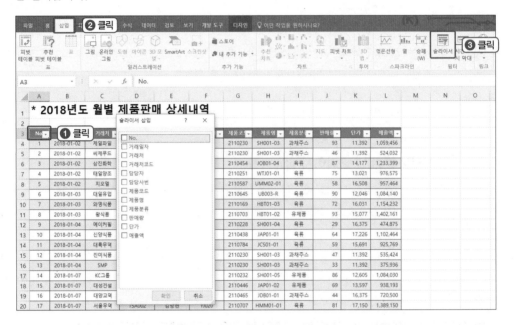

❸ 거래일자, 거래처, 제품분류를 선택한 후 [확인] 버튼을 클릭합니다.

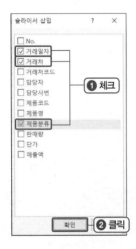

④ [슬라이서 삽입] 창에서 선택했던 항목에 대한 각각의 슬라이서가 화면에 추가되었습니다.

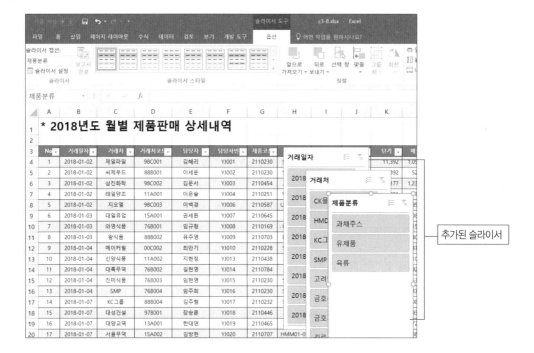

2. 슬라이서로 원하는 데이터 추출하기

슬라이서로 원하는 데이터를 추출할 때 Ctrl 키와 Shift 키를 적절히 활용하면 효과적일 수 있습니다.

❶ 거래일자 슬라이서에서 맨 위에 있는 '2018-01-02' 날짜를 선택합니다. 해당 날짜에만 파란색 배경이 되면서 데이터가 추출되는 것을 확인할 수 있습니다.

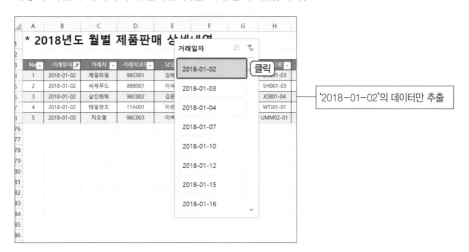

❷ 여러 개의 데이터를 선택할 때는 추가된 슬라이서의 [다중선택]을 클릭한 후 원하는 데이터들을 선택하면 됩니다. Ctrl 키를 누른 상태에서 마우스로 데이터를 클릭하는 것과 동일합니다.

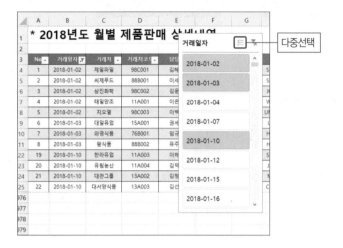

슬라이서 목록에서 연속된 데이터를 선택하기 위해서는 연속데이터 중 첫 번째 데이터를 선택하고 Shift 키를 누른 상태로 마지막 데이터를 선택하면 연속된 데이터가 쉽게 선택됩니다.

❸ 거래일자 슬라이서에서 보여지는 날짜의 열을 슬라이서 확장 도구의 [옵션]-[단추] 그룹-[열]을 이용해 5로 변경해 주면 거래일자 항목을 5개씩 볼 수 있습니다. '거래처' 슬라이서도 5열씩 보이도록 합니다.

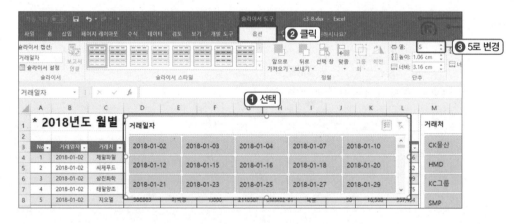

④ 슬라이서의 위치를 조정하기 위해 1행부터 8행까지 행을 블록 지정합니다. 블록지정한 행 번호 위에서 마우스 오른쪽 단추를 눌러 메뉴에서 [삽입]을 클릭하여 행을 삽입합니다.

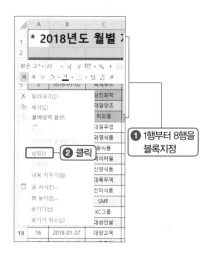

⑤ 시트 상단에 삽입된 행에 '거래일자', '제품분류', '거래처' 슬라이서를 각각 위치시켜 원하는 데이터만 추출하여 봅니다.

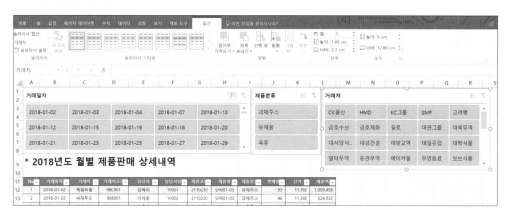

멘토의 한 수

삽입된 슬라이서를 삭제하고자 할 경우 슬라이서에서 마우스 오른쪽 단추를 눌러 삭제할 슬라이서 제거 메뉴를 클릭합니다.

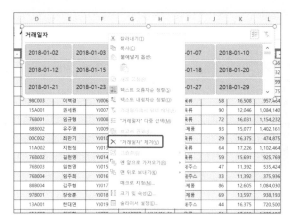

'c2-7-1.xlsx' 파일을 열어 만들어져 있는 피벗 테이블의 거래일자 슬라이서와 제품분류 슬라이서를 삽입합니다. 그리고 거래일자는 '2018-01-02~2018-01-29'까지의 과채주스와 육류제품을 추출하세요.

	A	B	C	D	E	F	G	H
1	거래일자					제품분류		
2								
3	2018-01-02	2018-01-03	2018-01-04	2018-01-07	2018-01-10	과채주스		
4								
5	2018-01-12	2018-01-15	2018-01-16	2018-01-18	2018-01-20	유제품		
6								
7	2018-01-21	2018-01-23	2018-01-25	2018-01-27	2018-01-29	육류		
8								
9								
10	거래일자	거래처	담당자	제품분류	제품명	합계 : 매출액		
11	⊟2018-01-02	⊟삼진화학	⊟김운서	⊞육류		1233399		
12		⊟씨제푸드	⊟이세운	과채주스	SH001-03	524032		
13		⊟제일파일	⊟김혜리	과채주스	SH001-03	1059456		
14		⊟지오엘	⊟이백경	⊞육류		957464		
15		⊟태일양조	⊟이은슬	⊞육류		976575		
16	⊟2018-01-03	⊟대일유업	⊟권세원	⊞육류		1084140		
17		⊟와영식품	⊟임규형	⊞육류		1154232		
18	⊟2018-01-04	⊟SMP	⊟임주희	과채주스	SH001-03	375936		
19		⊟대륙무역	⊟길현영	⊞육류		925769		
20		⊟메이커필	⊟최만기	⊞육류		474875		

Explanation

❶ 슬라이서를 표시하기 위해 [삽입]-[필터] 그룹-[슬라이서]를 클릭합니다. [슬라이서 삽입] 창에서 '거래일자'와 '제품분류'를 체크하여 슬라이서가 나오도록 합니다.

❷ 슬라이서가 나오면 적당한 위치를 잡아 주고, 각 슬라이드의 크기를 조절합니다. '거래일자' 슬라이드에 표시되는 열을 조절하기 위해 슬라이드 도구의 [옵션]- [단추] 그룹-[열]을 '5'로 변경합니다.

❸ 거래일자가 '2018-01-02'를 클릭하면 전체 선택되어 있던 날짜가 해제되고 '2018-01-02'만 선택됩니다. 이때 키보드의 Ctrl 키를 누른 상태로 '2018-01-29'를 선택합니다.

❹ '제품분류'도 같은 방법으로 '과채주스'와 '육류'만 선택되도록 합니다.

CHAPTER 08

데이터 관리가 쉬워지는 데이터 유효성 검사_INDIRECT 함수와 이름정의

● 예제파일 : c2-8.xlsx ● 정답파일 : c2-8f.xlsx

핵심 내용 [데이터 유효성 검사]는 데이터의 입력을 제한하거나, 지정한 수식이나 값에 맞지 않는 데이터를 찾는 등 다양하게 활용할 수 있는 기능입니다. [이름정의]는 특정 셀 또는 특정 범위에 이름을 지정하는 기능으로 함수 수식 및 다른 기능과 함께 자주 사용됩니다.

1. '항목' 시트에 있는 대분류 항목을 목록단추로 표시하기

'항목' 시트에 있는 대분류 항목 중 중복된 데이터는 제거하고 고유한 데이터만 남겨 데이터를 목록으로 만들도록 합니다. 항목이 목록화되면 해당 목록을 선택하여 입력하거나, 목록에 있는 항목만 입력할 수 있습니다.

❶ 예제파일의 '항목' 시트에서 대분류 항목 [A3:A29] 셀까지 블록지정한 후 복사 ([Ctrl]+[C])하여, [D3] 셀에 붙여넣기 [Ctrl]+[V] 합니다. 붙여넣기 한 값에 블록이 지정된 상태 그대로 [데이터]-[데이터 도구] 그룹-[중복된 항목 제거]를 클릭합니다.

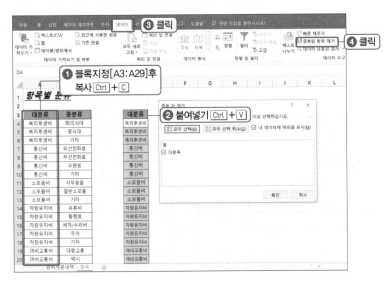

[중복 값 제거] 창에서 선택된 열의 이름이 [열D]로 표시되어
있는 경우는 [내 데이터에 머리글 표시]를 체크해 주면 됩니다.

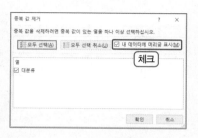

❷ [중복 값 제거]에서 [확인]을 클릭하면 8개의 고유한 항목만 남아 있음을 나타내는 메시지 창이 나
타납니다. [확인]을 클릭하고 '경비사용내역' 시트로 이동합니다.

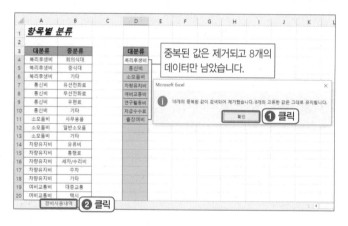

❸ 대분류 항목이 목록으로 표시될 범위 [B5:B132] 셀을 블록지정 합니다. 그리고 [데이터]−[데이터
도구] 그룹−[데이터 유효성 검사] 버튼을 클릭하고, [데이터 유효성] 창에서 [설정] 탭−[제한 대상]
을 [목록]으로 선택합니다.

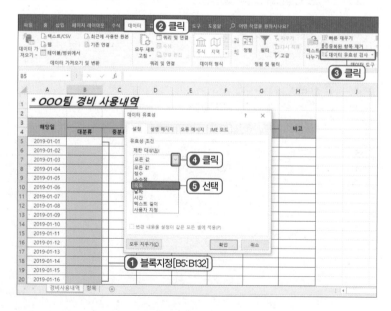

④ [원본]의 입력란을 클릭하여 목록으로 나올 대분류 항목이 있는 '항목' 시트로 이동합니다. (오피스 2007 이하버전은 **다른버전**을 참고하세요.) '항목' 시트의 [D4:D11] 셀을 블록지정하면 자동으로 [원본] 입력란에 참조한 셀 주소가 절대 참조되어 들어갑니다.

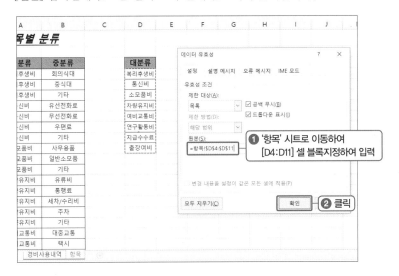

멘토의 한 수

[D3] 셀에 있는 '대분류'라는 필드명까지 포함해서 목록 범위를 입력하면 목록에 필드명이 포함되어 나옵니다.

다른버전

〈오피스 2007 이하버전〉 오피스 2007버전에서는 [데이터 유효성 검사]에서 다른 시트로 이동할 수 없습니다. 이때는 엑셀의 [이름정의] 기능을 사용하면 됩니다. '항목' 시트의 [D4:D11] 셀을 블록지정한 후 이름상자에 '대분류'라고 이름을 입력한 후 Enter 키를 칩니다.

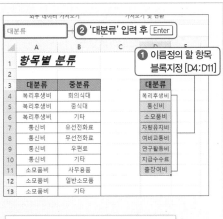

그리고 [데이터 유효성 검사]를 실행한 후 [원본]의 입력란에 데이터 범위 대신 이름상자에서 지정해 놓은 '=대분류'라고 입력하고 [확인]을 누르면 자동으로 이름 정의 된 범위의 항목들이 표시됩니다.

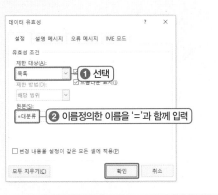

❺ [확인] 버튼을 누루고 '경비사용내역' 시트에 대분류 범위의 셀 하나를 클릭하면 목록단추가 나타나게 되는데, 목록단추를 클릭하면 대분류 항목이 목록으로 나타나게 됩니다.

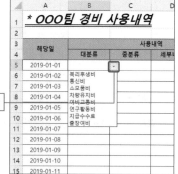

목록 단추가 표시되며 누르면 목록 표시

멘토의 한 수

목록으로 표시된 셀에 목록단추를 눌러 선택하지 않고 직접 입력할 수도 있습니다. 단, 목록에 있는 항목 이외의 다른 내용을 입력하면 메시지 창이 나타납니다.

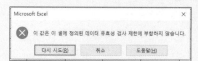

만약 메시지 창에 내용을 수정하고자 한다면 목록단추가 있는 셀인 [B5] 셀을 클릭하고 [데이터]–[데이터 도구] 그룹–[데이터 유효성 검사]를 클릭합니다. [데이터 유효성] 창에서 [오류 메시지] 탭을 클릭하여 [오류 메시지] 입력란에 '목록에 있는 내용만 입력 가능합니다.'라는 안내메시지를 입력하고 [확인]을 클릭합니다.

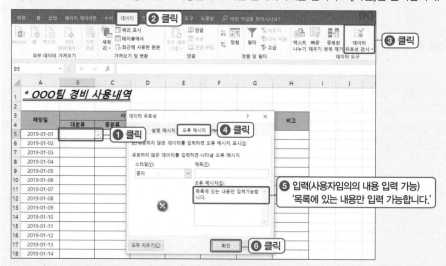

다시 대분류 항목에 목록으로 변경된 범위에 잘못된 값을 입력하면 사용자가 설정한 메시지 창이 열리게 됩니다.

오류메시지에 설정한 값이 메시지 창에 표시

2. 대분류 목록에서 선택한 값에 대한 중분류 값만 표시하기

중분류 목록에 표시될 항목은 대분류 목록에서 선택한 값에 해당하는 중분류 항목이 표시되도록 합니다. 이름정의와 간단한 함수를 이용하도록 합니다.

❶ '항목' 시트로 이동해 각각의 '대분류'의 항목에 해당하는 '중분류' 항목을 블록지정합니다. 즉 '대분류' 항목의 '복리후생비'에 해당하는 [B4:B6] 셀을 블록 지정하고 이름상자에 '대분류' 항목명과 동일한 이름인 '복리후생비'를 입력하고 Enter 키를 칩니다.

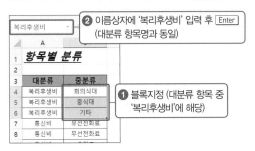

멘토의 한 수

이름상자에 입력 시 범위 또는 이름을 잘못 입력했을 경우는 [수식]-[정의된 이름] 그룹-[이름 관리자]를 클릭하여 나온 [이름 관리자] 창에서 잘못 정의된 이름을 마우스로 클릭한 후 [편집]을 클릭합니다.

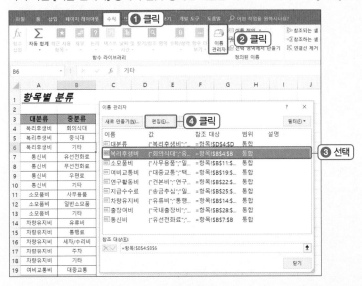

[이름 편집] 창이 열리면 이름이나, 참조 대상을 수정한 후 [확인] 버튼을 클릭하면 수정됩니다.

[이름 관리자]를 열었을 때 참조 대상에 오류가 있는 경우가 있습니다. 이 경우는 [필터]-[오류가 있는 이름]을 클릭하여 오류가 있는 이름을 추출합니다.

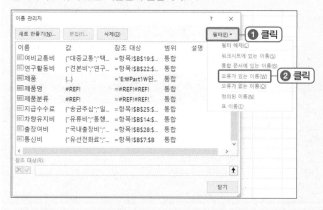

오류를 선택하여 [삭제] 버튼을 클릭하면 선택한 이름을 삭제할 것인지 묻는 메시지 창이 나오는데 [확인] 버튼을 클릭합니다. 그리고 [이름관리자]-[필터]-[필터해제]를 누르면 필터가 해제됩니다.

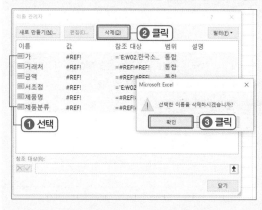

❷ '대분류'의 '통신비'에 해당하는 '중분류' 항목 [B7:B10]을 블록 지정하고 이름상자에 '대분류' 항목 명과 동일하게 '통신비'라고 입력한 후 [Enter] 키를 칩니다.

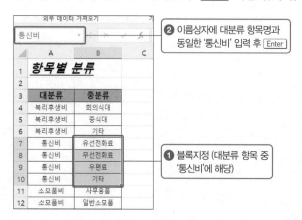

❸ 같은 방법으로 '출장여비'까지 '중분류' 항목을 '대분류' 항목명과 동일한 이름으로 이름정의 합니다.

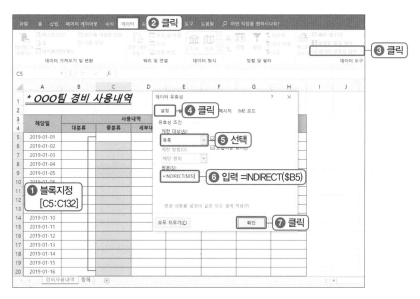

❹ '중분류' 항목에 이름정의 후 '경비사용내역' 시트로 이동합니다. '중분류' 목록이 들어갈 [C5:C132]까지의 범위를 블록 지정하고 [데이터]-[데이터 도구] 그룹-[데이터 유효성 검사]를 클릭합니다. [데이터 유효성] 창의 [설정] 탭에서 [제한 대상]을 [목록]으로 변경하고, [원본]의 입력란에 '=INDIRECT('를 입력합니다. 그리고 '대분류' 목록의 시작 셀인 [B5] 셀을 클릭합니다. 자동으로 절대 참조되어 '$B$5'로 표시되는데, 키보드의 F4 키를 눌러 '$B5'로 변경될 때까지 눌러 변경하고 괄호를 닫습니다.

멘토의 한 수

[원본]의 입력란에 입력할 때 키보드의 방향키를 누르면, '+'기호와 방향키를 움직여서 선택된 셀이 표시되므로, 키보드 대신 마우스로 선택해야 합니다.

❺ 수식 입력 후 [확인] 버튼을 클릭하면 선택한 '대분류' 목록값에 따라 '중분류' 목록에 나타나는 값이 달라지게 됩니다.

'여비교통비'에 해당하는 중분류 항목

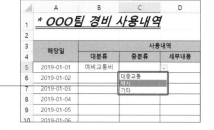

만약 [확인] 버튼을 눌렀을 때 '원본이 현재 오류 상태'라는 메시지 창이 표시될 경우가 있습니다. 대부분 '대분류'의 목록에 값을 선택하지 않았거나, 또는 '항목' 시트에서 '중분류' 항목의 이름정의를 하지 않은 '대분류' 항목을 '경비사용내역' 시트에서 선택한 경우입니다. 이때는 메시지 창에서 [예]를 누르고, '대분류' 목록에서 값을 선택하거나, '중분류' 항목의 이름정의를 완료한 '대분류' 목록을 선택하면 됩니다.

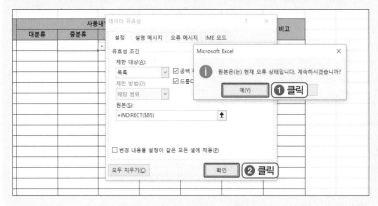

■ 목록을 모두 해제하기

목록 단추를 설정해 놓은 셀의 목록 전체를 해제하거나 일부만 해제할 수 있습니다.

특정 셀 또는 특정 범위의 목록만 해제해야 한다면 해제할 셀을 클릭하거나, 범위를 블록지정한 후 [데이터]-[데이터 도구] 그룹-[데이터 유효성 검사]를 클릭하여 [데이터 유효성] 창에서 [모두 지우기]를 클릭합니다. 만약 동일하게 설정되어 있는 모든 목록을 해제할 경우는 [변경 내용을 설정이 같은 모든 셀에 적용]을 체크한 후 [모두 지우기]합니다.

실습문제

● 예제파일 : c2-8-1.xlsx   ● 정답파일 : c2-8-1f.xlsx

'c2-8-1.xlsx' 파일의 '제품분류' 시트를 활용해 '제품거래내역' 시트를 완성하세요. 제품분류에 해당하는 목록만 제품명에 표시되도록 하세요.
('제품분류' 시트의 '구분1'은 '제품거래내역' 시트의 '제품분류'의 목록으로 하고 '제품분류' 시트의 '제품명'을 '제품거래내역' 시트의 '제품명'의 목록으로 표시되도록 하세요.)

	A	B	C	D	E	F	G
1	제품별 거래내역(1월분)						
2							
3	NO.	제품분류	제품명	단가	수량	금액	담당사원
4	1	과자류	다시마부각	27,000		-	이지영
5	2	음료	오렌지주스	20,000		-	박혜진
6	3	곡류	현미쌀	99,000		-	김준희
7	4	해산물	국물용해산물	42,500		-	김준희
8	5	과자류	새우칩	12,000		-	정윤호
9	6	해산물	국물용해산물	42,500		-	김준희
10	7	해산물	냉동새우	52,000		-	박혜진
11	8	과자류	오징어칩	15,000		-	김준희
12	9	곡류	귀리쌀	99,000		-	김준희
13	10	음료	오렌지주스	20,000		-	박혜진
14	11	과자류	새우칩	12,000		-	정윤호
15	12	음료	오렌지주스	20,000		-	박혜진
16	13	곡류	혼합20곡	99,000		-	박혜진
17	14	음료	유자차	18,000		-	정윤호
18	15	음료	토마토주스	20,000		-	정윤호
19	16	과자류	다시마부각	27,000		-	이지영
20	17	과자류	다시마부각	27,000		-	이지영

제품거래내역 | 제품분류

Explanation ───

❶ '제품거래내역' 시트에 '제품분류'를 목록단추로 표시하기 위해서는 '제품분류'에 중복된 내용을 삭제해야 합니다. '제품분류' 시트로 이동해 [A3:A20] 셀까지 블록 지정하여 복사 ([Ctrl]+[C])하고 [F3] 셀에 붙여넣기 ([Ctrl]+[V])합니다.

❷ 붙여넣기 한 후 [F3:F20] 셀이 블록지정 되어 있으므로 [데이터]-[데이터 도구] 그룹-[중복된 데이터제거]를 누릅니다.

❸ [중복 값 제거] 창에 제거할 열인 [구분1]에 체크 되어 있는지 확인하고 [확인] 버튼을 클릭합니다.

❹ 제거된 중복값과 남겨진 고유한 값의 개수가 표시된 메시지 창이 나오면 [확인] 버튼을 눌러 줍니다.

❺ '제품거래내역' 시트로 돌아와 [B4:B98] 셀을 블록지정한 후 [데이터]-[데이터 도구] 그룹-[데이터유효성 검사]를 클릭합니다. 그리고 [데이터 유효성] 창이 나타나면 [설정] 탭의 [제한 대상]을 '목록'으로 [원본]은 '제품분류' 시트의 [F4:F7] 셀까지 범위를 지정하여 입력합니다.

❻ '제품거래내역' 시트의 '제품명'은 '제품분류' 목록에서 선택된 분류에 해당하는 제품명만 목록으로 나타나야 하므로 '제품분류' 시트로 이동합니다. 그리고 '구분1'의 항목명에 맞게 '제품명'을 블록 지정하여 [이름상자]에 '구분1'의 항목명으로 이름을 지정합니다.

❼ '제품거래내역' 시트로 돌아와 [C4:C98] 셀을 블록지정한 후 [데이터]-[데이터 도구] 그룹-[데이터 유효성 검사]를 클릭합니다.

❽ [데이터 유효성] 창의 [설정] 탭에서 [제한 대상]을 '목록'으로 [원본]에 '=INDIRECT($B4)'를 입력하고 [확인]을 클릭합니다.

MEMO

꼭 알아야 하는
핵심함수

엑셀의 꽃이라고 불리는 함수는 간단한 계산부터 복잡하고 어려운 산술, 논리, 참조 등의 연산 결과도 쉽게 구할 수 있는 매우 유용한 기능입니다. 엑셀에서 꼭 알아야 핵심 함수를 익히고 활용할 수 있도록 합니다.

Excel

CHAPTER 01

엑셀 참조 방식과 기초 통계함수(SUM, AVERAGE, MEDIAN, COUNT, LARGE, SMALL 함수)

● 예제파일 : c3-1.xlsx   ● 정답파일 : c3-1f.xlsx

> **핵심 내용** 참조 방식은 엑셀에서 셀을 참조하는 방식에 대한 것으로 상대참조, 절대참조, 혼합참조가 있습니다. 함수를 사용하기 위해 꼭 알아야 합니다. [함수]는 간단한 계산부터, 복잡하고 어려운 산술, 논리, 참조 등의 값을 쉽게 구할 수 있도록 하는 기능입니다. 수식을 한 번 입력하여 전체 데이터의 값을 쉽게 파악할 수 있도록 하는 기능으로 데이터가 업데이트될 때마다 함수의 결과값을 자동으로 반영하기도 합니다.

1. 참조방식의 이해

엑셀에서 함수나 수식을 입력할 때 숫자를 직접 입력하기보다는 숫자가 들어 있는 셀을 참조하여 사용합니다. 셀을 참조하면 셀에 있는 값이 변경되었을 때 결과값이 자동으로 반영되어 편리합니다. 이러한 셀을 참조하는 방식에는 상대참조, 절대참조, 혼합참조가 있으며 키보드의 F4 키를 이용해 설정할 수 있습니다. 함수를 효과적으로 사용하기 위해서 참조방식을 잘 이해하는 것이 좋습니다.

❶ 상대참조

특정 셀을 참조하고 있는 셀을 복사하여 다른 셀에 붙여넣기하거나, 채우기 핸들을 이용해 셀을 이동시켰을 때, 참조하고 있던 셀의 주소도 상대적으로 변경되므로 상대 참조라고 합니다. 형태는 =A3, =A1+B1, =SUM(A1:B1) 등의 형태입니다.

	단가	수량	할인율 판매액
)0)	7,000	20	=B5*C5
)	3,000	45	입력
	85,000	13	
)0)	7,500	18	
	90,000	5	
ᄐ	9,800	30	

	단가	수량	할인율 판매액	할인ᄋ
)0)	7,000	20	140,000	
	3,000	45	135,000	
	85,000	13	1,105,000	
)0)	7,500	18	135,000	
	90,000	5	450,000	
ᄐ	9,800	30	=B10*C10	

참조영역이 변경되며 자동채우기

그림처럼 판매액을 구하기 위해 '=B5*C5'를 입력한 후 채우기 핸들을 이용해 아래로 드래그하면 자동으로 수식이 반영됩니다. 이때 맨 마지막에 있는 판매액의 수식을 보면 B5*C5였던 참조영역이 B10*C10으로 변경된 것을 볼 수 있습니다. 이렇게 셀의 위치가 변경되면 참조영역도 변경되는 것을 상대참조라고 합니다.

❷ 절대참조

특정 셀 또는 특정 범위를 고정하는 것입니다. 채우기 핸들을 이용해 수식 셀을 어떤 방향으로 드래그 하더라도 참조 영역이 고정됩니다. 형태는 =$A$3과 같이 열과 행에 모두 $ 표시가 되어 있는 형태입니다. 특정 셀이나 범위를 반복하여 참조할 경우에 사용하며 상대참조상태에서 키보드의 F4 키를 1번 누르면 절대참조가 됩니다.

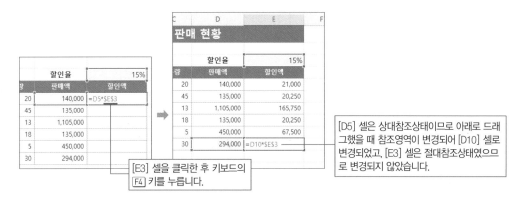

그림처럼 할인액을 구하기 위해 =E5*$E$3을 입력하여 채우기 핸들을 이용해 아래로 드래그하면 할인율을 참조하고 있는 E3셀은 절대참조 상태이므로 변경되지 않고, 판매액을 참조하고 있는 E5셀은 채우기 핸들을 드래그하는 만큼 참조영역이 변경됩니다.

❸ 혼합참조

열 또는 행이 고정되어 있는 상태로 채우기 핸들을 이용해 수식셀을 드래그하면 고정되어 있는 행이나, 열은 움직이지 않게 됩니다.

형태는 $A3 또는 A$3 등의 형태로 표시되며 $A3은 열 앞에 $ 표시가 되어 있으므로 열이 고정되어 있는 것입니다. 열이 고정되면 수식 셀의 채우기 핸들을 오른쪽으로 드래그 하더라도 계속해서 A열에 고정되어 있으며, 아래로 드래그하면 행은 변경됩니다. A$3의 형태일 때는 채우기 핸들을 이용해 오른쪽으로 드래그하면 드래그 한 만큼 열은 변경되고, 아래로 드래그하면 행은 변경되지 않습니다. 주로 함수를 한 번만 입력하여 오른쪽으로 드래그하여 사용할 때나, 크로스탭 형태의 보고서를 작성할 때 자주 사용됩니다. 열 혼합참조는 상대참조상태에서 키보드의 F4 키를 3번 누르면 되고, 행 혼합참조는 2번 누르면 되지만 상태에 따라 다를 수 있으므로 F4 키를 누를때 $의 위치를 확인하며 누르는 것이 가장 좋은 방법입니다.

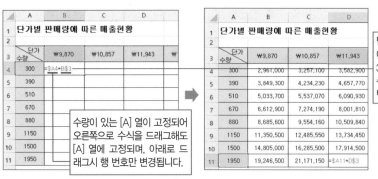

그림처럼 [A] 열에 있는 수량과 3행에 있는 단가를 참조하여 매출액을 구할 때 =$A4*B$3처럼 입력합니다. 그러면 오른쪽으로 드래그할 때 수량을 참조하고 있는 A 열은 고정되고, 단가를 참조하고 있는 B$3은 C$3으로 변경되면서 단가의 변화에 따른 매출액을 확인할 수 있습니다. 만약 아래로 드래그하면 $A4는 $A5로 변경되면서 수량이 변경되고, 단가를 참조하고 있는 3행은 그대로 고정되어 수량의 변화에 따른 매출액을 확인할 수 있습니다. 수식을 한 번만 입력하여 쉽게 데이터 전체의 결과를 구할 수 있어, 혼합참조를 사용하면 업무의 속도를 높일 수 있습니다.

2. 기초함수 이해하기 매출 합계구하기

엑셀에는 기초함수부터 복잡하고 까다로운 함수들이 많이 있습니다. 가장 기본이 되는 합계를 구하는 SUM 함수에 대해 배우도록 합니다. 'c3-1.xlsx'파일의 '사원별 실적' 시트에서 매출액의 합계를 구합니다.

함수 구조

$$=SUM(number1,number2...)$$
❶

SUM 함수는 [수식]-[함수 라이브러리] 그룹-[수학/삼각]에 있는 함수로 인수들의 합을 구하는 함수입니다.

❶ number1, number2... : 합계값을 구하려는 인수입니다. number255까지 지정 가능하며, 숫자나, 배열, 숫자가 있는 셀을 참조하여 입력할 수 있습니다.

---

❶ SUM 함수는 사용빈도가 높아 리본메뉴에 단추로 나와있습니다. SUM 함수로 매출 합계의 값을 구할 [K4] 셀을 클릭하고 [홈]-[편집] 그룹-[자동합계]를 클릭하면 SUM 함수가 입력되면서 인접해 있는 숫자 범위를 자동으로 설정하게 됩니다.

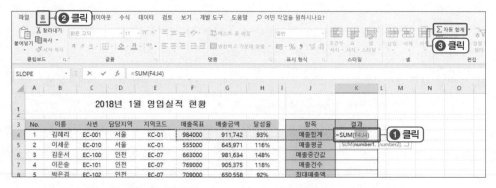

멘토의 한 수

SUM 함수는 [수식]-[함수 라이브러리] 그룹에도 [자동합계] 버튼이 있습니다.

❷ 자동으로 지정된 범위를 매출액의 전체 범위인 [G4:G203] 셀로 변경한 후 Enter 키를 치면 지정한 범위의 매출액 합계가 입력됩니다.

E	F	G	H	I	J	K	L	M
					영업실적 현황			
지역코드	매출목표	매출금액	달성율		항목	결과		
KC-01	984000	911742	92.7%		매출합계	=SUM(G4:G203)		
KC-01	555000	645971	116.4%		매출평균	SUM(number1, [number2], ...)		
EC-07	663000	981634	148.1%		매출중간값			
EC-07	769000	905375	117.7%		매출건수			
EC-07	709000	650558	91.8%		최대매출액			
EC-07	691000	748833	108.4%		최소매출액			
EC-07	922000	551545	59.8%		두번째로 큰값			
EC-07	722000	764075	105.8%		두번째로 작은값			
EC-07	846000	27905	3.3%					
EC-08	617000	281507	45.6%					
EC-08	778000	591193	76.0%					
EC-08	510000	333712	65.4%					
KC-01	586000	202904	34.6%					
EC-08	701000	242605	34.6%					
EC-08	900000	212519	23.6%					
EC-08	551000	852416	154.7%					
EC-08	523000	997221	190.7%					
EC-08	822000	650099	79.1%					
EC-08	934000	335034	35.9%					
EC-08	990000	298435						

'매출금액'이 있는 범위 전체

3. 매출 평균구하기

데이터 분석을 할 때 가장 기본이 되는 함수 중 하나인 AVERAGE 함수를 이용해 '사원별 실적' 시트에서 매출 평균을 구합니다.

함수 구조

$$=AVERAGE(number1,number2...)$$
❶

AVERAGE 함수는 [수식]-[함수 라이브러리] 그룹-[함수 더보기]-[통계]에 있는 함수로 인수들의 평균을 구하는 함수입니다.

❶ number1, number2... : 평균값을 구하려는 인수입니다. number255까지 지정 가능하며, 숫자나, 배열, 숫자가 있는 셀을 참조하여 입력할 수 있습니다.

❶ 매출평균을 구하기 위해 [K5] 셀을 클릭하고, [수식]–[함수 라이브러리]–[함수 더 보기]–[통계]–
AVERAGE 함수를 선택합니다.

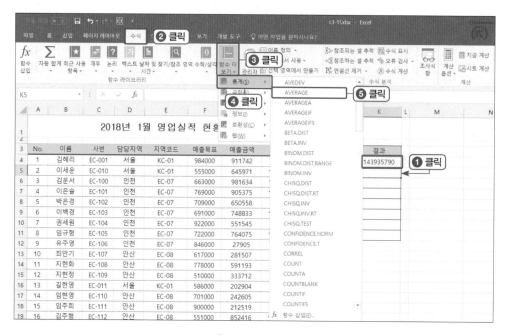

다른버전

〈오피스 2013 버전〉은 [수식]–[함수 라이브러리]–[기타함수]–[통계]에서, 그리고 〈오피스 2010 이하버전〉은
[수식]–[함수 라이브러리]–[함수추가]–[통계]에서 AVERAGE를 선택하면 됩니다.

❷ AVERAGE 함수의 [함수인수] 창이 열리면 Number1, Number2, Number3... 등으로 인수를
입력할 수 있는 입력란이 나오는데 Number1의 입력란에 평균을 구할 범위 [G4:G203]을 드래그
하여 입력한 후 [확인]을 클릭합니다.

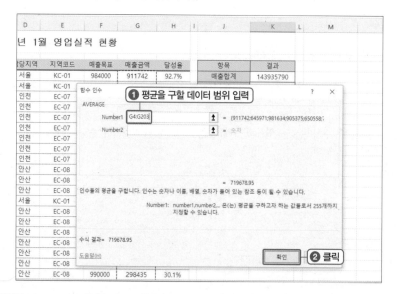

4. 평균의 함정에 빠지지 않기 위한 중간값 구하기

중간값을 구하는 MEDIAN 함수는 전체 데이터를 순서대로 나열하여 가장 가운데에 해당하는 데이터 값을 구합니다. 데이터를 분석하기 위해서는 평균(AVERAGE)을 구했더라도 중간값과 최빈값(MODE)을 함께 구하는 것이 좋습니다. 평균은 데이터의 전체적인 상태를 나타내는 좋은 방법 중 하나이지만 평균만으로는 전체를 나타낼 수 없는 경우가 많습니다.

함수 구조

$$=MEDIAN(number1,number2...)$$
❶

MEDIAN 함수는 [수식]-[함수 라이브러리] 그룹-[함수 더 보기]-[통계]에 있는 함수로 인수들의 중간값을 구하는 함수입니다.

❶ number1, number2... : 중간값을 구하려는 인수입니다. number255까지 지정 가능하며, 숫자나, 배열, 숫자가 있는 셀을 참조하여 입력할 수 있습니다.

❶ 매출액 중간값을 구하기 위해 [K6] 셀을 클릭하고, [수식]-[함수 라이브러리] 그룹-[함수 더 보기]-[통계]에서 MEDIAN을 클릭합니다. 'number1' 부분에 매출액 중간값을 구할 범위인 [G4:G203] 셀을 블록 지정하여 입력하고 [확인]을 클릭하면 중간값이 구해집니다.

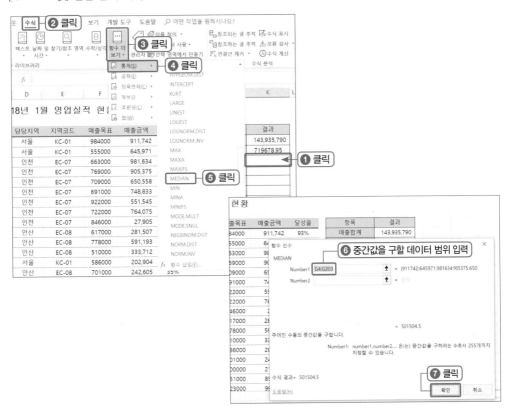

매출평균과 매출 중간값의 차이가 큰 이유는 매출금액 데이터들 중 매우 큰 금액이 들어 있기 때문입니다. 실무에서도 특별한 이슈로 인해 갑자기 큰 매출이 발생했다가, 다시 원래의 매출금액이 나오는 경우가 종종 있습니다. 이런 경우 평균만을 가지고 전체 데이터를 판단하면 정확한 판단이 어렵기 때문에 중간값과 경우에 따라 최빈값을 함께 구하는 것이 좋습니다.

진주	EC-09	842000	404780	48.1%
진주	EC-09	916000	518203	56.6%
서울	KC-01	846000	864491	102.2%
진주	EC-09	956000	625183	65.4%
진주	EC-09	929000	461994	49.7%
진주	EC-09	936000	255082	27.3%
진주	EC-09	665000	72305	10.9%
진주	EC-09	931000	45108470	4845.2%
진주	EC-09	540000	907798	168.1%
진주	EC-09	955000	362886	38.0%
진주	EC-09	908000	663836	73.1%
진주	EC-09	827000	435823	52.7%
진주	EC-09	511000	357595	70.0%
서울	KC-01	826000	493503	59.7%
천안	KC-10	599000	600945	100.3%

MEDIAN 함수로 구한 중간값은 데이터의 개수가 홀수 일 경우는 데이터 범위에 있는 실제값이 구해지고, 짝수일 경우는 실제값의 평균에 해당하는 값이 표시됩니다. 예를 들어 홀수 일 경우 그림처럼 5개의 값들 중 가운데에 해당하는 30이라는 값이 표시되고 짝수일 경우는 4개의 값을 순서대로 나열했을 때, 가운데 해당하는 값이 20과 30이기 때문에 두 값의 평균값이 표시되는 것입니다.

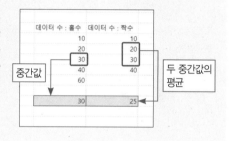

5. 기초 통계함수로 매출건수 구하기

선택한 범위에서 숫자가 들어 있는 셀의 개수를 구하는 COUNT 함수를 사용해 매출 건수를 구합니다.

$$= COUNT(value1, value2...)$$
❶

COUNT 함수는 [수식]-[함수 라이브러리] 그룹-[함수 더 보기]-[통계]에 있는 함수로 범위에서 숫자가 포함된 셀의 개수를 구하는 함수입니다.

❶ value1, value2... : 숫자 셀의 개수를 구하려는 인수입니다. number255까지 지정 가능하며, 여러 데이터 유형 중 숫자가 있는 셀의 개수만 셀 수 있습니다.

❶ 총 매출 건수를 구하기 위해 [K7]
셀을 선택하고 앞에서와 같이 [수
식]–[함수 라이브러리] 그룹–[함수
더 보기]–[통계]에서 COUNT를
클릭합니다. 'Value1' 부분에 매출
액이 있는 범위[G4:G203]를 입력
한 후 [확인]을 클릭하면 매출건수
값이 구해집니다.

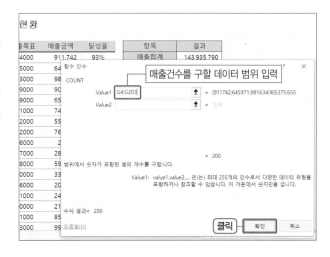

6. 기초 통계함수로 최대매출액과 최소매출액 구하기

선택한 범위에서 가장 큰 숫자를 구하는 MAX 함수로 최대 매출액을 구하고 가장 작은 숫자를 구하는
MIN 함수로 최소 매출액을 구합니다.

함수 구조

$$=MAX(number1,number2...)$$
❶

MAX 함수는 [수식]–[함수 라이브러리] 그룹–[함수 더보기]–[통계]에 있는 함수로 인수들의 가장 큰 값을 구하
는 함수입니다.

❶ number1, number2... : 가장 큰 값을 구하려는 인수입니다. number255까지 지정 가능합니다.

❶ 최대 매출액을 구하기 위해 [K8] 셀을 클릭하고 [수식]–[함수 라이브러리] 그룹–[함수 더 보기]–[통
계]에서 MAX를 선택합니다. 'number1' 부분에 최대 매출액을 구할 범위[G4:G203]를 입력한
후 [확인]을 클릭하면 최대 매출액이 구해집니다.

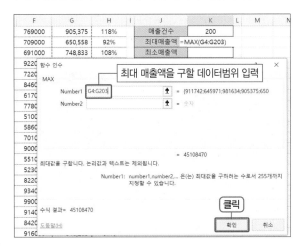

함수 구조

=MIN(number1,number2…)
❶

MIN 함수는 [수식]-[함수 라이브러리] 그룹-[함수 더 보기]-[통계]에 있는 함수로 ,인수들의 가장 작은 값을 구하는 함수입니다.

❶ number1, number2… : 가장 작은 값을 구하려는 인수입니다. number255까지 지정 가능합니다.

❷ 최소 매출액을 구하기 위해 [K9] 셀을 클릭하고 [수식]-[함수 라이브러리] 그룹-[함수 더 보기]-[통계]에서 MIN을 선택합니다. 'number1' 부분에 최소 매출액을 구할 범위[G4:G203]를 입력한 후 [확인]을 클릭하면 최소 매출액이 구해집니다.

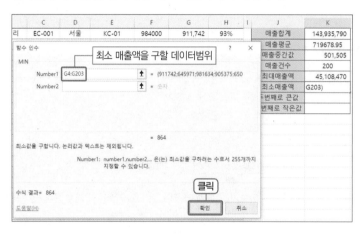

7. 기초 통계함수로 두 번째로 큰 값, 두 번째로 작은 값 구하기

선택한 범위에서 K번째로 큰 값을 구하는 LARGE 함수와, K번째로 작은 값을 구하는 SMALL 함수로 두 번째로 큰 값과 두 번째로 작은 값을 구합니다.

함수 구조

= LARGE(Array,K)
❶ ❷

LARGE 함수는 [수식]-[함수 라이브러리] 그룹-[함수 더 보기]-[통계]에 있는 함수로 데이터 집합에서 K번째로 큰값을 구하는 함수입니다.

❶ Array : K번째로 큰 값을 찾을 데이터의 범위입니다.
❷ K : 데이터의 범위에서 몇 번째로 큰 값을 구할지 정합니다.

❶ 두 번째로 큰 값을 구하기 위해 [K10] 셀을 클릭하고 [수식]-[함수 라이브러리] 그룹-[함수 더보기]-[통계]에서 LARGE를 선택합니다. array에 값을 찾을 범위가 있는 [G4:G203] 셀을 블록지정고하 K에는 두 번째로 큰 값을 찾을 것이므로 숫자 2를 입력한 후 [확인]을 클릭하면 2번째로 큰 매출액을 구할 수 있습니다.

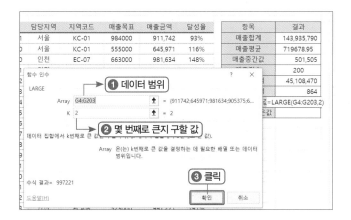

함수 구조

$$= SMALL(Array, K)$$
$$①\ ②$$

SMALL 함수는 [수식]-[함수 라이브러리] 그룹-[함수 더 보기]-[통계]에 있는 함수로 데이터 집합에서 K번째로 큰값을 구하는 함수입니다.

❶ Array : K번째로 작은 값을 찾을 데이터의 범위입니다.
❷ K : 데이터의 범위에서 몇 번째로 작은 값을 구할지 정합니다.

❷ 두 번째로 작은 값을 구하기 위해 [K11] 셀을 클릭하고 [수식]-[함수 라이브러리] 그룹-[함수 더보기]-[통계]에서 SMALL을 선택합니다. array에 값을 찾을 범위가 있는 [G4:G203] 셀을 입력하고 K에는 두 번째로 작은 값을 찾을 것이므로 숫자 2를 입력한 후 [확인]을 클릭하면 2번째로 작은 매출액을 구할 수 있습니다.

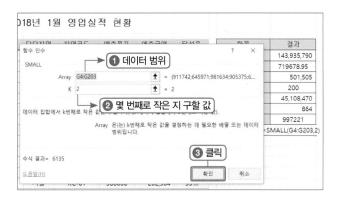

회원별 매출현황[A3:E23]의 매출액을 토대로, [G3:H10] 셀의 값을 각 내용에 맞게 함수로 구하세요.

	A	B	C	D	E	F	G	H	I
1		회원별 매출현황							
2									
3	NO.	이름	회원번호	성별	매출액		매출총액		
4	1	박성현	01-C-1	남	1,176,220		매출평균		
5	2	소민규	03-B-1	남	1,197,321		매출액중간		
6	3	김현석	03-C-2	남	611,759		회원수		
7	4	박주호	04-C-5	여	2,042,457		최대매출액		
8	5	이민규	05-C-7	남	3,139,277		최소매출액		
9	6	이예슬	02-B-6	여	4,884,603		2번째 최대 매출액		
10	7	김준호	03-E-5	남	3,525,723		2번째 최소 매출액		
11	8	한혜승	04-B-3	여	910,292				
12	9	윤정민	02-C-2	여	1,603,025				
13	10	지수호	06-B-1	남	3,426,261				
14	11	김상현	07-E-6	남	3,246,181				
15	12	최진석	08-B-3	남	4,581,882				
16	13	이진미	09-B-1	여	316,527				
17	14	권기훈	05-A-2	남	405,648				
18	15	정재호	01-B-5	남	2,469,063				

Explanation

❶ 매출총액은 SUM 함수, 매출평균은 AVERAGE 함수, 매출액중간은 MEDIAN 함수, 회원수는 COUNT 함수, 최대매출액은 MAX 함수, 최소매출액은 MIN 함수, 2번째 최대 매출액은 LARGE 함수, 2번째 최소 매출액은 SMALL 함수를 사용합니다.

❷ 값을 구할 각각의 위치에서 구하고자 하는 값에 맞는 함수명를 선택하고, 데이터가 있는 범위 [E4:E23] 셀을 선택한 후 [확인] 버튼을 누르면 결과값을 구할 수 있습니다.

원하는 텍스트만 추출해 주는 LEFT, RIGHT, MID 함수

CHAPTER 02

● 예제파일 : c3-2.xlsx ● 정답파일 : c3-2f.xlsx

핵심 내용 LEFT, RIGHT, MID 함수는 대표적인 텍스트 함수로 데이터에서 원하는 위치에 있는 값을 LEFT, RIGHT, MID 함수를 이용해 효과적으로 추출할 수 있습니다. IF 함수나 다른 함수와 중첩하여 많이 사용되는 함수입니다.

함수가 복잡해지면, 함수를 사용할 때 [함수 인수]창이 아닌 셀에 직접 입력하여 사용하는 것이 더 쉽고 효과적입니다. 이번 예제부터는 함수를 셀에 직접입력하여 사용하도록 합니다.

1. 왼쪽에서부터 원하는 문자수만큼 추출하는 LEFT 함수

[B] 열의 '직원명' 필드에서 직급을 제외한 직원의 이름만 추출하고자 합니다. 추출할 데이터가 왼쪽에 있으므로 LEFT 함수를 이용해 이름만 추출합니다.

함수 구조

$$= LEFT(text, num\_chars)$$
❶ ❷

[수식]-[함수 라이브러리] 그룹-[텍스트]에 있는 LEFT 함수는 text 부분에 입력한 값을 num_chars에 입력한 숫자만큼 차례차례 읽어오는 함수입니다.

❶ text : 추출할 문자가 들어 있는 텍스트 문자열입니다.

❷ num_chars : 왼쪽에서부터 추출할 문자의 수를 지정하며, 생략 시에는 1글자만 추출됩니다.

❶ [B] 열의 '직원명' 필드에서 이름을 추출하기 위해 [C4] 셀을 클릭하고, '=LEFT(B4, 3)'를 입력합니다. Enter 키를 쳐서 이름을 추출하고 채우기 핸들로 데이터 전체에 반영합니다.

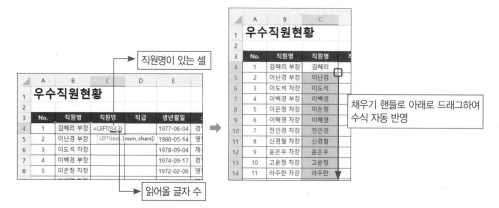

멘토의 한 수

엑셀에서는 한글과 영문을 포함해서 띄어쓰기, 기호 등 모두 1글자로 인식합니다.

함수수식의 이해

$$= LEFT(B4,3)$$
❶ ❷

'직원명'에서 추출할 이름이 왼쪽부터이므로 LEFT 함수를 사용합니다.

❶ 추출할 데이터를 입력하는 곳으로 직원의 이름이 있는 [B4] 셀을 클릭합니다.
❷ 왼쪽에서부터 추출할 글자의 개수를 입력하는 곳으로 3을 입력하여 이름을 추출합니다.

---

2. 오른쪽에서부터 원하는 텍스트의 수만큼 추출하는 RIGHT 함수

[B] 열의 '직원명' 필드에 직급을 추출하고자 합니다. 추출할 직급이 오른쪽에 있으므로 RIGHT 함수를 이용해 직급만 추출합니다.

함수 구조

$$= RIGHT(text,num\_chars)$$
❶ ❷

[수식]-[함수 라이브러리] 그룹-[텍스트]에 있는 RIGHT 함수는 text 부분에 입력한 값을 num_chars에 입력한 숫자만큼 차례차례 읽어오는 함수입니다.

❶ text : 추출할 문자가 들어 있는 텍스트 문자열입니다.
❷ num_chars : 오른쪽에서부터 추출할 문자의 수를 지정하며, 생략 시에는 1글자만 추출됩니다.

❶ 직급을 추출할 [D4] 셀을 클릭하고 '=RIGHT(B4,2)'를 입력합니다. Enter 키를 쳐서 이름을 추출하고 채우기 핸들로 데이터 전체에 반영합니다.

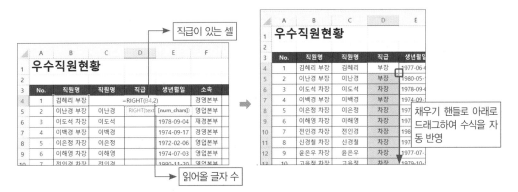

함수수식의 이해

= RIGHT(B4,2)
　　　❶❷

'직원명'에서 추출할 직급을 오른쪽부터이므로 RIGHT 함수를 사용합니다.

❶ 추출할 데이터를 입력하는 곳으로 직급이 있는 [B4] 셀을 클릭합니다.

❷ 오른쪽에서 추출할 글자의 개수를 입력하는 곳으로 2를 입력하여 직급을 추출합니다.

3. 중간에서 원하는 텍스트의 수만큼 추출하는 MID 함수

'포상내역' 필드에 있는 텍스트 중 '우수'와 '상'을 제외한 가운데 두 글자를 추출하고자 합니다. MID 함수를 이용해 '상명'을 추출합니다.

함수 구조

= MID(text,start_num,num_chars)
　　　　❶　　❷　　　　❸

[수식]-[함수 라이브러리] 그룹-[텍스트]에 있는 MID 함수는 text 부분에 입력한 값을 지정한 위치에서부터 원하는 문자수만큼 추출할 수 있는 함수입니다.

❶ text : 추출할 문자가 들어 있는 텍스트 문자열입니다.

❷ start_num : 추출할 텍스트의 시작 위치입니다.

❸ num_chars : 추출할 문자의 수를 지정합니다.

❶ '포상내역'에서 가운데 있는 두 글자를 추출할 [H4] 셀을 클릭하고 '=MID(G4,3,2)'를 입력합니다. Enter 키를 쳐서 이름을 추출하고 채우기 핸들로 데이터 전체에 반영합니다.

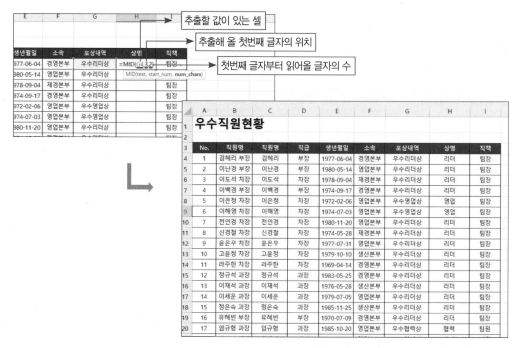

함수수식의 이해

= MID(G4,3,2)
　　　　❶❷❸

'포상내역' 필드에서 추출할 상명은 텍스트의 중간부터 있으므로 MID 함수를 사용합니다.

❶ 추출할 데이터를 입력하는 곳으로 '포상내역'이 있는 [G4] 셀을 클릭합니다.

❷ 추출할 데이터가 시작하는 부분으로 '우수리더상'의 '리'부터 시작점임을 표시하기 위해 왼쪽부터 한글자씩, 3을 입력합니다.

❸ 시작하는 부분부터 읽어올 글자 수로 2를 입력하면 '우수리더상'의 '리'를 포함하여 2글자를 읽어오게 됩니다.

실습문제

● 예제파일 : c3-2-1.xlsx   ● 정답파일 : c3-2-1f.xlsx

거래처코드의 가운데 알파벳 한 글자를 '분류'에 추출하세요.

	A	B	C	D	E	F	G
1			거래처 세부내역				
2							
3	거래처	거래처코드	분류	지역	담당자	담당사번	
4	세일푸드	98C001		미주	김혜리	YJ001	
5	씨원식품	88B001		유럽	이난경	YJ050	
6	삼해음료	98C002		미주	김혜리	YJ001	
7	태일양조	11A001		오세아니아	이도석	YJ051	
8	(주)엘오	98C003		기타지역	이백경	YJ006	
9	대일유업	15A001		일본	이은정	YJ021	
10	영음료	76B001		중국	임규형	YJ008	
11	대왕식품	88B002		중국	임규형	YJ008	
12	메이커필	00C002		중국	최만기	YJ010	
13	신양식품	11A002		미주	지현정	YJ013	
14	대륙무역	76B002		중국	김정환	YJ024	
15	진미식품	76B003		기타지역	이해영	YJ022	
16	SMP	76B004		동남아	임주회	YJ016	
17	KC그룹	88B004		동남아	전인경	YJ036	
18	대성건설	97B001		일본	장승훈	YJ018	
19	대양교역	13A001		일본	공진경	YJ045	

Explanation

❶ 값을 구할 [C4] 셀을 클릭하고 '=MID('를 입력합니다. 추출할 데이터가 포함되어 있는 셀을 클릭하고 쉼표(,)를 입력하고 찾을 값이 있는 첫 글자의 위치를 숫자로 입력합니다. 이때 숫자는 제일 앞 글자부터 숫자 1번이 됩니다. 예제는 3번째에 있는 영문을 추출할 것이므로 숫자 3을 입력합니다.

❷ 다시 쉼표(,)를 하고 조금 전에 입력했던 첫 글자의 위치부터 몇 글자를 추출할 것인지 숫자로 표시합니다. 예제는 한 글자를 추출하는 것이므로 숫자 1을 입력합니다.

❸ 모든 수식을 입력한 후 괄호를 닫고 Enter 키를 쳐서 결과를 표시합니다. 그리고 채우기 핸들을 이용해 자동 채우기 합니다.

CHAPTER 03

순위를 알려주는 RANK.EQ 함수 (RANK.AVG 함수 포함)

● 예제파일 : c3-3.xlsx　　● 정답파일 : c3-3f.xlsx

> **핵심내용** 핵심내용 : 엑셀에서 순위를 구하는 함수는 RANK.EQ 함수입니다. 오피스 2007까지는 RANK 함수를 사용했으나, 2010버전부터는 RANK.EQ와 RANK.AVG로 나뉘어 사용합니다.
>
> RANK.EQ 함수는 오피스 20070이전 버전의 RANK 함수와 동일하며, RANK.AVG 함수는 동일한 순위가 있을 때는 동일한 순위의 평균 순위를 표시하는 함수입니다.

1. 지점별 매출순위 구하기

순위를 구하는 함수인 RANK.EQ 함수를 이용해 각 지점의 매출액 순위를 구할 수 있습니다. 오피스 2007버전에서 사용하던 RANK 함수와 사용방법이나 결과값이 동일합니다.

함수 구조

$$=RANK.EQ(Number,Ref,Order)$$
　　　　　　　　❶　　❷　　❸

[수식]-[함수 라이브러리] 그룹-[함수 더 보기]-[통계]에 있는 RANK.EQ 함수는 선택한 데이터 범위 내에서 특정 데이터의 순위를 구하는 함수입니다. 같은 순위의 데이터가 있을 경우는 가장 높은 순위가 반환됩니다.

❶ Number : 순위를 구할 숫자 또는 셀입니다.

❷ Ref : 수 목록의 배열 또는 셀 주소로 순위를 구할 수의 비교가 되는 데이터 범위입니다.

❸ Order : 순위를 정할 방법으로 0 또는 생략 시 내림차순, 0이 아닌 값을 입력하면 오름차순으로 순위가 정해집니다.

❶ 서울역점의 매출 순위를 구하기 위해 [O5] 셀을 클릭하고 '=RANK.EQ(N5, $N$5:$N$17,0)'을 입력합니다. Enter 키를 쳐서 '서울역점'의 매출 순위를 구하면 채우기 핸들로 다른 지점의 매출합계도 구할 수 있도록 함수 수식을 반영합니다.

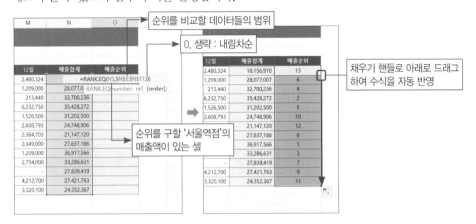

RANK.AVG 함수는 RANK.EQ 함수처럼 순위를 구하는 함수로 방법은 동일하나 결과가 다를 수 있습니다. RANK.AVG 함수는 동 순위의 데이터에 평균값을 반환하게 됩니다. 만약 2등인 데이터가 2개이면 다음 순위는 4등으로 표시되고 2등으로 동순위였던 각 데이터에 2.5등 표시됩니다. 만약 2등이 3개인 경우는 다음 순위가 5등이 되고, 각 2등 순위의 데이터에 모두 3등으로 표시됩니다.

함수수식의 이해

=RANK.EQ(N5,$N$5:$N$17,0)
       ❶   ❷   ❸

전 지점의 매출합계 중 '서울역점'의 순위를 구하기 위해 RANK.EQ 함수를 입력합니다(오피스 2007 이하버전은 RANK 함수를 입력합니다).

❶ 순위를 구할 데이터가 있는 위치로 '서울역점'의 매출합계가 있는 [N5] 셀을 선택합니다. 상대참조로 되어 있어 채우기 핸들을 이용해 아래로 드래그하면 다른 지점의 매출합계가 있는 셀로 변경됩니다.

❷ 순위를 구하기 위해 비교할 데이터가 있는 매출합계 범위 [$N$5:$N$17]를 입력합니다. 키보드의 F4 키를 한 번 눌러 절대참조를 지정하여, 채우기 핸들로 수식을 전체 데이터에 반영하더라도 해당 영역은 고정되어 있도록 합니다.

❸ 오름차순 또는 내림차순으로 순위를 구할 수 있도록 설정할 수 있습니다. 큰 매출액이 1등이 되도록 하기 위해 '0'을 입력합니다. '0' 또는 생략하면 내림차순으로, 그 외는 오름차순으로 순위가 표시됩니다.

2019년 01월 성과 결과 예제에서 담당자들의 매출실적 중 큰 매출실적이 1등이 되도록 순위를 구하세요.

No	담당자명	사번	매출 목표	매출 실적	달성율%	순위
			2019년 01월 성과결과			
1	김현수	310001	50,000	63,265	127%	
2	박영빈	310002	40,000	28,947	72%	
3	윤형주	310003	10,000	9,090	91%	
4	주근영	310004	15,000	19,236	128%	
5	정근호	310005	18,000	20,250	113%	
6	지은석	310006	60,000	55,804	93%	
7	한마음	310007	63,000	68,517	109%	
8	최영규	310008	85,000	87,208	103%	
9	성지훈	310009	75,000	80,664	108%	
10	권재영	310010	100,000	111,450	111%	
11	이주아	310011	70,000	79,690	114%	
12	이도연	310012	35,000	40,975	117%	
13	이지현	310013	38,500	40,639	106%	
14	김규리	310014	48,000	47,340	99%	
15	김민주	310015	20,000	32,794	164%	

Explanation

❶ 담당자들의 매출실적 순위를 구하기 위해 RANK.EQ 함수를 사용합니다. 순위를 구할 [G4] 셀을 선택하고 '=RANK.EQ('를 입력합니다.

❷ 먼저 순위를 구할 값이 있는 [E4] 셀을 클릭합니다. 쉼표(,)를 입력한 후 순위를 구할 값의 참조 범위인 매출실적의 전체범위를 선택하고 키보드의 F4 키를 눌러 절대참조 지정합니다.

❸ 다시 쉼표(,)를 입력하고 큰 매출실적이 1위로 하기 위해 '0'을 입력하여 내림차순으로 순위를 구하도록 합니다.

CHAPTER 04 필터 기능에 유용한 SUBTOTAL 함수

● 예제파일 : c3-4.xlsx   ● 정답파일 : c3-4f.xlsx

> **핵심내용** SUBTOTAL 함수는 11개의 함수로 된 22개 function을 가지고 있는 함수입니다. 함수 안에 있는 function은 자동 필터로 필터링 된 데이터와 행 숨기기로 숨겨진 행을 제외한 데이터에 대한 결과를 표시해 줍니다(행 숨기기 한 데이터도 포함할 수 있습니다). SUBTOTAL 함수를 이용할 때는 자동필터로 필터링 된 것이나, 숨기기로 숨겨진 데이터를 모두 해제한 후에 함수를 적용해야 정확한 결과값을 구할 수 있습니다

1. SUBTOTAL 함수로 서울지역만 판매건수, 총 판매수량, 판매금액 구하기

서울지역의 데이터만 추출하여 SUBTOTAL 함수로 판매건수, 판매수량, 판매금액을 표시하도록 합니다.

함수 구조

=SUTOTAL(Function_num,ref1...ref254)
①　　　　　　　**②**

[수식]-[함수 라이브러리] 그룹-[수학/삼각]에 있는 함수로 함수 안에 11개의 함수로 구성된 총 22개의 function을 이용해 값을 구하는 함수입니다.

① Function_num : 목록 내에서 부분 합을 계산할 때 사용할 함수를 지정하는 것으로 1~11, 101~111까지의 수입니다.

② ref1...ref254 : 값을 구하려는 영역으로 최대 245개의 셀 또는 영역의 주소입니다.

❶ 자동필터 또는 숨기기가 되어 있다면 해제하고 판매건수 값을 구할 [B2] 셀을 선택합니다. '=SUBTOTAL('을 입력하면 function_num 목록이 나오는데 숫자 셀의 개수를 구할 수 있는 함수의 번호인 2를 입력합니다. 쉼표(,)를 입력하여 건수를 구할 셀 범위[F5:F284]를 입력하여 수식 '=SUBTOTAL(2,F5:F284)'를 완성합니다.

멘토의 한 수

function_num 목록은 [함수인수] 창에서는 보이지 않습니다.

❷ 판매수량의 합계를 구하기 위해 [C2] 셀을 선택하고 수량의 총 합계를 구할 것이므로 function_num에 9를 입력하여 수식 '=SUBTOTAL(9,D5:D284)'를 완성합니다.

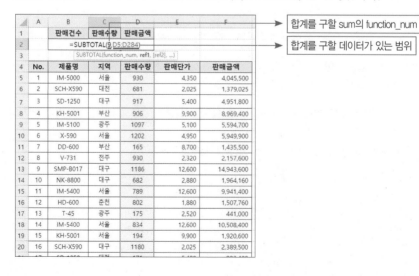

③ 판매금액의 총합을 구하기 위해 [D2] 셀을 선택하고 function_num은 9를 입력하여 수식 '=SUBTOTAL (9,F5:F284)'를 완성합니다.

합계를 구할 sum의 function_num

합계를 구할 데이터가 있는 범위

메토의 한 수

[판매금액]을 구하고 나면 셀의 너비가 좁아서 ####으로 표시됩니다. [D] 열의 너비를 넓혀 주고, [홈]–[표시 형식] 그룹–[쉼표 스타일]을 클릭하면 금액이 더 잘 표현됩니다.

④ 현재의 결과값은 범위 전체에 대한 결과값으로 일반함수로 구한 값과 다르지 않습니다. 자동필터 (Ctrl + Shift + L)를 실행하기 위해 [B4:F4] 셀을 블록 지정하여 [데이터]–[정렬 및 필터] 그룹–[필터]를 누릅니다. [지역]의 목록단추를 눌러 [모두선택]을 클릭하여 선택된 지역을 모두 해제 합니다. 그리고 [서울] 지역만 체크하고 [확인] 버튼을 클릭합니다.

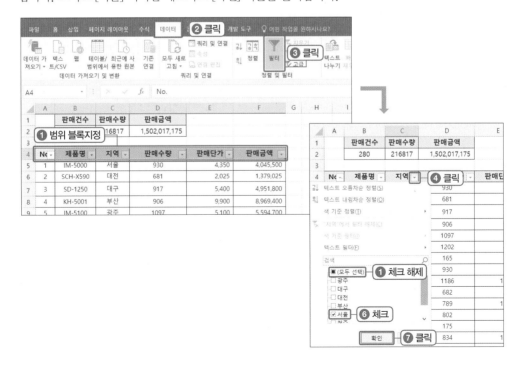

Excel

❺ [지역]이 '서울'인 데이터만 모두 추출되었고, SUBTOTAL 함수를 활용해 수식을 입력해 놓았던 [판매건수], [판매수량], [판매금액]의 값이 필터링 된 '서울'지역에 대한 것으로 바뀐 것을 확인할 수 있습니다.

지역이 '서울'인 데이터에 대한 결과

멘토의 한 수

SUBTOTAL 함수의 function_num 목록에는 1~11번까지가 있고, 동일한 함수로 101~111번까지 다시 나오는 것을 볼 수 있습니다. 동일한 함수지만, function_num을 1~11번 중에서 선택하는 것과 101~111번까지 중에 선택하는 것은 조금 차이가 있습니다. 101~111번은 행 숨기기를 하면 숨긴행은 결과에서 제외하게 됩니다.

function_num	필터링 없이 데이터 행 숨기기	필터링된 상태에서 데이터 숨기기
1~11	숨긴 행에 있는 데이터 포함	숨긴 행에 있는 데이터 제외
101~111	숨긴 행에 있는 데이터 제외	숨긴 행에 있는 데이터 제외

'지역'을 서울로 필터링한 상태로 '판매건수'에 있는 SUBTOTAL 함수의 function_num 2를 동일한 COUNT 함수인 102번으로 변경합니다.

2에서 102로 변경

데이터 중 7행에서 마우스 오른쪽 단추를 눌러 메뉴에서 [숨기기]를 클릭합니다. '판매건수'의 값이 280에서 279로 변경된 것을 확인할 수 있습니다. 이처럼 function_num 101~111의 은 숨긴 행은 제외하고 결과를 표시합니다. 필터링한 후 데이터를 숨겨도 숨긴 행은 제외됩니다.

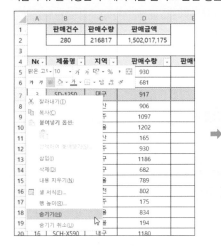

function_num 1~11 번은 필터링한 후 특정 데이터를 숨기기 하면 숨겨진 행은 제외하고 값을 계산하게 되지만 필터링하지 않고 숨기기를 하면 숨겨진 행도 포함한 결과를 표시합니다.

함수수식의 이해

=SUBTOTAL(2,F5:F284)

❶ ❷

'서울'지역의 판매건수를 구하기 위해 SUBTOTAL 함수를 입력하였습니다.

❶ function_num 목록에는 1~11, 101~111번까지 가 있는데 숫자 셀의 개수를 구할 것이므로 2번을 입력합니다(function_num 목록은 함수를 셀에 직접 입력할 때만 나타납니다).

❷ function_num 목록에서 선택한 함수를 적용하기 위해 건수를 구할 범위인 [F5:F284] 셀을 블록 지정하여 입력합니다. COUNT 함수의 function_num을 선택했으므로, 숫자데이터가 있는 범위를 입력해야 합니다.

● 예제파일 : c3-4-1.xlsx ● 정답파일 : c3-4-1f.xlsx

주어진 데이터에서 SUBTOTAL 함수를 이용해 매출합계, 매출평균, 최대매출액, 최소매출액을 구하세요.

	A	B	C	D	E	F	G
1				매출합계	매출평균	최대매출액	최소매출액
2				99,311,400	2,158,943	4,669,800	287,700
3							
4	NO.	고객번호	이름	회원구분	성별	지역	매출액
5	1	98C001	김혜리	일반회원	남	강원	1,043,200
6	2	88B001	이세운	기업회원	여	제주	1,981,600
7	3	98C002	김운서	일반회원	남	부산	471,500
8	4	11A001	이은슬	프리미엄	남	대전	1,432,900
9	5	00C001	박은경	일반회원	남	대구	2,982,500
10	6	98C003	이백경	일반회원	남	대구	4,669,800
11	7	15A001	권세원	프리미엄	여	인천	2,064,900
12	8	76B001	임규형	기업회원	여	충남	453,700
13	9	88B002	유주영	기업회원	여	울산	1,905,600
14	10	00C002	최만기	일반회원	여	울산	1,733,300
15	11	88B003	지현화	기업회원	남	대구	2,336,600
16	12	11A002	지현정	프리미엄	여	인천	2,127,200
17	13	76B002	길현영	기업회원	여	울산	287,700
18	14	76B003	임현영	기업회원	여	인천	2,481,000
19	15	76B004	임주희	기업회원	여	경북	1,772,300
20	16	88B004	김주형	기업회원	여	전남	903,700
21	17	97B001	장승호	기업회원	남	충남	2,289,500

Explanation

❶ SUBTOTAL 함수를 이용해 값을 구하기 위해서는 먼저 데이터의 범위가 필터링 되거나, 숨겨진 행이 없도록 해야 합니다.

❷ 그 후 값을 구할 위치에서 '=SUBTOTAL('을 입력하고 function number를 입력합니다. 이때 셀에 직접 함수를 입력해야 function number가 목록으로 표시됩니다. 먼저 sum을 구하기 위해 9 또는 109를 입력합니다.

❸ 쉼표(,)를 입력한 후 합계를 구할 범위를 입력하고 괄호를 닫아 수식을 완성합니다.

❹ 같은 방법으로 평균(1 또는 101), 최대값(4 또는 104), 최소값(5 또는 105)을 구하도록 합니다.

❺ 수식이 완성된 후 데이터에 자동필터를 설정하여 특정값을 조회하면 해당값에 대한 합계가 표시됩니다.

결과값이 오류일 때 원하는 값을 표시할 수 있는 IFERROR 함수

● 예제파일 : c3-5.xlsx   ● 정답파일 : c3-5f.xlsx

핵심 내용 IFERROR 함수는 특정값이나, 특정 수식의 결과가 오류일 경우 사용자가 지정한 값을 표시할 수 있도록 하는 함수입니다. 수식을 잘못 입력하여 나온 오류 값은 수정하면 되지만, 오류가 나올 수밖에 없는 경우에는 IFERROR 함수로 제어할 수 있습니다.

함수 구조

$$=IFERROR \; 함수명(Value, Value\_if\_error)$$
❶ ❷

[수식]-[함수 라이브러리] 그룹-[논리]에 있는 함수로 수식의 결과값이나 입력한 값이 오류인 경우 지정한 값을 반환하는 함수입니다.

❶ value : 값, 수식, 또는 참조하는 대상입니다.

❷ Value_if_error : value가 오류일 경우 반환할 값입니다.

---

1. IFERROR 함수로 오류 대신 다른 값 넣기

거래처별 1월의 달성률에 수식을 입력하면 매출목표가 없어 '#DIV/0!' 오류가 표시됩니다. IFERROR 함수를 적용하여 오류 값 대신 "목표없음"을 표시합니다.

> 달성률을 구하기 위해 매출액 (I5)/매출목표(H5)를 입력합니다.

❶ 달성률을 구할 [J5] 셀을 클릭하고 결과값이 오류일 때 "목표없음"이 나오도록 하기 위해 '=IFERROR(I5/H5,"목표없음")'을 입력합니다.

담당자명	지역	1월		
		매출목표	매출액	달성율
김혜리	강원	4,323,000	2,143,200	=IFERROR(I5/H5,"목표없음")
이세윤	제주	1,793,000	1,981,600	IFERROR(value, **value_if_error**)
김윤서	부산	4,622,000	471,500	
이은율	대전	3,717,000	1,432,900	
박은경	대구		2,982,500	
이백경	대구	2,838,000	4,669,800	
권세원	인천	4,834,000	2,064,900	
임규형	충남	1,899,000	453,700	
유주연	울산	4,004,000	1,905,600	

> value에 입력한 수식 또는 값이 오류일 때 표시할 값

❷ Enter 키를 친 후 채우기 핸들을 이용해 전체 데이터 자동 채우기를 합니다. IFERROR 함수가 반영된 수식이 1월 달성률 전체에 반영됩니다.

채우기 핸들로 달성률범위에 수식을 반영합니다.

=IFERROR(I5/K5,"목표없음")
     ❶   ❷

매출액을 나눌 목표값이 없어 수식의 결과에 오류가 표시되므로 IFERROR 함수를 사용합니다.

❶ 수식의 결과값이 오류 일 경우에는 다른 값으로 대체하고, 그렇지 않을 경우에는 그대로 수식의 결과값이 표시되어야 하므로 'I5/K5'를 입력합니다.

❷ 앞의 value 부분이 오류일 경우 대체할 값으로 "목표없음"을 입력합니다.

실습문제

● 예제파일 : c3-5-1.xlsx　　● 정답파일 : c3-5-1f.xlsx

'c3-5-1.xlsx' 파일의 직급에 있는 오류를 대신해서 공백으로 표시하세요.

	A	B	C	D	E	F	G	H
1	2018년도 2/4분기 거래처별 담당자 현황							
2								
3	NO.	거래처코드	거래처	지역	담당사번	담당자명	부서명	직급
4	1	11A001	태일양조	부산	HS010	고윤정	영업1팀	과장
5	2	98C003	지오엘	제주	HS020	김주형	영업2팀	
6	3	15A001	대일유업	충남	HS013	김선호	영업1팀	대리
7	4	88B002	왕식품	광주	HS008	우정현	영업1팀	과장
8	5	00C002	메이커필	충북	HS007	최용선	영업1팀	
9	6	11A002	신양식품	경남	HS009	임현영	영업1팀	과장
10	7	76B002	대륙무역	제주	HS014	민지환	영업2팀	차장
11	8	76B003	진미식품	강원	HS014	민지환	영업2팀	차장
12	9	76B004	SMP	전남	HS008	우정현	영업1팀	과장
13	10	97B001	대성건설	경기	HS020	김주형	영업2팀	
14	11	13A001	대양교역	서울	HS013	김선호	영업1팀	대리
15	12	97B002	금호수산	경남	HS011	라주한	영업1팀	대리
16	13	11A004	유림농산	전북	HS019	최민찬	영업2팀	과장
17	14	13A002	대관그룹	강원	HS008	우정현	영업1팀	과장
18	15	97B003	태일그룹	충북	HS010	고윤정	영업1팀	과장

Explanation

❶ '직원명부' 시트처럼 이미 추출해 놓은 직급에 오류값이 표시된 경우가 있습니다. 이미 수식이 포함되어 있으므로 [H4] 셀을 더블클릭하여 해당 셀 안으로 커서를 이동시킨 후 '='과 VLOOKUP 함수 사이에 'IFERROR('를 입력합니다. 그러면 IFERROR 함수의 VALUE 부분이 VLOOKUP 함수 전체가 되므로 VLOOKUP 함수로 추출된 결과값이 오류일인지 판단하게 됩니다.

❷ VLOOKUP 함수의 닫는 괄호 뒤에 쉼표(,)를 입력하여 해당 함수의 결과값이 오류일 경우에 표현할 값을 입력하는데 오류가 있을 경우에는 비어있는 셀로 표시하기 위해 " "를 입력합니다.

❸ 수식이 완성되면 채우기 핸들을 이용해 자동채우기 합니다.

CHAPTER 06

숫자의 소숫점과 자릿수를 결정하는 ROUND, ROUNDUP, ROUNDDOWN 함수

● 예제파일 : c3-6.xlsx, c3-6-1.xlsx, c3-6-2.xlsx　　● 정답파일 : c3-6f.xlsx, c3-6-1f.xlsx, c3-6-2f.xlsx

 숫자의 소수점부분이나, 정수부분의 자릿수 등을 조절할 때 주로 사용합니다. ROUND 함수는 반올림, ROUNDUP 함수는 올림, ROUNDDOWN 함수는 내림을 하는 함수로 원하는 자릿수를 정할 수 있습니다.

1. 숫자를 반올림할 수 있는 ROUND 함수

'c3-6.xlsx' 파일에 OO마트의 고객들의 매출 내역입니다. 매출액의 원단위를 반올림하도록 합니다.

함수 구조

=ROUND(Number,Num_digits)
❶　　　　❷

[수식]-[함수 라이브러리] 그룹-[수학/삼각]에 있는 함수로 숫자를, 지정한 자릿수로 반올림하는 함수입니다.

❶ Number : 반올림하려는 수입니다.

❷ Num_digits : 자릿수를 정할 수 있습니다.

(숫자 0은 소수점을 모두 반올림하여 정수부분만 남기며, Num_digits에 음수(-1, -2, -3...)를 입력하면 반올림하려는 수의 정수부분의 자릿수를 조절합니다. 만약 양수(1, 2, 3...)를 입력하면 소수점 부분의 자릿수를 조절합니다.

❶ ROUND 함수를 이용해 반올림할 값을 표시할 [C4] 셀을 클릭하고 '=ROUND(B4,−1)'를 입력합니다. Enter 키를 쳐서 결과값이 나오면 채우기 핸들로 수식을 전체 데이터에 반영합니다.

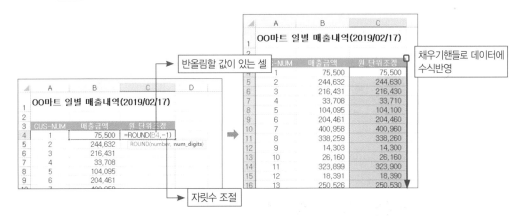

함수수식의 이해

=ROUND(B4,−1)
      ❶ ❷

원 단위까지 나와 있는 고객별 매출을 십 원단위로 반올림하기 위해 ROUND 함수를 사용합니다.

❶ 반올림할 값이 있는 [B4] 셀을 클릭합니다.

❷ 십 원단위로 매출액을 조정할 것이므로 −1을 입력합니다. 0은 원 단위(소수점을 없앰)까지 소수점을 반올림하고, −1을 입력하면 십 단위(십의 자리)까지 반올림하게 됩니다. 1을 입력하면 소숫점 첫째자리까지 반올림합니다.

2. 숫자를 올림 할 수 있는 ROUNDUP 함수

'c3-6-1.xlsx' 파일에 제품별 단가를 기존단가에서 1.8% 상승시켰습니다. 조정 후 발생한 소수점을 ROUNDUP 함수로 올림하여 원단위로 조정하도록 합니다.

함수 구조

=ROUNDUP(Number,Num_digits)
      ❶   ❷

[수식]-[함수 라이브러리] 그룹-[수학/삼각]에 있는 함수로 숫자를 지정한 자릿수로 올림 하는 함수입니다.

❶ Number : 올림 하려는 수입니다.

❷ Num_digits : 자릿수를 정할 수 있습니다.

(숫자 0은 소수점을 모두 올림 하여 정수부분만 남기며, Num_digits에 음의 정수(−1, −2, −3…)를 입력하면 올림 하려는 수의 정수부분의 자릿수를 조절합니다. 만약 양의 정수(1, 2, 3…)를 입력하면 소수점 부분의 자릿수를 조절합니다.

❶ 1.8% 조정된 단가의 소수점 단위를 조정하기 위해 [E4] 셀을 클릭하고 '=ROUNDUP(D4, 0)'를 입력합니다.

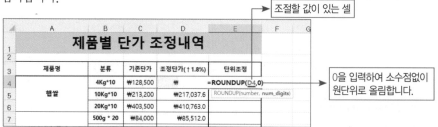

조절할 값이 있는 셀

	제품명	분류	기존단가	조정단가(↑1.8%)	단위조정
		4Kg*10	₩128,500	₩	=ROUNDUP(D4,0)
	햅쌀	10Kg*10	₩213,200	₩217,037.6	ROUNDUP(number, num_digits)
		20Kg*10	₩403,500	₩410,763.0	
		500g * 20	₩84,000	₩85,512.0	

0을 입력하여 소수점없이 원단위로 올림합니다.

❷ Enter 를 쳐서 단가가 조정되면 채우기 핸들로 수식을 전체 데이터에 반영합니다.

제품명	분류	기존단가	조정단가(↑1.8%)	단위조정
	4Kg*10	₩128,500	₩130,813.0	₩130,813
햅쌀	10Kg*10	₩213,200	₩217,037.6	₩217,038
	20Kg*10	₩403,500	₩410,763.0	₩410,763
	500g * 20	₩84,000	₩85,512.0	₩85,512
귀리쌀(국산)	1Kg*20	₩160,000	₩162,880.0	₩162,880
	5Kg*20	₩378,400	₩385,211.2	₩385,212
	500g * 20	₩56,300	₩57,313.4	₩57,314
귀리쌀(외국산)	1Kg*20	₩86,400	₩87,955.2	₩87,956
	5Kg*10	₩132,200	₩134,579.6	₩134,580
	500g * 20	₩126,000	₩128,268.0	₩128,268
현미쌀(국산)	1Kg*20	₩236,000	₩240,248.0	₩240,248
	5Kg*20	₩374,000	₩380,732.0	₩380,732
	10Kg*10	₩340,300	₩346,425.4	₩346,426
	500g * 20	₩86,000	₩87,548.0	₩87,548
혼합곡물	1Kg*20	₩159,600	₩162,472.8	₩162,473

채우기 핸들로 수식 반영

함수수식의 이해

=ROUNDUP(E4,0)
　　　　　❶❷

단가를 1.8% 조정하여 나온 소수점을 원 단위까지 올림하기 위해 ROUNDUP 함수를 사용합니다.

❶ 원단위로 조정할 값이 있는 [E4] 셀을 클릭합니다.

❷ 소수점을 조정할 자릿수인 0을 입력합니다. 0은 원 단위(일의 자리)까지 소수점을 올림 하게 됩니다.

3. 숫자를 내림할 수 있는 ROUNDDOWN 함수

'c3-6-2.xlsx' 파일에 4월분 전기요금의 총합계에 나와 있는 원단위를 내림하여 십 원단위로 전기요금이 부과되도록 합니다.

함수 구조

$$=ROUNDDOWN(Number, Num\_digits)$$
❶ ❷

[수식]–[함수 라이브러리] 그룹–[수학/삼각]에 있는 함수이며 숫자를 지정한 자릿수로 내림하는 함수입니다.

Number : 내림하려는 수입니다.

Num_digits : 자릿수를 정할 수 있습니다.

숫자 0은 소수점을 모두 내림하여 정수부분만 남기며, Num_digits에 음의 정수(–1, –2, –3...)를 입력하면 내림하려는 수의 정수부분의 자릿수를 조절합니다. 만약 양의 정수(1, 2, 3...)를 입력하면 소수점 부분의 자릿수를 조절합니다.

❶ 전기요금의 총합계에 있는 원단위를 내림하기 위해 [B13] 셀을 클릭하고 '=ROUNDDOWN(B12,–1)'을 입력합니다.

내림할 자릿수로 10의 자리까지 내림

10	당월부가세	3,542	4,021	1,725	2,960
11	TV수신료	2,500	2,500	2,500	2,500
12	총합계	41,464	46,730	21,477	35,057
13	청구요금계	=ROUNDDOWN(B12,-1)			
14		ROUNDDOWN(number, num_digits)			

내림할 값이 있는 셀

❷ Enter 키를 쳐서 결과값이 나오면 채우기 핸들로 수식을 전체 데이터에 반영합니다.

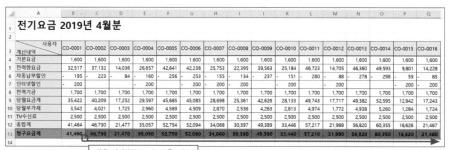

채우기 핸들로 수식을 반영

함수수식의 이해

$$=ROUNDDOWN(\underline{E12},\underline{-1})$$
❶ ❷

전기요금의 총합계에 표시된 원 단위를 내림하여 십 원단위로 조정하기 위해 ROUNDDOWN 함수를 사용합니다.

❶ 십 원단위로 조정할 조정단가가 있는 [B12] 셀을 클릭합니다.

❷ 조정할 자릿수인 –1을 입력합니다. –1은 십원 단위(십의 자리)까지 소수점을 내림하게 됩니다.

실습문제

● 예제파일 : c3-6-3.xlsx ● 정답파일 : c3-6-3f.xlsx

'c3-6-3.xlsx' 파일의 주문서에 있는 총합계 금액을 [G4] 셀에 반올림하여 표시하세요.

	A	B	C	D	E	F	G
1		제 품 주 문 서					
2							
3	제품명	분류	제품단가	수량	총 금액		총 청구금액
4		4Kg*10	₩130,813	33	₩4,316,829		
5	햅쌀	10Kg*10	₩217,038	23	₩4,991,874		
6		20Kg*10	₩410,763	48	₩19,716,624		
7		500g * 20	₩85,512	20	₩1,710,240		
8	귀리쌀(국산)	1Kg*20	₩162,880	31	₩5,049,280		
9		5Kg*20	₩385,212	20	₩7,704,240		
10		500g * 20	₩57,314	7	₩401,198		
11	귀리쌀(외국산)	1Kg*20	₩87,956	28	₩2,462,768		
12		5Kg*10	₩134,580	50	₩6,729,000		
13		500g * 20	₩128,268	15	₩1,924,020		
14		1Kg*20	₩240,248	6	₩1,441,488		
15	현미쌀(국산)	5Kg*20	₩380,732	5	₩1,903,660		
16		10Kg*10	₩346,426	28	₩9,699,928		
17		500g * 20	₩87,548	6	₩525,288		
18	호합곡물	1Kg*20	₩162,473	46	₩7,473,758		

Explanation

❶ [E23] 셀에 있는 총합계 금액을 반올림하기 위해 [G4] 셀을 클릭하고 반올림하는 함수인 '=ROUND('를 입력합니다.

❷ 그리고 반올림할 값이 있는 [E23] 셀을 클릭한 후 쉼표(,)를 눌러 반올림할 자릿수를 입력합니다. 10단위까지 반올림할 것이므로 -1을 입력하고 괄호를 닫아 Enter 키를 칩니다.

CHAPTER 07
기준값으로 세부데이터를 추출하는 VLOOKUP 함수

● 예제파일 : c3-7.xlsx　　● 정답파일 : c3-7f.xlsx

 VLOOKUP 함수는 특정데이터를 표 또는 배열의 왼쪽 첫 열에서 찾아 동일한 행의 오른쪽 열에 있는 데이터를 추출해오는 함수입니다. 엑셀에서 가장 많이 사용하는 함수 중 하나입니다.

함수 구조

$$=VLOOKUP(\underset{❶}{Lookup\_value}, \underset{❷}{Table\_array}, \underset{❸}{Col\_index\_num}, \underset{❹}{Range\_lookup})$$

[수식]-[함수 라이브러리] 그룹-[찾기/참조 영역]에 있는 VLOOKUP 함수는 선택한 배열의 첫 열에서 값을 검색하여 오른쪽 옆 열에 있는 같은 행에서 데이터를 추출해 오는 함수입니다.

❶ Lookup_value : 배열의 첫 열에서 찾으려고 하는 기준값으로 셀 주소, 텍스트 등입니다.

❷ Table_array : 데이터를 추출하려는 범위 또는 범위의 이름입니다.

❸ Col_index_num : 데이터를 추출하려는 범위 내의 열 번호로, 기준값이 있는 열이 1입니다.

❹ Range_lookup : 정확하게 일치하도록 하기 위해서는 FALSE(=1), 유사한 값을 찾을 때는 TRUE(=0) 또는 생략합니다.

1. 거래처별 담당자 현황파일 완성하기

'거래처별담당자' 시트의 담당사번을 기준으로 '직원명부' 시트에서 '담당자명', '부서명', '직급'을 VLOOKUP 함수를 이용해 추출합니다.

❶ 담당사번을 기준으로 담당자명을 추출하기 위해 '거래처별담당자' 시트의 [F4] 셀을 클릭하고 '=VLOOKUP($E4,직원명부!$B:$K, 2,0)'을 입력합니다.

멘토의 한 수

[$E4] 셀에 열 혼합참조를 하면 담당자명을 추출한 후 [부서명]과 [직급]을 쉽게 추출할 수 있습니다. 담당자명에서 완성한 함수 수식을 채우기 핸들로 드래그하여 추출할 열의 번호만 변경하면 됩니다.

table_array 부분에 값이 있는 열 전체를 선택하면 데이터가 추가돼도 참조영역을 새롭게 지정하지 않아도 되기 때문이며, [B] 열부터 선택한 이유는 lookup_value에서 선택한 기준값이 table_array에 지정하는 범위의 첫 열이 되어야하기 때문입니다.

❷ [Enter] 키를 눌러 결과값이 표시되면 구해놓은 함수 수식을 오른쪽으로 자동 채우기를 합니다. 그러면 '담당자명', '부서명', '직급'에 모두 '전인경'이 표시됩니다.

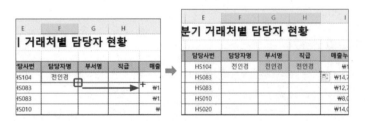

❸ '부서명'의 값을 수정하기 위해 [G4] 셀을 더블클릭하여 셀 안으로 커서를 위치시킵니다. 수식의 col_index_num의 번호를 '직원명부' 시트에 있는 '부서명'의 열 번호인 7로 변경합니다. '직급'이 있는 [H4] 셀도 수식의 col_index_num의 번호를 '직급'의 열 번호인 4로 변경합니다.

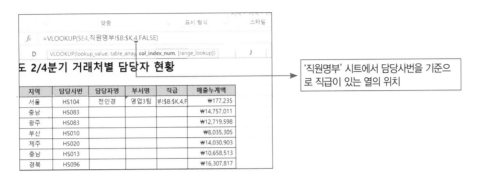

'직원명부' 시트에서 담당사번을 기준으로 직급이 있는 열의 위치

❹ '담당자', '부서명', '직급'의 값이 모두 표시되었으면 [F4:H4] 셀을 블록 지정하여 채우기 핸들에서 더블클릭하여 수식을 모두 반영합니다.

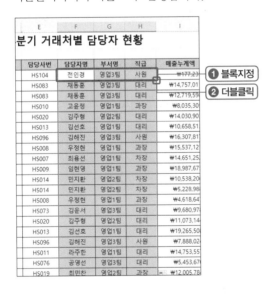

❶ 블록지정
❷ 더블클릭

함수수식의 이해

=VLOOKUP($E4,직원명부!$B:$K,2,FALSE)
　　　　❶　　　　❷　　　❸　❹

담당사번을 기준으로 '담당자명'과 '부서명', '직급'을 추출해 오기 위해 VLOOKUP 함수를 사용합니다.

❶ 담당사번이 기준값이므로 [E4] 셀에 클릭하고 키보드의 F4 키를 눌러 열 혼합참조 합니다.
❷ 기준값과 동일한 값을 참조범위에서 찾아 동일행의 다른 값을 가져오기 위해 '직원명부' 시트의 [B:K] 열을 블록지정으로 참조합니다. 키보드의 F4 키를 눌러 절대참조를 설정하여 함수수식을 자동채우기 할 때 범위가 움직이지 않도록 합니다.
❸ 기준값과 동일한 값이 있는 [B] 열을 1번으로 하여 추출할 데이터가 있는 열 번호인 2를 입력합니다.
❹ 기준값과 정확하게 일치하는 값에 대한 데이터를 추출해야 하므로 'FALSE' 또는 '0'을 입력합니다.

● 예제파일 : c3-7-1.xlsx   ● 정답파일 : c3-7-1f.xlsx

'vlookup' 시트의 담당자와 거래처명을 '거래처코드' 시트에서 추출하세요.

	분류	거래처 코드	담당자	거래처명	1분기	2분기	3분기	4분기
	미주	130065			11,403,690	14,700,996	11,546,638	11,531,354
		130022			6,844,810	9,917,988	8,393,439	7,529,505
		130031			1,340,100	3,536,353	3,345,207	2,732,471
	아시아	130033			2,049,433	5,343,386	4,328,194	3,868,239
		130058			6,844,810	9,919,590	7,799,268	8,164,508
		130063			12,995,072	9,054,768	13,356,736	7,616,705
		130017			20,863,391	27,637,220	20,308,128	17,377,429
		130056			12,995,072	16,349,290	13,436,429	14,465,037
	중국	130016			12,213,469	18,744,763	14,035,882	16,224,135
		130006			23,229,415	28,211,275	29,128,796	28,444,529
		130009			18,248,500	29,709,051	28,246,522	21,017,373
		130052			2,049,433	3,402,713	3,260,101	3,926,786
		130055			2,049,433	2,015,422	2,948,895	2,768,986
	오세아니아	130054			7,880,183	8,543,147	9,702,717	9,293,401
		130043			12,213,469	13,650,366	14,496,864	14,001,739
		130027			7,880,183	9,571,986	8,112,521	8,152,223
	유럽	130020			18,248,500	17,996,952	18,225,541	17,096,926

거래처코드   vlookup   ⊕

Explanation

❶ '거래처 코드'를 이용해 '담당자'를 추출하기 위해 [D3] 셀을 클릭하고 '=vlookup('을 입력합니다. 그리고 [C3] 셀을 클릭하여 찾을 값을 지정한 후, 키보드의 F4 키를 눌러 열 혼합참조 [$C3] 합니다.

❷ 쉼표(,)를 입력하고 찾을 범위인 '거래처코드' 시트의 [A:C]를 선택하고 절대참조 지정합니다. 다시 쉼표(,)를 입력하여 선택한 범위에서 거래처코드가 있는 열의 값을 가지고 올 것이므로 숫자 '3'을 입력합니다.

❸ '거래처 코드'가 정확하게 일치하는 값을 가져와야 하므로 쉼표(,)를 입력한 후 숫자 '0' 또는 'FALSE'를 입력합니다. 괄호를 닫고 Enter 키를 쳐서 수식을 완성합니다.

❹ '거래처명'도 동일한 방법으로 구할 수 있습니다.

❺ 동일한 방법을 함수로 입력하고 col_index_num을 '거래처명'이 있는 '2'로만 수정하면 '거래처명'이 추출됩니다.

데이터의 위치를 알려주는 MATCH 함수

CHAPTER 08

● **예제파일** : c3-8.xlsx ● **정답파일** : c3-8f.xlsx

 MATCH 함수는 찾고자 하는 값이 범위 내에서 어디에 위치해 있는지 표시합니다. 그래서 INDEX 함수나 VLOOKUP 함수 또는 OFFSET 함수 등에서 자주 MATCH 함수를 활용합니다.

함수 구조

$$=MATCH(lookup\_value, lookup\_array, match\_type)$$
❶ ❷ ❸

[수식]-[함수 라이브러리] 그룹-[찾기/참조영역]에 있는 MATCH 함수는 지정한 값과 일치하는 항목을 찾아 위치를 구해주는 함수입니다.

❶ lookup_value : 지정한 배열에서 찾으려고 하는 값입니다.

❷ lookup_array : 값이 들어 있는 배열 또는 배열 참조가 들어 있는 연속된 셀 범위입니다.

❸ match_type : 되돌릴 값을 표시하는 숫자로 1, 0, −1입니다.

　　1 : lookup_array에서 지정한 범위값이 오름차순으로 정렬되어 있을 경우 사용합니다. 생략이 가능하며, 찾는 값보다 큰 값을 찾으면 작업을 중단하고, 찾는 값보다 작은 값 중에서 가장 큰 값을 찾습니다.

　　0 : 정렬이 되어 있지 않을 때 정확하게 일치하는 첫 번째 값을 찾습니다.

　　−1 : lookup_array에서 지정한 범위 값이 내림차순으로 정렬되어 있을 경우 사용합니다. 찾는 값보다 작은 값을 찾으면 작업을 중단하고, 찾는 값보다 큰 값 중에서 가장 작은 값을 찾습니다.

1. 데이터의 위치를 알려주는 MATCH 함수

'제품코드'와 '단가' 항목이 데이터의 필드명이 있는 [A2:D2] 셀 범위에서 몇 번째에 위치해 있는지 MATCH 함수를 활용해 표시하도록 합니다.

❶ [F2] 셀에 입력해 놓은 '제품코드'의 위치를 찾기 위해 [F3] 셀을 클릭하고 '=MATCH(F$2, $A$2:$D$2,0)'을 입력합니다.

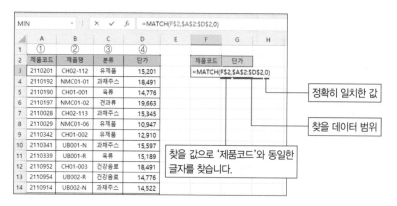

❷ '제품코드'의 위치가 숫자로 표시되면 채우기 핸들을 이용해 [G3] 셀까지 드래그하여 자동으로 '단가'의 위치를 표시합니다.

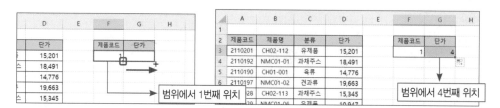

함수수식의 이해

=MATCH(F$2,$A$2:$D$2,0)
　　　　　❶　　❷　　❸

'제품코드'가 입력한 셀 범위에서 몇 번째에 위치하는지 숫자로 표시하기 위해 MATCH 함수를 사용합니다.

❶ '제품코드'값을 설정한 위치에서 찾을 것이므로 찾을 값이 있는 [F2] 셀을 클릭하여 입력하고 키보드의 F4 키를 눌러 행 혼합참조합니다(함수를 아래로 드래그할 경우에만 행 혼합참조를 해도 됩니다.)

❷ '제품코드'값을 찾을 참조배열로 [A2:D2] 셀을 블록지정하여 입력하고 키보드의 F4 키를 눌러 절대참조합니다. 절대참조를 했으므로 '단가'를 찾기 위해 오른쪽으로 드래그해도 찾을 참조배열은 변경되지 않습니다.

❸ 정확하게 일치하는 값을 표시하기 위해 '0'을 입력합니다.

실습문제

● 예제파일 : c3-8-1.xlsx   ● 정답파일 : c3-8-1f.xlsx

직급별 기본급 현황[A3:K9]을 이용해 과장의 기본급은 몇 번째 행에 있는지 [N4]에 표시하세요.

직급	1호봉	2호봉	3호봉	4호봉	5호봉	6호봉	7호봉	8호봉	9호봉	10호봉		직급	행 위치
※ 직급별 기본급 현황													
사원	1,523,200	1,568,896	1,615,962	1,664,440	1,714,373	1,765,804	1,818,778	1,873,341	1,929,541	1,987,427		과장	
주임	1,751,680	1,804,230	1,858,356	1,914,106	1,971,529	2,030,674	2,091,594	2,154,341	2,218,971	2,285,540			
대리	2,014,432	2,074,864	2,137,109	2,201,222	2,267,258	2,335,275	2,405,333	2,477,492	2,551,816	2,628,370			
과장	2,316,596	2,386,093	2,457,675	2,531,405	2,607,347	2,685,567	2,766,134	2,849,118	2,934,591	3,022,628			
차장	2,664,085	2,744,007	2,826,327	2,911,116	2,998,449	3,088,402	3,181,054	3,276,485	3,374,779	3,476,022			
부장	3,063,697	3,155,607	3,250,275	3,347,783	3,448,216	3,551,662	3,658,211	3,767,957	3,880,995	3,997,424			

Explanation

❶ 직급이 '과장'인 데이터의 행의 위치를 파악하기 위해 [N4] 셀을 클릭하고 '=MATCH('를 입력합니다.

❷ 그리고 찾을 값을 미리 [M4] 셀에 입력해 놓았으므로 [M4] 셀을 입력합니다. 쉼표(,)를 입력하고 데이터가 있는 범위 중에 찾을 값과 동일한 직급이 나열되어 있는 범위[A3:A9]를 드래그합니다.

❸ 쉼표(,)를 입력한 후 정확하게 일치하는 값을 추출해야 하므로 숫자 '0'을 입력한 후 괄호를 닫고 Enter 키를 칩니다.

CHAPTER 09
행과 열이 교차하는 위치에 있는 데이터를 추출하는 INDEX 함수

● 예제파일 : c3-9.xlsx ● 정답파일 : c3-9f.xlsx

핵심내용 INDEX 함수는 두 가지의 방법이 존재하는 함수입니다. 하나는 정해놓은 하나의 배열(범위) 내에서 행과 열이 교차하는 위치에 있는 값을 추출하는 방법이고, 다른 하나는 정해놓은 여러 참조영역 중 특정 영역에서 행과 열이 교차하는 위치에 있는 값을 추출하는 방법이 있습니다.

함수 구조

=INDEX(array,row_num,[column_num])
❶　　　❷　　　　❸

[수식]-[함수 라이브러리] 그룹-[찾기/참조영역]에 있는 INDEX 함수는 array 또는 reference에서 지정한 행과 열이 교차하는 위치에 있는 값을 추출하는 함수입니다.

❶ array : 배열로 입력되어 있는 데이터 셀의 범위입니다.

❷ row_num : 값을 추출해줄 배열이나, 참조의 행 번호로 생략하면 column_num을 지정해야 합니다.

❸ [column_num] : 값을 추출해줄 배열이나, 참조의 행 번호로 생략하면 row_num을 지정해야 합니다.

함수 구조

=INDEX(reference,row_num,[column_num],[area_num])
❶　　　　❷　　　　❸　　　　❹

❶ reference : 하나 이상 데이터 셀의 범위입니다.

❷ row_num : 값을 추출해줄 배열이나, 참조의 행번호로 생략하면 column_num을 지정해야 합니다.

❸ [column_num] : 값을 추출해줄 배열이나, 참조의 행번호로 생략하면 row_num을 지정해야 합니다.

❹ [area_num] : 값을 추출해 줄 참조의 범위로 reference에서 지정한 첫 번째 영역이 1이고, 두 번째 영역이 2로 지정한 순서로 범위를 구분합니다.

1. 근무기간과 매출수준에 따라 인센티브 적용하기

기준표는 근무년수와 매출액을 기준으로 구분해 놓은 인센티브 표입니다. INDEX 함수로 담당자별 근무년수와 구분을 활용해 기준표에서 인센티브 금액을 추출하도록 합니다.

❶ 담당자별 근무년수와 구분에 따라 달라지는 인센티브를 기준표에서 추출하기 위해 [H4] 셀을 클릭하고 '=INDEX($L$4:$N$12,E4,F4)'를 입력합니다. 두 가지의 INDEX 함수 방법 중 자동으로 '=INDEX(array,row_num,[column_num])'가 사용됩니다.

함수의 array 부분 입력 시 기준표에서 필드명은 제외하고 데이터가 있는 범위만 입력한 이유는 [E] 열의 '근무년수'와 [F] 열의 '구분'에 입력되어 있는 값이 기준표에서 데이터 범위의 행, 열의 위치와 동일하기 때문입니다.

❷ Enter 키를 치고 인센티브 금액이 표시되면 채우기 핸들로 데이터 전체에 자동채우기 합니다.

함수수식의 이해

=INDEX($L$4:$N$12,E4,F4)
      ❶   ❷ ❸

[A:I] 열의 데이터 범위에 있는 '근무년도'와 '구분'을 이용해 각 담당자별 인센티브를 구하기 위해 INDEX 함수를 사용합니다.

❶ 데이터를 가져올 범위로, 지정한 범위의 첫 행, 첫 열이 각각 1번행과 1번열이 됩니다. 인센티브를 추출할 기준표 중 필드명을 제외한 범위 [$L$4:$N$12]를 입력하고 키보드의 F4 키를 눌러 절대 참조합니다.

❷ ❶번에서 선택한 범위에서 추출할 값이 있는 행 번호를 입력하는 위치로, [E] 열의 '근무년수'가 행번호와 동일하므로 [E4] 셀을 선택하여 입력합니다.

❸ ❶번에서 선택한 범위에서 추출할 값이 있는 열 번호를 입력하는 위치로, [F] 열의 '구분'이 열번호와 동일하므로 [F4] 셀을 선택하여 입력합니다.

실습문제

● 예제파일 : c3-9-1.xlsx ● 정답파일 : c3-9-1f.xlsx

자격증 보유자의 보유기간과 자격종별에 따른 자격증 수당을 동일한 시트 내의 기준표를 활용해서 완성하세요.

No	사번	사원명	보유기간	종별	자격증 수당
1	HS003	홍장현	1	2	40,000
2	HS007	최용선	3	1	50,000
3	HS008	우정현	4	3	15,000
4	HS009	임현영	1	2	40,000
5	HS011	라주한	1	2	40,000
6	HS012	한대연	3	2	30,000
7	HS013	김선호	1	2	40,000
8	HS015	윤은우	3	1	50,000
9	HS018	이영재	3	1	50,000
10	HS019	최민찬	1	1	60,000
11	HS020	김주형	1	2	40,000
12	HS021	백성준	3	1	50,000
13	HS022	김혜리	4	2	25,000
14	HS024	정규석	1	3	30,000
15	HS030	연민혁	1	3	30,000
16	HS032	이재석	5	1	40,000

자격증 보유자의 보유기간과 자격종별에 따른 수당지급내역

* 기준표

종별 보유기간	1급	2급	3급
1년	60,000	40,000	30,000
2년	55,000	35,000	25,000
3년	50,000	30,000	20,000
4년	45,000	25,000	15,000
5년	40,000	20,000	10,000

Explanation

❶ [H3:K8] 셀의 기준표를 참조하여 자격증 수당을 추출할 것이므로 [F4] 셀을 클릭하고 '=INDEX('를 입력합니다. 자격증 수당의 보유기간은 [D] 열에 표시된 보유기간과 동일하고 종별은 [E] 열 종별과 동일하여 해당값들을 참조할 것이므로 기준표의 참조영역 범위(배열)에는 기준표의 [I4:K8] 셀을 블록 지정해야 실제값들을 참조하게 됩니다. 이때 키보드의 F4 키를 눌러 절대참조 지정합니다.

❷ 쉼표(,)를 입력하고 row_num은 [D4] 셀에 있는 보유기간의 값을 참조합니다. 다시 쉼표(,)를 입력하고 column_num은 [E4] 셀에 있는 종별의 값을 참조하고 괄호를 닫아 함수를 완성합니다.

❸ 채우기 핸들을 이용해 자동채우기로 '자격증 수당'에 수식을 모두 반영합니다.

날짜와 날짜 사이의 간격을 알 수 있는 DATEDIF 함수

● **예제파일 :** c3-10.xlsx   ● **정답파일 :** c3-10f.xlsx

**핵심
내용** 엑셀에서 날짜와 날짜 사이의 간격을 구할 때 자주 사용하는 함수는 DATEDIF 함수입니다. Lotus1-2-3의 이
전 통합 문서를 지원하기 위한 함수로 함수 라이브러리 안에는 존재하지 않지만, 셀에 직접 입력해서 자주 사
용하는 함수입니다. 〈오피스 2007버전〉에서도 사용은 가능하지만, 컴퓨터마다 결과가 조금씩 다른 경우가 있으므로
사용하지 않는 것이 좋습니다.

함수 구조

=DATEDIF 함수명(Start_Date,End_Date,Unit)
　　　　　　　　　❶　　　　❷　　　❸

함수 라이브러리에는 존재하지 않는 함수이지만 날짜와 날짜 사이의 간격(차이)을 여러 형태로 반환해 주는 함수
입니다.

❶ Start_Date : 시작하는 날짜로 End_Date와 동일하거나, 과거 날짜여야 합니다.

❷ End_Date : 마지막 날짜로 Start_Date와 동일하거나, 미래 날짜여야 합니다.

❸ Unit : 날짜와 날짜 사이의 간격(차이)을 구하고자 하는 형식을 지정할 수 있습니다.

　　　"D" : 총 일 수를 구합니다.

　　　"M" : 총 개월 수만 구합니다(일수가 반올림되지 않습니다).

　　　"Y" : 총 년 수만 구합니다(개월 수가 반올림되지 않습니다).

　　　"MD" : 개월 수를 제외한 일 수를 구합니다.

　　　"YM" : 년 수를 제외한 개월 수를 구합니다.

1. 고객의 회원가입일수 구하기

DATEDIF 함수를 사용해 고객들이 회원가입을 한 이후로 현재일까지 회원가입일수가 얼마나 되었는
지 구하도록 합니다.

❶ 함수 사용에 기준일이 될 현재날짜를 구하기 위해 [J2] 셀을 클릭하고 오늘 날짜를 구해주는 함수인 '=TODAY()'를 입력합니다.

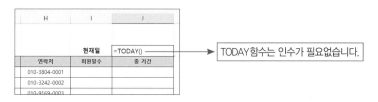

TODAY함수는 인수가 필요없습니다.

멘토의 한 수

TODAY 함수는 [수식]-[함수 라이브러리] 그룹-[날짜 및 시간]에 있는 함수로 괄호 안에 들어가는 인수가 없는 함수입니다. 함수명을 입력하고 괄호를 열었다 닫으면 바로 오늘 날짜를 구해주는 함수입니다.

❷ '회원일수'를 구하기 위해 [I3] 셀을 클릭하고 '=DATEDIF(F4,$J$2,"D")'를 입력합니다. 'D'를 입력할 때는 반드시 따옴표(" ")를 입력해야 합니다.

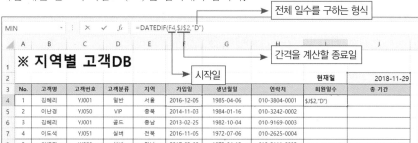

❸ Enter 키를 쳐서 회원일수를 구한 후 채우기 핸들을 더블클릭하여 전체 고객의 회원일수를 구합니다.

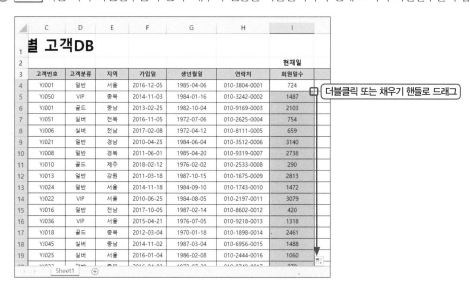

더블클릭 또는 채우기 핸들로 드래그

멘토의 한 수

DATEDIF 함수를 이용하면 End_Date는 일수에 포함되지 않습니다. 만약 포함하고자 할 경우에는 수식의 맨 뒤에 '+1'을 입력하면 됩니다.

결과값이 일 수로 나오지 않고 아래와 같이 날짜 형식으로 나오면 해당 셀을 선택하고 [홈]−[표시형식] 그룹−[일반]이나 [숫자]를 선택하면 됩니다.

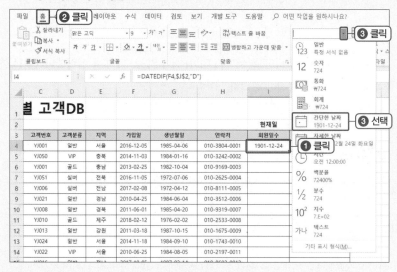

함수수식의 이해

$$=\text{DATEDIF}(F4,\$J\$2,"D")$$
         ❶ ❷ ❸

가입일에서부터 현재날짜까지 며칠이 되었는지 확인하기 위해 DATEDIF 함수를 사용합니다.

❶ 시작하는 날짜가 '가입일'이므로 [F4] 셀을 클릭합니다.

❷ 종료일로 현재날짜가 있는 [J2] 셀을 클릭하고 키보드의 F4 키를 눌러 절대 참조를 지정합니다. 함수 수식 입력 후 채우기 핸들로 자동 채우기 할 때 참조영역이 이동하지 않도록 합니다.

❸ 구할 날짜의 형식을 지정하는 것으로 총 일수로 표시해야 하므로 "D"를 입력합니다.

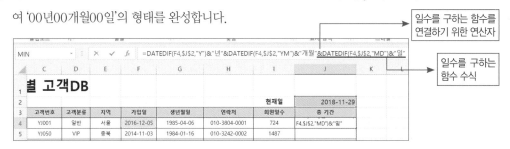

2. "00년00월00일"로 총 기간 표시하기

특정 일수나, 개월수, 년수를 구해야 할 때도 있지만 "00년00개월00일"과 같은 형태로 날짜의 간격을 구해야 할 때도 있습니다. '&'기호를 사용하여 '년', '개월', '일'이 표시된 형태로 결과를 표현하도록 합니다.

❶ '00년00개월00일'의 형식으로 총 기간을 구하기 위해 [J4] 셀을 클릭하고 '=DATEDIF(F4,$J$2, "Y")&"년"'을 입력합니다.

> **멘토의 한 수**
>
> '&'기호는 엑셀에서 연결연산자입니다. 함수나 수식뒤에 특정 값, 숫자, 텍스트 또는 다른 함수 및 수식을 연결할 때 사용합니다.

❷ 년 수를 제외한 나머지 개월 수만 구할 함수를 연결해야 하므로 다시 '&' 기호를 입력하고 'DATEDIF (F4,$J$2,"YM")&"개월"'을 입력합니다.

❸ 마지막으로 개월 수를 제외한 일 수를 구하기 위해 '&DATEDIF(F4,$J$2,"MD")&"일"'을 입력하여 '00년00개월00일'의 형태를 완성합니다.

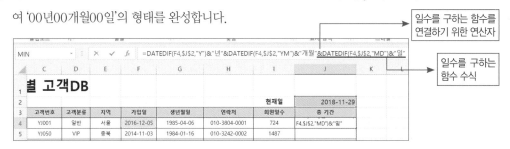

❹ **Enter** 키를 쳐서 결과값이 나오면 채우기 핸들을 더블클릭하여 전체 데이터에 함수를 적용합니다.

더블클릭

함수수식의 이해

=DATEDIF(F4,$J$2,"Y")&"년"&DATEDIF(F4,$J$2,"YM")&"개월"&DATEDIF(F4,$J$2,"MD")&"일"
　　　　❶　　　　　　　　　❷　　　　　　　　　　❸

날짜를 "00년00개월00일"로 표시하기 위해 DATEDIF 함수와 "&" 연산자를 사용합니다.

❶ 년도를 구해야 하므로 시작일[F4]과 종료일[$J$2]을 입력합니다. 수식을 자동 채우기 할 때 종료일은 계속 같은 곳을 참조하므로 키보드의 **F4** 키를 이용해 절대참조 설정합니다. 그리고 전체 년도수를 구하기 위해 형식을 "Y"로 입력합니다. 구해진 년도 뒤에 "년"이라는 글자를 표시해야 하므로 '&"년"'을 입력합니다. "년"은 텍스트이므로 따옴표(" ")를 입력해야 합니다.

❷ 년도를 제외한 개월수를 구하기 위해 다시 &DATEDIF 함수를 입력하고 시작일[F4]과 종료일[$J$2]을 입력합니다. 그리고 년도 수를 구하고 남은 개월수를 구해야 하므로 형식을 "YM"으로 입력합니다. 그리고 '&"개월"'을 입력하여 구해진 개월수 뒤에 "개월"을 연결합니다.

❸ 개월수를 제외한 일 수를 구하기 위해 다시 &DATEDIF 함수를 입력하고 시작일[F4]과 종료일[$J$2]을 입력합니다. 그리고 형식을 "MD"로 입력하고 '&"일"'을 입력하여 구해진 일 수 뒤에 "일"을 연결합니다.

실습문제

● 예제파일 : c3-10-1.xlsx   ● 정답파일 : c3-10-1f.xlsx

전사 필수 교육 현황표에서 1차 교육일이 기준일까지 경과한 일 수를 구하고 '000일'로 표시되도록 합니다.

No.	성명	사번	연락처	본부명	부서	직급	1차교육일	교육명	경과시간
						기준일		2015-12-30	
1	이주원	10110001	010-1111_2222	경영지원본부	경영지원	사원	2015-10-14	재무회계1	
2	이미경	10210002	010-1111_2223	경영지원본부	경영지원	계장	2015-07-27	재무회계2	
3	송은실	10310003	010-1111_2224	경영지원본부	경영기획	주임	2015-08-31	재무회계1	
4	이성호	10410004	010-1111_2225	경영지원본부	경영기획	과장	2015-09-26	관리회계	
5	정연민	10510005	010-1111_2226	영업지원본부	영업지원	부장	2015-02-12	리더십	
6	박다윤	10610006	010-1111_2227	영업지원본부	영업기획	주임	2015-06-18	재무회계1	
7	최동민	10710007	010-1111_2228	영업본부	영업1팀	계장	2015-03-25	재무회계2	
8	박재영	10810008	010-1111_2229	영업본부	영업2팀	사원	2015-12-15	재무회계1	
9	이태윤	10910009	010-1111_2230	영업본부	영업3팀	주임	2015-09-17	관리회계	
10	김명수	11010010	010-1111_2231	경영지원본부	경영지원	대리	2015-11-27	리더십	
11	윤지혜	10110011	010-1111_2232	경영지원본부	경영지원	차장	2015-04-27	재무회계1	
12	김은선	10210012	010-1111_2233	경영지원본부	경영지원	부장	2015-02-26	재무회계1	
13	조윤석	10310013	010-1111_2234	경영지원본부	경영지원	과장	2015-10-27	재무회계1	
14	민지영	10410014	010-1111_2235	경영지원본부	경영기획	사원	2015-04-06	관리회계	
15	선우성	10510015	010-1111_2236	경영지원본부	경영기획	주임	2015-09-15	리더십	
16	유민영	10610016	010-1111_2237	영업지원본부	영업지원	계장	2015-10-25	재무회계1	
17	손지완	10710017	010-1111_2238	영업지원본부	영업기획	과장	2015-03-26	재무회계2	
18	성윤미	10810018	010-1111_2239	영업본부	영업1팀	사원	2015-07-30	재무회계1	
19	임주혁	10910019	010-1111_2240	경영지원본부	경영지원	계장	2015-10-11	관리회계	
20	주원찬	10110020	010-1111_2241	경영지원본부	경영지원	주임	2015-01-18	리더십	

*2015년 전사 필수 교육현황

Explanation

❶ 날짜간의 간격을 구하기 위해 [J4] 셀을 클릭한 후 '=DATEDIF('를 입력하고 시작일이 1차 교육일이므로 해당값이 있는 [H4] 셀을 클릭합니다.

❷ 쉼표(,)를 입력하고 종료일에 해당하는 값은 기준일이므로 [J2] 셀을 클릭하고 키보드의 F4 키를 눌러 절대 참조를 지정합니다. 다시 쉼표(,)를 입력하여 일자로 표시될 수 있도록 옵션을 "D"로 입력합니다.

❸ 경과일수에 "OO일"과 같이 표시될 수 있도록 괄호를 닫고 '&"일"'을 입력합니다. 키보드의 Enter 키를 쳐서 수식을 완성한 후 채우기 핸들로 데이터 전체에 자동채우기 합니다.

CHAPTER 11

조건의 결과에 따라 값을 표시하는 IF 함수

● 예제파일 : c3-11.xlsx   ● 정답파일 : c3-11f.xlsx

핵심내용 IF 함수는 조건의 결과값이 TRUE인지 FALSE인지에 따라 각각의 결과를 표시하는 함수입니다. 데이터를 분석할 때 IF 함수와 다른 함수들을 중첩해 많이 사용합니다.

함수 구조

$$=IF(Logical\_test, Value\_if\_true, Value\_if\_false)$$

❶ ❷ ❸

[수식]-[함수 라이브러리] 그룹-[논리]에 있는 IF 함수는 조건식에 결과값을 TRUE 또는 FALSE에 해당하는 값으로 반환합니다.

❶ Logical_test : TRUE나 FALSE로 결과값이 표시될 값 또는 조건식입니다.

❷ Value_if_true : Logical_test가 TRUE일 때 표시되는 값입니다. 생략 시 TRUE를 반환하며 IF 함수를 중첩하여 7번 쓸 수 있습니다.

❸ Value_if_false : Logical_test가 FALSE일 때 표시되는 값입니다. 생략 시 FALSE를 반환합니다.

멘토의 한 수

예제의 내용을 IF 함수로 표현하면 다음과 같은 구조입니다.

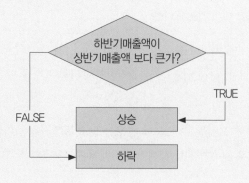

1. 상반기 매출액 vs 하반기 매출액의 현황 분석

예제에 있는 하반기 매출액이 상반기 매출액보다 클 경우 "상승"이라고 표시하고, 작거나 같을 경우는 "하락"이라고 표시하도록 합니다.

❶ 매출 현황을 파악하기 위해 [D4] 셀을 클릭하고 '=IF(C4>B4,"상승","하락")'을 입력합니다.

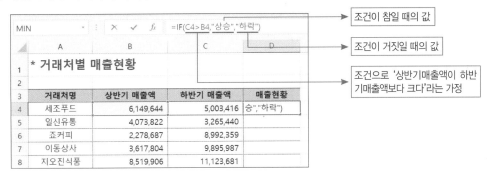

멘토의 한 수

텍스트를 입력할 때는 반드시 따옴표(" ")를 입력하여 텍스트임을 표시해야 합니다.

❷ Enter 키를 쳐서 결과값이 나오면 채우기 핸들을 더블클릭하여 함수 수식을 데이터 전체에 자동 채우기 합니다.

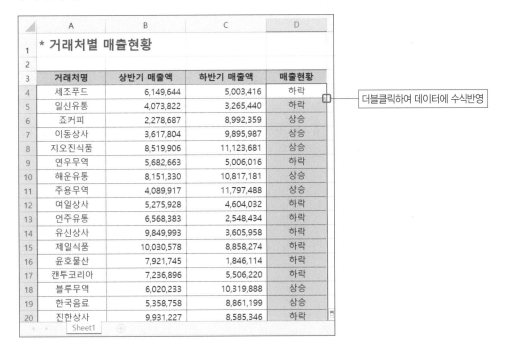

멘토의 한 수

채우기 핸들을 이용해 데이터를 채우기 하면 미리 설정해 놓았던 서식이 지워지거나 변경되는 경우들이 발생합니다. 이때는 채우기를 하자마자 오른쪽 하단에 나타나는 [자동 채우기 옵션] 버튼-[서식 없이 채우기]를 선택하면 서식이 원상복귀 됩니다.

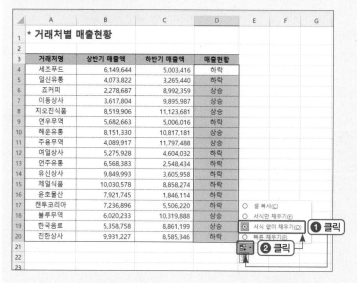

함수수식의 이해

=IF(C4)B4,"상승","하락")
  ❶   ❷   ❸

상반기 매출액 보다 하반기 매출액이 크면 "상승", 그렇지 않으면 "하락"을 표시하기 위해 IF 함수를 사용합니다.

❶ "하반기 매출액[C4]이 상반기 매출액[B4]보다 크다" 라는 수식을 입력하여 해당 수식의 결과가 TRUE인지 FALSE인지를 확인 합니다.

❷ 하반기 매출액이 상반기 매출액보다 크다면 "상승"이 표시될 수 있도록 입력합니다.

❸ ❶에서 입력한 수식의 결과가 FALSE일 경우 표시되도록 "하락"을 입력합니다.

실습문제

● 예제파일 : c3-11-1.xlsx ● 정답파일 : c3-11-1f.xlsx

2020년도의 회계관련 교육현황입니다. 수료여부에 이수시간이 5시간 이상인 경우는 "수료", 5시간 미만인 경우에는 "미수료"를 표시합니다.

	A	B	C	D	E	F	G	H	I	J	K	L	M
1	*2020년도 회계관련 그룹교육현황												
3	No.	성명	사번	연락처	계열사명	본부명	부서	직급	교육일자	교육명1	교육시간	이수시간	수료여부
4	1	a1	10110001	010-1111_2222	(주)ㄱㄱㅁㅁㄱ101	경영지원본부	경영지원	사원	2020-10-14	재무회계1	8	5	
5	2	a2	10210002	010-1111_2223	(주)ㄱㄱㅁㅁㄱ102	경영지원본부	경영지원	계장	2020-07-27	재무회계2	8	1	
6	3	a3	10310003	010-1111_2224	(주)ㄱㄱㅁㅁㄱ103	경영지원본부	경영기획	주임	2020-08-31	재무회계1	8	1	
7	4	a4	10410004	010-1111_2225	(주)ㄱㄱㅁㅁㄱ104	경영지원본부	경영기획	과장	2020-09-26	관리회계	8	5	
8	5	a5	10510005	010-1111_2226	(주)ㄱㄱㅁㅁㄱ105	영업지원본부	영업지원	부장	2020-02-12	회계원리	8	7	
9	6	a6	10610006	010-1111_2227	(주)ㄱㄱㅁㅁㄱ106	영업지원본부	영업기획	주임	2020-06-18	재무회계1	8	1	
10	7	a7	10710007	010-1111_2228	(주)ㄱㄱㅁㅁㄱ107	영업본부	영업1팀	계장	2020-03-25	재무회계2	8	2	
11	8	a8	10810008	010-1111_2229	(주)ㄱㄱㅁㅁㄱ108	영업본부	영업2팀	사원	2020-12-15	재무회계1	8	2	
12	9	a9	10910009	010-1111_2230	(주)ㄱㄱㅁㅁㄱ109	영업본부	영업3팀	주임	2020-09-17	관리회계	8	7	
13	10	a10	11010010	010-1111_2231	(주)ㄱㄱㅁㅁㄱ110	영업지원본부	경영지원	대리	2020-11-27	회계원리	8	7	
14	11	a11	10110011	010-1111_2232	(주)ㄱㄱㅁㅁㄱ101	경영지원본부	경영지원	차장	2020-04-27	재무회계1	8	6	
15	12	a12	10210012	010-1111_2233	(주)ㄱㄱㅁㅁㄱ102	경영지원본부	경영지원	부장	2020-02-26	재무회계2	8	4	
16	13	a13	10310013	010-1111_2234	(주)ㄱㄱㅁㅁㄱ103	경영지원본부	경영지원	과장	2020-10-27	재무회계1	8	3	
17	14	a14	10410014	010-1111_2235	(주)ㄱㄱㅁㅁㄱ104	경영지원본부	경영기획	사원	2020-04-06	관리회계	8	1	
18	15	a15	10510015	010-1111_2236	(주)ㄱㄱㅁㅁㄱ105	경영지원본부	경영기획	주임	2020-09-15	회계원리	8	4	
19	16	a16	10610016	010-1111_2237	(주)ㄱㄱㅁㅁㄱ106	영업지원본부	영업지원	계장	2020-10-25	재무회계1	8	1	
20	17	a17	10710017	010-1111_2238	(주)ㄱㄱㅁㅁㄱ107	영업지원본부	영업기획	과장	2020-03-26	재무회계2	8	2	
21	18	a18	10810018	010-1111_2239	(주)ㄱㄱㅁㅁㄱ108	영업본부	영업1팀	사원	2020-07-30	재무회계1	8	6	
22	19	a19	10910019	010-1111_2240	(주)ㄱㄱㅁㅁㄱ109	경영지원본부	경영지원	계장	2020-10-11	관리회계	8	3	
23	20	a20	10110020	010-1111_2241	(주)ㄱㄱㅁㅁㄱ101	경영지원본부	경영지원	주임	2020-01-18	회계원리	8	7	

Explanation

❶ 값을 구할 [M4] 셀을 클릭하고 '=IF('를 입력합니다. 그리고 '참'인지 '거짓'인지를 파악할 조건인 'L4>=5'를 입력합니다.

❷ 쉼표(,)를 입력하고 value_if_true 부분에 입력한 조건의 결과가 참일 때 표시할 값인 '"수료"'를 입력하고 다시 쉼표(,)를 입력한 후 거짓일 때의 표시할 값인 '"미수료"'를 입력합니다.

❸ 괄호를 닫고 키보드의 [Enter] 키를 입력하여 수식을 완료하고 채우기 핸들로 자동채우기 합니다.

CHAPTER 12

여러 개의 조건에 따라 다른 결과를 표시해주는 IF 함수 중첩

● 예제파일 : c3-12.xlsx ● 정답파일 : c3-12f.xlsx

핵심내용 IF 함수는 조건이 참일 때의 값과 거짓일 때의 값을 각각 표시할 수 있도록 하는 논리 함수입니다. IF 함수는 조건이 1개일 때뿐 아니라 여러 조건에 따라 달라지는 결과값에도 효과적으로 사용할 수 있습니다.

함수 구조

$$=IF(Logical\_test, Value\_if\_true, Value\_if\_false)$$
❶ ❷ ❸

[수식]-[함수 라이브러리] 그룹-[논리]에 있는 IF 함수는 조건식에 결과값을 TRUE 또는 FALSE에 해당하는 값으로 반환합니다.

❶ Logical_test : TRUE나 FALSE로 결과값이 표시될 값 또는 조건식입니다.

❷ Value_if_true : Logical_test가 TRUE일 때 표시되는 값입니다. 생략 시 TRUE를 반환하며 IF 함수를 중첩하여 7번 쓸 수 있습니다.

❸ Value_if_false : Logical_test가 FALSE일 때 표시되는 값입니다. 생략 시 FALSE를 반환합니다.

멘토의 한 수

예제의 내용을 IF 함수로 표현하면 다음과 같은 구조입니다.

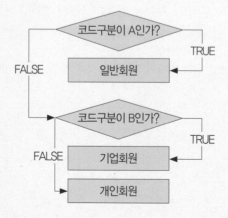

1. 코드를 기준으로 여러 단계의 거래처로 구분하기

주어진 예제의 거래처를 구분하기 위해 '코드구분'이 A이면 일반회원, B이면 기업회원, C이면 개인회원으로 각각 표시하도록 합니다.

❶ 코드구분에 따라 거래처를 구분하기 위해 [H4] 셀을 선택하고 '=IF(G4="A","일반회원",if(G4="B","기업회원","개인회원"))'을 입력합니다.

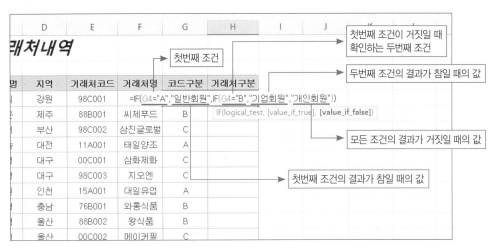

❷ 괄호를 열었던 만큼 닫아 주고 Enter 키를 치면 [코드구분]의 값에 따라 거래처 구분이 표시됩니다. 아래로 자동 채우기 하여 거래처 구분을 완성합니다.

함수수식의 이해

=IF(G4 = "A", "일반회원", if(G4 = "B", "기업회원", "개인회원"))
 ❶   ❷   ❸   ❹   ❺

코드구분에 따라 회원을 여러 가지로 구분 할 것이므로 IF 함수를 중첩하여 사용합니다.

❶ '코드구분에 있는 값이 A와 같다'.라는 조건식을 입력하여 조건의 결과가 참인지 거짓인지 구분합니다.

❷ '코드구분' 이 'A'와 같을 때 표시할 값인 "일반회원"을 입력합니다.

❸ 만약 '코드구분'이 'A'와 같지 않다면 다른 조건을 입력해야 하므로 value_if_false 부분에 IF 함수를 다시 열어
  줍니다. 그리고 두 번째 조건식인 '코드구분에 있는 값이 B와 같다'라는 조건식을 입력합니다.

❹ 두 번째 조건의 결과가 참일 때 표시할 값인 "기업회원"을 입력합니다.

❺ 첫 번째, 두 번째 조건의 결과가 모두 참일 때 표시할 값인 "개인회원"을 입력합니다.

실습문제

● 예제파일 : c3-12-1.xlsx   ● 정답파일 : c3-12-1f.xlsx

입학대기자 명단에서 출생년도가 2011년도이면 입학대상, 2012년도이면 예비반 대상, 2011년 이전 출생이면 확인필요, 2012년 이후 출생이면 대기를 대상여부에 표시하세요.

	A	B	C	D	E	F	G
1	**입학대기자 명단**						
2							
3	대기번호	아동명	출생년도	성별	주소지구분	대상여부	
4	1	김보영	2011	여	삼청동	입학대상	
5	2	주고은	2011	여	청운동	입학대상	
6	3	김소민	2011	여	청운동	입학대상	
7	4	윤희림	2011	여	신영동	입학대상	
8	5	조아정	2011	여	청운동	입학대상	
9	6	최효빈	2009	여	신영동	확인필요	
10	7	박지연	2011	여	청운동	입학대상	
11	8	박지운	2011	남	청운동	입학대상	
12	9	백현설	2011	여	구기동	입학대상	
13	10	윤정민	2012	남	부암동	예비반대상	
14	11	김은별	2010	남	구기동	확인필요	
15	12	지윤후	2011	남	구기동	입학대상	
16	13	정인수	2011	남	청운동	입학대상	
17	14	권지원	2009	남	삼청동	확인필요	
18	15	김단비	2012	여	삼청동	예비반대상	
19	16	라한별	2012	남	신영동	예비반대상	

Explanation

❶ 값이 표시될 [F4] 셀을 클릭한 후 '=IF('를 입력하고 첫 번째 조건인 출생년도가 '2011'과 동일한지 파악하기 위해 'C4=2011'을 입력하고 쉼표(,)를 입력합니다. 그리고 조건의 결과가 참이면 표시할 값인 '"입학대상"'을 입력하면 첫 번째 조건이 완성됩니다. 만약 해당 조건의 결과값이 참이 아닐 경우에는 다시 다른 조건에 부합하는지 확인해야 하므로 쉼표(,)를 입력하여 'IF('를 입력합니다.

❷ 두 번째 조건인 'C4=2012'를 입력하고 쉼표(,)를 입력합니다. 그리고 두 번째 조건의 결과값이 참일 때 표시할 값인 '"예비반대상"'을 입력하고 다음 조건을 입력하기 위해 쉼표(,)를 입력하여 'IF(' 를 입력합니다.

❸ 세 번째 조건은 출생년도가 2011년도 이전인 경우이므로 'C4<2011'을 입력하고 쉼표(,)를 입력합니다. 그리고 세 번째 조건의 결과값이 참일 때 표시할 값인 '"확인필요"'를 입력한 후 쉼표(,)를 입력하여 모든 조건에 맞지 않을 경우 표시할 값인 '"대기"'를 입력합니다.

여러 조건의 결과에 따라 다른 결과값을 표시해주는 IFS 함수(office365의 2016버전)

● 예제파일 : c3-13.xlsx   ● 정답파일 : c3-13f.xlsx

핵심 내용 Office 365의 2016버전에 새롭게 추가된 IFS 함수는 주어진 여러 조건의 결과가 참일 때와 거짓일 때에 따라 결과값을 각각 정해 줄 수 있는 함수입니다. 기존에 IF 함수를 여러 번 중첩하여 사용하던 것을 조금 더 쉽게 사용하기 위해 만들어진 함수로 Office 365의 2016버전 이상에서만 사용할 수 있는 함수입니다.(IF 함수에 대한 내용은 168, 172P 참조)

함수 구조

=IFS(logical_test1,value_if_true1,logical_test2,value_if_true2...logical_test127,value_if_true127)
    ❶   ❷

[수식]-[함수 라이브러리] 그룹-[논리]에 있는 IFS 함수는 Office 365의 2016버전에서 새롭게 추가된 함수로 주어진 여러 조건에 따라 각각 표시할 값을 정할 수 있습니다.

❶ logical_test1 : 결과를 구하기 위한 조건으로 수식, 숫자, 텍스트 등으로 구성할 수 있으며, 총 127개까지 지정할 수 있습니다.

❷ value_if_true1 : 조건의 결과가 참일 때 표시할 값을 지정합니다.

1. 여러 조건에 맞는 결과값 구하기

IFS 함수를 이용해 차량분류에 따른 유류비지원금을 구하려고 합니다. 경차는 "50,000", 소형차는 "80,000", 준중형차는 "100,000", 중형차는 "120,000", 대형차는 "미지원"을 입력하도록 합니다.

❶ 차량 분류에 따라 유류지원금을 표시하기 위해 [F4] 셀을 선택하고 '=IFS(E4="경차",50000,
E4="소형",80000,E4="준중형",100000,E4="중형",120000,E4="대형","미지원")'을 입력합
니다.

❷ Enter 키를 쳐 결과값이 나오면 채우기 핸들로 데이터 전체에 자동 채우기합니다.

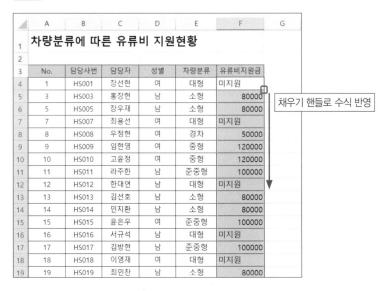

IFS 함수는 모든 조건에 대해 참일 때의 결과값을 마지막 조건까지 입력하여야 합니다.

=IFS(E4="경차",50000,E4="소형",80000,E4="준중형",100000,E4="중형",120000,E4="대형","미지원") ❶ ❷ ❸ ❹ ❺

차량의 분류별로 지원금을 표시하기 위해 IFS 함수를 사용합니다.

❶ 차량구분이 "경차"와 같다의 수식을 입력하고, 해당 수식의 결과가 참이면 표시할 50000을 표시합니다.

❷ ❶의 조건이 맞지 않으면 두 번째 조건인 차량구분이 "소형"과 같다의 수식을 입력하고 해당 수식의 결과가 참이면 표시할 80000을 표시합니다.

❸ ❶과 ❷의 조건이 맞지 않으면 세 번째 조건인 차량구분이 "준중형"과 같다의 수식을 입력하고 해당 수식의 결과가 참이면 표시할 100000을 표시합니다.

❹ ❶,❷,❸의 조건이 맞지 않으면 네 번째 조건인 차량구분이 "중형"과 같다의 수식을 입력하고 해당 수식의 결과가 참이면 표시할 120000을 표시합니다.

❺ 앞의 수식이 모두 맞지 않으면 마지막 수식인 차량구분이 "대형"과 같다의 수식을 입력하고 해당 수식의 결과가 참이면 "미지원"을 표시합니다.

실습문제

● 예제파일 : c3-13-1.xlsx   ● 정답파일 : c3-13-1f.xlsx

'c3-13-1.xlsx' 파일의 [매출액]이 100만 원 이상이면 "우수", 그렇지 않고 50만 원 이상이면 "평균", 그렇지 않고 50만 원 미만이면 "매출독려"로 표시하세요.

판매점	제품코드	제품명	단가	수량	매출액	비고
	제품코드	제품명	단가	수량	매출액	비고
서울역점	MS-10	마우스	7,250	25	181,250	매출독려
	CW-20	스피커	22,600	47	1,062,200	우수
	SW-7L	블루레이	324,000	65	21,060,000	우수
	PT-3C	키보드	12,500	117	1,462,500	우수
미아점	CS-3U	USB	1,300	13	16,900	매출독려
	LQ-5L	모니터	353,000	56	19,768,000	우수
	CW-20	스피커	22,600	43	971,800	평균
	MS-10	마우스	7,250	80	580,000	평균
수유점	LQ-5L	모니터	353,000	11	3,883,000	우수
	CS-3U	USB	1,300	83	107,900	매출독려
	PT-3C	키보드	12,500	134	1,675,000	우수
	SW-7L	블루레이	324,000	94	30,456,000	우수

제품별 매출현황

Explanation

❶ 결과를 표시할 [G4] 셀을 클릭하고 '=IFS('를 입력합니다. 조건이 3개로 '매출액'이 100만 원 이상이면 "우수", 50만 원 이상이면 "평균", 50만 원 미만이면 "매출독려"입니다.

❷ 첫 번째 조건을 확인하기 위해 'F4〉=1000000'을 입력합니다. 그리고 쉼표(,)를 입력하여 조건의 결과값이 참일 때 표시할 '"우수"'를 입력하고 쉼표(,)를 입력합니다. 두 번째 조건 'F4〉=500000'을 입력합니다.

❸ 다시 쉼표(,)를 입력하여 조건의 결과값이 참일 때 표시할 값인 '"평균"'을 입력하고 쉼표(,)를 입력합니다.

❹ 세 번째 조건 'F4〈500000'을 입력하고 쉼표(,)를 입력하여 조건의 결과값이 참일 때 표시할 값인 '"매출독려"'를 입력합니다. 괄호를 닫고 [Enter] 키를 쳐서 함수수식을 완성합니다.

여러 조건의 결과가 모두 참일 때만 참인 AND 함수와 IF 함수활용

● 예제파일 : c3-14.xlsx   ● 정답파일 : c3-14f.xlsx

> **핵심 내용** AND 함수는 여러 개의 조건이 모두 참일 때만 TRUE를 표시하는 함수로 입력된 모든 조건 중 하나라도 거짓이라면 결과값을 FASLE로 표시합니다. 결과값이 TRUE 또는 FALSE로 표시되기 때문에 IF 함수와 다른 함수들을 중첩해 다양하게 데이터를 분석할 수 있습니다.

함수 구조

$$=AND(Logical1,Logical2...Logical255)$$
❶

[수식]-[함수 라이브러리] 그룹-[논리]에 있는 AND 함수는 주어진 모든 조건이 참일 때 결과값을 TRUE로 표시하고, 조건 중 하나라도 참이 아닐 경우는 FALSE로 반환합니다.

❶ Logical1~Logical255 : TRUE나 FALSE로 결과값이 표시될 값 또는 조건으로 255개의 조건을 입력할 수 있습니다.

---

1. 매출데이터를 활용해 우수고객 파악하기

주어진 예제는 '매출누계'가 '전년매출' 이상이면서, '매출목표' 이상인 값에 대해 "우수고객"으로 표시하고 그렇지 않으면 공백(" ")을 표시하도록 합니다.

❶ 결과값을 구할 [E4] 셀을 클릭하고 '=IF(AND(D4>=B4, D4>=C4),"우수고객","")' 입력합니다.

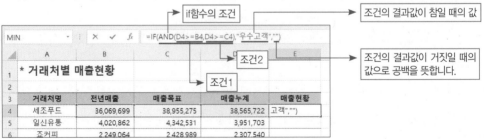

❷ 채우기 핸들을 더블클릭하여 전체 데이터에 함수 수식을 자동 채우기합니다.

	A	B	C	D	E
1	* 거래처별 매출현황				
2					
3	거래처명	전년매출	매출목표	매출누계	매출현황
4	세조푸드	36,069,699	38,955,275	38,565,722	
5	일신유통	4,020,862	4,342,531	3,951,703	
6	죠커피	2,249,064	2,428,989	2,307,540	
7	정훈식품	6,789,570	7,332,736	7,479,391	우수고객
8	이동상사	3,570,773	3,856,435	3,702,178	
9	지오진식품	8,409,147	9,081,879	10,353,342	우수고객
10	연우무역	5,608,788	6,057,491	6,966,115	우수고객
11	현진무역	13,638,891	14,730,002	12,667,802	
12	해운유통	8,045,363	8,688,992	8,167,652	
13	주용무역	4,036,748	4,359,688	3,531,347	
14	여일상사	5,207,341	5,623,928	5,792,646	우수고객
15	죠앤커피	8,790,231	9,493,449	9,493,449	우수고객
16	언주유통	6,482,994	7,001,634	8,401,961	우수고객
17	유신상사	9,721,943	10,499,698	11,549,668	우수고객
18	제일식품	9,900,180	10,692,194	12,723,711	우수고객
19	윤호물산	7,818,762	8,444,263	7,093,181	
20	신호무역	4,755,863	5,136,332	5,804,055	우수고객

채우기 핸들로 수식 자동 채우기

함수수식의 이해

=IF(AND(D4>=B4,D4>=C4),"우수고객","")
　　　❶　　　　　　❷　❸

매출누계가 전년매출과, 매출목표 이상일 경우에 우수고객을 표시하도록 하기 위해 AND 함수와 IF 함수를 중첩하여 사용합니다.

❶ IF 함수의 조건에 해당하는 부분으로 주어진 여러조건이 모두 참일 때만 참이므로 AND 함수를 입력합니다. 그리고 '매출누계[D4]가 전년매출[B4] 이상이다'와 '매출누계[D4]가 매출목표[C4] 이상이다'의 조건을 입력합니다.

❷ AND 함수 안에 있는 두 개의 조건이 모두 참일 때 표시할 값으로 "우수고객"을 입력합니다.

❸ AND 함수 안에 있는 두 개의 조건 중 하나라도 참이 아니면 표시할 값으로 따옴표(" ")를 입력합니다. 따옴표(" ")를 입력하면 아무것도 표시하지 않은 공백이 됩니다.

실습문제

예제파일 : c3-14-1.xlsx   ●정답파일 : c3-14-1f.xlsx

2018년 승진대상자 최종 결과에서 총점[E] 열의 값이 150점 이상이면서 평가항목 1이 16 이상, 평가항목 2가 20 이상일 경우는 "승진", 세 조건 중 하나라도 맞지 않을 경우는 공백(" ")을 표시하세요.

번호	이름	업적평가	역량평가	총점	평가항목1	평가항목2	최종결과
1	이소라	72.5	80	152.5	16	20	승진
2	김명식	85	65	150	16	25	승진
3	이정한	47.5	55	102.5	8	20	
4	박정현	40	85	125	4	15	
5	강윤식	62.5	77.5	140	0	10	
6	김상희	87.5	32.5	120	16	10	
7	이혜란	80	72.5	152.5	16	8	
8	김소영	95	70	165	8	15	
9	최은영	42.5	57.5	100	8	10	
10	배민지	92.5	85	177.5	20	20	승진
11	윤지환	78	85	163	22	20	승진
12	조은석	85.6	95	180.6	15	20	
13	감은성	67.8	89	156.8	16	22	승진
14	정민규	95	75	170	16	25	승진
15	김정운	91	77	168	20	29	승진

Explanation

❶ 여러 조건의 결과가 모두 참일 때만 참의 값을 표시하도록 해야 하므로 IF 함수와 AND 함수를 중첩해야 합니다. 결과를 표시할 [H5] 셀을 클릭하고 '=IF(AND('를 입력합니다.

❷ AND 함수 안에 조건을 모두 표시해야 하므로 'E5〉=150,F5〉=16,G5〉=20'을 입력하고 괄호를 닫아 IF 함수로 돌아옵니다. 쉼표(,)를 입력하고 AND 함수 안에 있는 3개 조건의 결과가 모두 참일 때 표시할 값인 '"승진"'을 입력하고 다시 쉼표(,)를 입력하여 세 조건 중 하나라도 맞지 않을 경우는 표시할 공백 (" ")을 입력합니다.

Part 03 꼭 알아야 하는 핵심함수

여러 조건 중 하나라도 참이면
참인 OR 함수와 IF 함수의 활용

● 예제파일 : c3-15.xlsx   ● 정답파일 : c3-15f.xlsx

핵심내용 OR 함수는 여러 개의 조건 중 하나의 조건이라도 참이라면 TRUE를 표시하고, 모든 조건이 거짓일 때만 FALSE를 표시하는 함수입니다. 결과값이 TRUE 또는 FALSE로 표시되기 때문에 IF 함수와 다른 함수들을 중첩해 다양한 데이터를 분석할 수 있습니다.

함수 구조

$$=OR(\underline{Logical1,Logical2...Logical255})$$
$$❶$$

[수식]-[함수 라이브러리] 그룹-[논리]에 있는 OR 함수는 주어진 조건이 하나라도 참이면 결과값을 TRUE로 표시하고, 조건이 모두 거짓일 때만 FALSE를 반환합니다.

❶ Logical1~Logical255 : TRUE나 FALSE로 결과값이 표시될 값 또는 조건으로 255개의 조건을 입력할 수 있습니다.

1. 직급과 관련교육경험에 따라 수강가능 여부 파악하기

주어진 예제는 회계교육을 수강하기 위해 교육신청자 중 직급이 과장, 차장, 부장이거나 관련교육경험이 있는 경우 "가능"을 그렇지 않은 경우는 공백(" ")을 표시하도록 합니다.

❶ 교육 신청자의 수강가능여부를 표시할 [I4] 셀을 클릭하고 '=IF(OR(G4="과장",G4="차장",G4=
"부장",H4="유"),"가능","")'을 입력합니다.

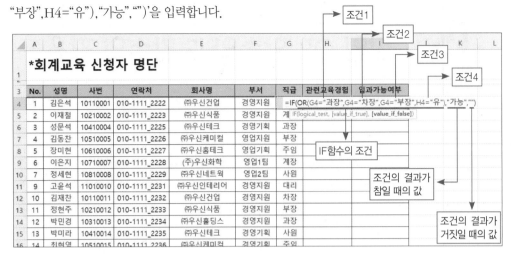

❷ 함수수식을 완성하면 채우기 핸들을 더블클릭하여 데이터 전체에 자동 채우기 합니다.

No.	성명	사번	연락처	회사명	부서	직급	관련교육경험	입과가능여부
1	김은석	10110001	010-1111_2222	㈜우신건업	경영지원	사원	유	가능
2	이재철	10210002	010-1111_2223	㈜우신식품	경영지원	계장	유	가능
3	성문석	10410004	010-1111_2225	㈜우신테크	경영기획	과장		가능
4	김동찬	10510005	010-1111_2226	㈜우신케미컬	영업지원	부장		가능
5	장미현	10610006	010-1111_2227	㈜우신홀테크	영업기획	주임		
6	이은지	10710007	010-1111_2228	(주)우신화학	영업1팀	계장		
7	정세현	10810008	010-1111_2229	㈜우신네트웍	영업2팀	사원		
9	고윤석	11010010	010-1111_2231	㈜우신인테리어	경영지원	대리		
10	김재찬	10110011	010-1111_2232	㈜우신건업	경영지원	차장		가능
11	정현주	10210012	010-1111_2233	㈜우신식품	경영지원	부장		가능
12	박민경	10310013	010-1111_2234	㈜우신홀딩스	경영지원	과장		가능
13	박미라	10410014	010-1111_2235	㈜우신테크	경영기획	사원		
14	최현영	10510015	010-1111_2236	㈜우신케미컬	경영기획	주임		
15	임지수	10610016	010-1111_2237	㈜우신홀테크	영업지원	계장		
16	이규현	10710017	010-1111_2238	(주)우신화학	영업기획	과장		가능

함수수식의 이해

=IF(OR(G4="과장",G4="차장",G4="부장",H4="유"),"가능","")
　　　❶　　　　　　　　　　　　　❷　❸

직급이 과장, 차장, 부장이거나 관련교육경험이 "유" 인 경우에만 입과가능여부에 "가능"을 표시할 것이므로 IF
함수와 OR 함수를 중첩하여 사용합니다.

❶ 여러조건 중 하나라도 참이면 참의 결과값을 표시할 것이므로 IF 함수의 조건부분에 OR 함수를 입력하여 조
건을 입력합니다. 조건은 '직급이 과장과 같다', '직급이 차장과 같다', '직급이 부장과 같다', '관련교육경험의
값이 유와 같다'입니다.

❷ OR 함수 안에 포함되어 있는 조건 중 하나라도 참이면 표시할 값으로 "가능"을 입력합니다.

❸ OR 함수 안에 포함되어 있는 조건이 모두 거짓이면 표시할 값으로 따옴표(" ")를 입력하여 공백을 표시합니다.

실습문제

● 예제파일 : c3-15-1.xlsx   ● 정답파일 : c3-15-1f.xlsx

경영부서 채용 시 우대여부를 파악하는 내용입니다. 전공이 경영학이거나, 경력이 있거나, 자격증이 있을 경우는 우대여부에 TRUE를 표시하고, 우대조건에 해당하지 않는 경우는 FALSE를 표시합니다.

경영부서 채용우대사항 결과

No.	지원자명	생년월일	연락처	전공	경력	자격증유무	우대여부	비고
1	김은석	1989-02-12	011-9590-7974	경영학		O	TRUE	
2	이재철	1990-07-06	011-5788-5962	경영학	O		TRUE	
3	성문석	1991-06-27	011-3379-1318	컴퓨터과학			FALSE	
4	김동찬	1992-02-04	011-2906-2506	경영학			TRUE	
5	장미현	1991-11-08	011-1248-7643	행정학	O		TRUE	
6	이은지	1993-12-16	011-8287-3335	교육학			FALSE	
7	정세현	1993-10-12	011-5833-8035	교육학	O		TRUE	
9	고윤석	1989-12-15	011-1315-7660	사회학	O		TRUE	
10	김재찬	1990-10-08	011-8291-3680	수학학			FALSE	
11	정현주	1986-10-06	011-7889-4685	컴퓨터과학	O		TRUE	
12	박민경	1990-12-07	011-6018-8000	경영학			TRUE	
13	박미라	1986-07-02	011-1445-3760	사회복지학		O	TRUE	
14	최현영	1992-06-12	011-1632-8278	영문학			FALSE	
15	임지수	1990-11-25	011-7629-6001	철학			FALSE	
16	이규현	1991-10-15	011-8433-9313	경제학			FALSE	

Explanation

❶ 여러 조건들 중 하나라도 참일 경우는 모두 참으로 표시하기 위해 IF 함수와 OR 함수를 중첩해서 사용해야 합니다. '=IF(OR('을 입력한 후 조건을 입력합니다.

❷ 첫 번째 조건부터 세 번째 조건까지 쉼표(,)로 구분하여 입력합니다. 'E4="경영학",F4="O",G4="O"'를 입력하고 괄호를 닫아 IF 함수로 돌아옵니다.

❸ 쉼표(,)를 입력하여 OR 함수 안에 나열된 조건의 결과가 하나라도 참일 경우 표시할 "TRUE"를 입력하고 다시 쉼표(,)를 입력하여 OR 함수 안에 나열된 조건의 결과가 모두 거짓일 경우 표시할 "FALSE"를 입력하고 괄호를 닫습니다.

CHAPTER 16 값이 전체 평균 이상이면 평균 이상을 표시하도록 AVERAGE 함수와 IF 함수 중첩

● 예제파일 : c3-16.xlsx　　● 정답파일 : c3-16f.xlsx

핵심내용 IF 함수는 다른 함수를 중첩해 데이터를 다양하게 분석해 낼 수 있습니다. IF 함수의 조건에 AVERAGE 함수를 사용하여 선택한 값이 평균 이상인지, 이하인지 확인합니다.

1. 지점별 매출평균 vs 전체 매출평균 현황 분석

예제에서 IF 함수와 AVERAGE 함수를 활용해 각 지점의 매출 평균이 전체 매출평균보다 크면 "평균 이상"을 표시하고 그렇지 않으면 공백을 표시합니다.

❶ 각 지점별 매출평균과 전체 매출 평균을 비교하여 결과를 표시할 [P4] 셀을 클릭한 후 '=IF(AVERAGE($B$4:$M$16)<=O4,"평균이상","")'를 입력합니다.

조건의 결과가 거짓일 때의 값

IF함수의 조건　　　조건의 결과가 참일 때의 값

MIN　　fx =IF(AVERAGE($B$4:$M$16)<=O4,"평균이상","")

2015년 월별, 지점 매출분석현황

	4월	5월	6월	7월	8월	9월	10월	11월	12월	매출합계	매출평균	구분
4	256,650	2,685,700	309,740	832,410	402,350	117,410	2,635,292	2,480,324	2,480,324	18,156,910	1,513,076	균이상","")
5	117,410	2,635,292	2,480,324	1,611,436	3,385,840	6,232,750	2,608,793	2,868,522	1,209,000	28,077,007	2,339,751	
6	6,232,750	2,608,793	2,868,522	2,922,031	2,503,880	2,259,930	2,494,000	1,209,000	213,440	32,700,236	2,725,020	
7	2,259,930	2,494,000	1,209,000	3,062,000	3,750,321	2,933,421	2,437,500	2,453,500	6,232,750	35,428,272	2,952,356	
8	2,933,421	2,437,500	2,453,500	2,754,000	2,840,500	2,955,000	2,364,703	213,440	1,526,500	31,202,500	2,600,208	
9	2,955,000	2,364,703	213,440	204,720	794,250	1,526,500	2,349,000	1,846,000	2,608,793	24,748,906	2,062,409	
10	1,526,500	2,349,000	1,846,000	2,269,000	193,990	3,672,000	2,349,000		2,364,703	21,147,120	1,762,260	
11	3,672,000	2,349,000	-	-	6,232,750	2,608,793	2,868,522	2,922,031	2,349,000	27,637,186	2,303,099	
12	2,608,793	2,868,522	2,922,031	4,332,850	2,259,930	2,494,000	1,209,000	3,062,000	1,209,000	36,917,566	3,076,464	
13	2,494,000	1,209,000	3,062,000	4,212,700	2,933,421	2,437,500	2,453,500	2,754,000	2,754,000	33,286,631	2,773,886	
14	2,437,500	2,453,500	2,754,000	3,886,407	2,955,000	2,364,703	213,440	204,720	-	27,839,419	2,319,952	
15	2,364,703	213,440	204,720	3,320,100	1,526,500	2,349,000	1,846,000	2,269,000	4,212,700	27,421,763	2,285,147	
16	2,349,000	1,846,000	2,269,000	2,983,187	2,494,000	1,209,000	2,364,703	213,440	3,320,100	24,352,367	2,029,364	

② Enter 키를 쳐서 나온 결과에서 채우기 핸들을 더블클릭하여 자동 채우기 합니다.

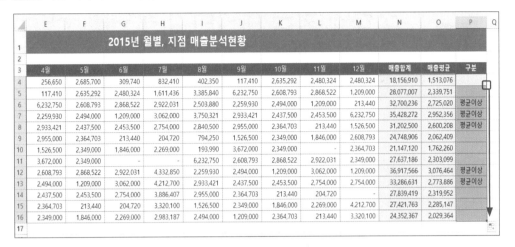

=IF(AVERAGE($B$4:$M$16)〈=O4,"평균이상","")
     ❶   ❷   ❸

각 지점별 매출 평균이 전 지점 매출평균 이상이면 '평균이상' 그렇지 않으면 공백을 표시하기 위해 IF 함수와 AVERAGE 함수를 사용합니다.

❶ IF 함수의 조건부분으로 전 지점의 매출평균을 구하기 위해 AVERAGE 함수를 입력하고, 전체지점의 매출액 범위를 블록 지정 합니다. 키보드의 F4 키를 눌러 절대참조를 지정합니다. '〈='를 입력하여 서울지점의 매출액이 있는 [O4] 셀을 클릭합니다.

❷ 조건의 결과가 참일 때 표시할 "평균이상"을 입력합니다.

❸ 조건의 결과가 거짓일 때 표시할 공백(" ")을 입력합니다.

조건에 맞는 데이터의 개수를 구하는 COUNTIF와 COUNTIFS 함수

● **예제파일** : c3-17.xlsx　　● **정답파일** : c3-17f.xlsx

 핵심 내용 COUNTIF 함수와 COUNTIFS 함수는 조건에 맞는 데이터의 개수를 구하는 함수입니다. COUNTIF 함수는 하나의 조건에만, COUNTIFS 함수는 하나 이상의 조건에 맞는 데이터에 대한 개수를 구할 때 사용하는 함수입니다.

함수 구조

$$=COUNTIF(Range, Criteria)$$
❶　　　　　❷

[수식]-[함수라이브러리] 그룹-[함수 더 보기]-[통계]에 있는 함수로 지정한 범위 안에서 조건에 맞는 셀의 개수를 구하는 함수입니다.

❶ Range : 조건에 맞는 셀의 개수를 구할 범위입니다.

❷ Criteria : Range에 지정한 범위에서 찾을 숫자, 식, 텍스트 형태의 조건입니다.

1. COUNTIF 함수로 경영지원본부의 교육 참여 인원 구하기

'교육현황' 시트의 전사 필수 교육현황입니다. 교육에 참여한 사람 중 본부명이 '경영지원본부'인 사람의 수를 구하도록 합니다.

❶ 값을 구할 [N4] 셀을 클릭하고 '=COUNTIF(E4:E59,"경영지원본부")'를 입력합니다.

No.	성명	사번	연락처	본부명	부서	직급	교육일자	교육명	교육시간	이수시간	수료여부	경영지원본부 총 인원
											본부명이 있는 데이터범위	
1	이주원	10110001	010-1111_2222	경영지원본부	경영지원	사원	2015-10-14	재무회계1	8	5		=COUNTIF(E4:E59,"경영지원본부")
2	이미경	10210002	010-1111_2223	경영지원본부	경영지원	계장	2015-07-27	재무회계2	8	1		COUNTIF(range, criteria)
3	송은실	10310003	010-1111_2224	경영지원본부	경영기획	주임	2015-08-31	재무회계1	8	1		경영지원본부 교육수료자 총 인원
4	이성호	10410004	010-1111_2225	경영지원본부	경영기획	과장	2015-09-26	관리회계	8	5		
5	정연민	10510005	010-1111_2226	영업지원본부	영업기획	부장	2015-02-12	리더십	8	8	수료	**찾을 데이터**
6	박다율	10610006	010-1111_2227	영업지원본부	영업기획	주임	2015-06-18	재무회계1	8	1		
7	최동민	10710007	010-1111_2228	영업본부	영업1팀	계장	2015-03-25	재무회계2	8	2		
8	박재영	10810008	010-1111_2229	영업본부	영업2팀	사원	2015-12-15	재무회계1	8	2		
9	이태윤	10910009	010-1111_2230	영업본부	영업3팀	주임	2015-09-17	관리회계	8	7	수료	
10	김영수	11010010	010-1111_2231	경영지원본부	경영지원	대리	2015-11-27	리더십	8	7	수료	
11	윤지혜	10110011	010-1111_2232	경영지원본부	경영지원	차장	2015-04-27	재무회계1	8	6	수료	
12	김윤선	10210012	010-1111_2233	경영지원본부	경영지원	부장	2015-02-26	재무회계2	8	4		
13	조윤석	10310013	010-1111_2234	경영지원본부	경영지원	과장	2015-10-27	재무회계1	8	3		
14	민지영	10410014	010-1111_2235	경영지원본부	경영기획	사원	2015-04-06	관리회계	8	1		
15	선우성	10510015	010-1111_2236	경영지원본부	경영기획	주임	2015-09-15	리더십	8	4		
16	유민영	10610016	010-1111_2237	영업지원본부	영업지원	계장	2015-10-25	재무회계1	8	1		
17	손지완	10710017	010-1111_2238	영업지원본부	영업지원	과장	2015-03-26	재무회계2	8	2		
18	성윤미	10810018	010-1111_2239	영업본부	영업1팀	사원	2015-07-30	재무회계1	8	6	수료	
19	임주혁	10910019	010-1111_2240	영업본부	경영지원	주임	2015-10-11	관리회계	8	3		
20	주원찬	10110020	010-1111_2241	경영지원본부	경영지원	주임	2015-01-18	리더십	8	7	수료	
21	백정호	10210021	010-1111_2242	경영지원본부	경영지원	과장	2015-07-23	재무회계1	8	6	수료	
22	박현수	10310022	010-1111_2243	경영지원본부	경영지원	부장	2015-06-22	재무회계2	8	6	수료	
23	김경민	10410023	010-1111_2244	경영지원본부	경영지원	주임	2015-05-05	재무회계1	8	6	수료	
24	이지성	10510024	010-1111_2245	경영지원본부	경영기획	계장	2015-11-15	관리회계	8	4		

*2015년 전사 필수 교육현황

함수수식의 이해

=COUNTIF(E4:E59, "경영지원본부")
❶ ❷

경영지원본부의 교육 참여자 수를 구하기 위해 COUNTIF 함수를 사용합니다.

❶ 경영지원본부의 교육 참여자 수를 구하기 위해 본부명이 있는 범위[E4:E59]를 블록지정하여 입력합니다.

❷ 지정한 범위에서 찾을 조건인 "경영지원본부"를 입력합니다.

2. COUNTIFS 함수로 경영지원본부의 교육 참여자 중 교육을 수료한 인원을 구하기

COUNTIF 함수를 사용했던 파일과 동일한 파일에 있는 필수교육 현황에서 교육에 참여한 '경영지원본부'의 직원들 중 교육을 "수료"한 인원이 몇 명인지 파악합니다.

함수 구조

=COUNTIFS(Criteria_range1,Criteria1,Criteria_range2,Criteria2...Criteria_range127,Criteria127)
❶ ❷

[수식]–[함수 라이브러리] 그룹–[함수 더 보기]–[통계]에 있는 함수로 지정한 범위 안에서 조건에 맞는 셀의 개수를 구하는 함수로 127개의 조건에 대한 개수를 구할 수 있습니다.

❶ Criteria_range1 : 첫 번째 조건에 맞는 셀의 개수를 구할 첫 번째 범위입니다. 127번째 조건 범위까지 설정할 수 있습니다.

❷ Criteria1 : Criteria_Range1에 지정한 범위에서 찾을 숫자, 식, 텍스트 형태의 첫 번째 조건입니다. 127번째 조건까지 입력할 수 있습니다.

* Criteria_range와 Criteria는 입력할 때마다 입력란이 한 칸씩 늘어나며 127번까지, 조건 범위와 조건을 입력할 수 있는 입력란이 나타납니다.

❶ '경영지원본부' 이면서 교육을 '수료'한 인원을 구할 [N7] 셀을 클릭하고 '=COUNTIFS (E4:E59, E5,L4:L59, "수료")' 입력합니다.

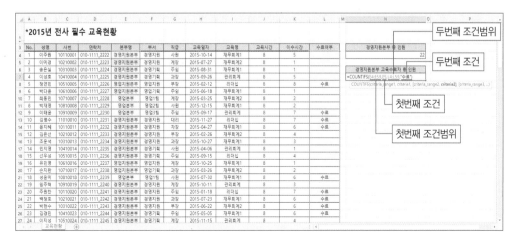

COUNTIFS 함수는 배열함수로 각각의 조건을 찾을 범위에 시작행과 종료행이 동일해야 합니다. 그렇지 않으면 잘못된 결과값을 구하거나, 오류가 표시될 수 있습니다.

배열함수는 첫 번째 조건 범위에 첫 행부터 배열번호를 적용하고, 두 번째 조건 범위의 첫 행부터 동일하게 배열번호를 적용합니다. 그러므로 각 범위를 지정할 때 시작행과 종료행이 서로 다르다면 배열번호가 동일한 행에 위치하지 않게 되어 잘못된 결과값을 구하게 됩니다.

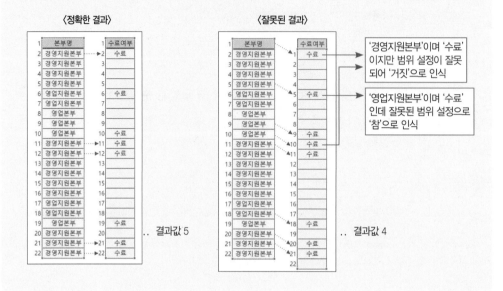

함수수식의 이해

=COUNTIFS(E4:E59,E5,L4:L59,"수료")
　　　　　　❶　❷　❸　　❹

본부명이 '경영지원본부'이면서, 수료여부가 '수료'인 인원을 구하기 위해 COUNTIFS 함수를 사용합니다.

❶ 첫 번째 조건으로 입력할 본부명을 구할 범위로 [E4:E59]를 블록지정하여 입력합니다.

❷ 지정한 범위에서 찾을 값으로 "경영지원본부"를 입력하거나, 해당값이 있는 셀[E5]을 클릭합니다. 해당값이 있는 어느 셀을 클릭해도 상관없습니다.

❸ 두 번째 조건인 수료여부가 있는 범위[L4:L59]를 입력합니다.

❹ 지정한 두 번째 조건 범위에서 찾을 값으로 "수료"를 입력합니다. 해당값이 있는 셀을 클릭해도 됩니다.

실습문제

● 예제파일 : c3-17-1.xlsx　　● 정답파일 : c3-17-1f.xlsx

점포별 일 매출내역입니다. 점포명 중 '김포점'이면서, 담당자가 '이은주'인 매출의 건수를 [H4] 셀에 구하세요.

	A	B	C	D	E	F	G	H
1	2020년도 점포별 일 매출내역							
2								
3	매출일자	점포명	담당자	매출금액		점포명	담당자	매출건수
4	2020-01-01	인천연수점	정은찬	1,770,410		김포점	이은주	
5	2020-01-02	김포공항점	길재훈	555,420				
6	2020-01-02	김포공항점	이은주	601,370				
7	2020-01-02	인천공항점	신은영	657,520				
8	2020-01-02	인천연수점	정은찬	737,160				
9	2020-01-03	김포점	길재훈	522,750				
10	2020-01-03	인천남동공단점	한단영	902,560				
11	2020-01-04	김포공항점	이은주	1,887,830				
12	2020-01-05	인천남동공단점	한단영	300,170				
13	2020-01-08	김포공항점	이은주	1,927,650				
14	2020-01-08	김포점	길재훈	120,480				
15	2020-01-09	인천남동공단점	한단영	1,372,220				
16	2020-01-12	인천연수점	정은찬	659,570				
17	2020-01-12	인천공항점	신은영	876,020				
18	2020-01-12	인천남동공단점	한단영	229,730				
19	2020-01-12	김포점	길재훈	486,000				
20	2020-01-13	인천연수점	정은찬	165,400				

Sheet1

Explanation

❶ 여러조건에 맞는 데이터의 건수를 구하기 위해 COUNTIFS 함수를 사용합니다. [H4] 셀을 클릭하고 '=COUNTIFS('를 입력하고 각각의 찾을 범위와 찾을 값을 쉼표(,)로 구분하여 'B:B, "김포점", C:C, "이은주"'를 입력한 후 괄호를 닫습니다.

❷ 해당 조건에 맞는 데이터의 건수만 [H4] 셀에 표시됩니다.

CHAPTER 18

조건에 맞는 데이터의 합계를 구하는 SUMIF와 SUMIFS 함수

● 예제파일 : c3-18.xlsx ● 정답파일 : c3-18f.xlsx

핵심 내용 SUMIF 함수와 SUMIFS 함수는 조건에 맞는 데이터의 합계를 구하는 함수입니다. SUMIF 함수는 하나의 조건에 맞는 데이터 합계를 구하는 함수이며. SUMIFS 함수는 하나 이상의 여러 조건에 맞는 데이터에 대한 합계를 구할 때 사용하는 함수입니다. 다른 배열함수들처럼 범위 선택 시 시작행과 종료행이 동일해야 합니다.

함수 구조

=SUMIF(Range,Criteria,Sum_range)
❶ ❷ ❸

[수식]–[함수 라이브러리] 그룹–[수학/삼각]에 있는 함수로 지정한 범위 안에서 조건에 맞는 셀들의 합을 구하는 함수입니다.

❶ Range : 조건을 찾을 셀의 범위입니다.

❷ Criteria : Range에 지정한 범위에서 찾을 숫자, 식, 텍스트 형태의 조건입니다.

❸ Average_range : 실제로 합계를 구할 셀의 범위입니다. 생략 시 Range 안에 있는 셀들을 계산합니다.

1. SUMIF 함수로 특정지역의 총 판매금액 구하기

SUMIF 함수를 사용해 '서울'지역 '판매금액'의 합계를 구하도록 합니다.

❶ 서울지역의 판매금액을 구할 [G3] 셀을 클릭한 후 '=SUMIF(B3:B27,"서울",E3:E27)'를 입력합니다. Enter 키를 치면 결과값 '3318180000'이 표시됩니다.

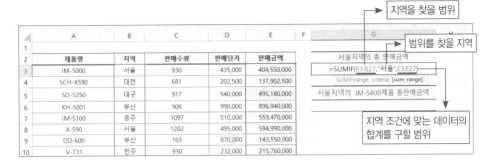

서울지역의 총 판매금액

=SUMIF(B3:B27,"서울",E3:E27)

SUMIF(range, criteria, [sum_range])

서울지역의 IM-5400제품 총판매금액

지역 조건에 맞는 데이터의
합계를 구할 범위

함수수식의 이해

=SUMIF(B3:B27,"서울",E3:E27)
　　　　　 ❶　　　 ❷　　 ❸

서울지역의 판매금액 합계를 구할 것이므로 SUMIF 함수를 사용합니다.

❶ 서울 지역을 찾아야 하므로 조건을 찾을 범위인 [B3:B27]을 입력합니다.

❷ 조건 범위에서 찾을 조건을 입력해야 하므로 "서울"을 입력합니다. 해당 데이터가 있는 셀을 클릭해도 됩니다.

❸ 조건에 맞는 데이터의 합계를 구할 범위로 판매금액의 합계를 구해야 하므로 [E3:E27] 범위를 입력합니다.

2. SUMIFS 함수로 특정지역의 특정 제품에 대한 총 판매금액 구하기

SUMIFS 함수를 사용하여 '서울'지역의 'IM-5400'제품에 대한 판매금액의 총합계를 구하도록 합니다.

함수 구조

　　　　　　　　　　❶　　　　　 ❷　　　　　　 ❸
=SUMIFS(Sum_range,Criteria_range1,Criteria1,Criteria_range2,Criteria2,...Criteria_range127,Criteria127)

[수식]-[함수 라이브러리] 그룹-[수학/삼각]에 있는 함수로 지정한 범위 안에서 조건에 맞는 셀의 합계를 구하는 함수입니다. 조건을 127개까지 지정할 수 있습니다.

❶ Sum_range : 모든 조건에 맞는 데이터의 합계를 구할 범위입니다.

❷ Criteria_range1 : 첫 번째 조건에 맞는 값을 찾을 첫 번째 범위입니다. 127번째 조건 범위까지 설정할 수 있습니다.

❸ Criteria1 : Criteria_Range1에 지정한 범위에서 찾을 숫자, 식, 텍스트 형태의 첫 번째 조건입니다. 127번째 조건까지 입력할 수 있습니다.

　* Criteria_range와 Criteria는 입력할 때마다 입력란이 한 칸씩 늘어나며 127번까지 조건 범위와 조건을 입력할 수 있는 입력란이 나타납니다.

❶ 값을 구할 [G6] 셀을 클릭하고 '=SUMIFS(E3:E27,B3:B27,"서울",A3:A27,"IM-5400")'을 입력합니다. [Enter] 키를 누르면 결과값 2,044,980,000이 표시됩니다.

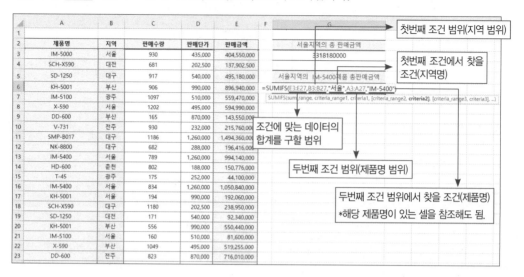

함수수식의 이해

=SUMIFS(E3:E27,B3:B27,"서울",A3:A27,"IM-5400")
　　　　　❶　　　　❷　　　　❸　　　❹　　　　❺

지역이 '서울'이면서 제품명이 'IM-5400'인 제품의 판매금액 총 합계를 구해야 하므로 하나 이상의 조건에 맞는 합계를 구할 수 있는 SUMIFS 함수를 사용합니다.

❶ 조건에 맞는 합계를 구할 '판매금액'이 있는 범위 [E3:E27]을 블록지정하여 입력합니다.

❷ 합계를 구할 첫 번째 조건인 '지역'이 있는 범위 [B3:B27]을 블록지정하여 입력합니다.

❸ 첫 번째 조건 범위에서 찾을 첫 번째 조건인 "서울"을 입력합니다.

❹ 합계를 구할 두 번째 조건인 '제품명'이 있는 범위 [A3:A27]을 블록지정하여 입력합니다.

❺ 두 번째 조건 범위에서 찾을 두 번째 조건인 "IM-5400"을 입력합니다.

실습문제

● 예제파일 : c3-18-1.xlsx   ● 정답파일 : c3-18-1f.xlsx

품목별 각 지역에 판매된 매출액입니다. '싱그러운 알로에음료'가 '남미'지역에 판매된 매출액 총액을 [H4] 셀에 구하세요.

	A	B	C	D	E	F	G	H
1		품목별 매출합계(8월)						
2								
3	NO.	품목	지역명	매출액		품목명	지역명	매출총액
4	1	싱그러운 알로에음료	동남아	2,425,500		싱그러운 알로에음료	남미	
5	2	싱그러운 오렌지음료	동남아	159,600				
6	3	싱그러운 포도음료	동남아	70,200				
7	4	건강한 구운보리차	동남아	171,000				
8	5	건강한 옥수수염차	동남아	1,088,100				
9	6	건강한 구운보리차	동남아	1,780,200				
10	7	싱그러운 토마토음료	동남아	1,132,200				
11	8	담백한 두유	동남아	816,000				
12	9	건강한 모과음료	동남아	1,555,200				
13	10	건강한 홍삼드링크	동남아	306,850				
14	11	건강한 산삼드링크	동남아	633,600				
15	12	커피_아메리카노	동남아	494,000				
16	13	커피_카페모카	동남아	468,350				
17	14	상큼한 오렌지음료	동남아	817,000				
18	15	상큼한 레몬음료	동남아	379,050				
19	16	싱그러운 사과음료	동남아	512,050				
20	17	싱그러운 알로에음료	동남아	2,259,900				

Explanation

❶ 여러 조건에 맞는 데이터의 합계를 구하기 위해 SUMIFS 함수를 사용합니다. [H4] 셀을 클릭한 후 '=SUMIFS('를 입력하고 합계를 구할 범위 [D3:D55]를 입력합니다.

❷ 쉼표(,)를 입력하고, 첫 번째 찾을 조건 범위인 품목이 있는 [B3:B55] 셀을 선택하여 입력하고 다시 쉼표(,)를 입력하여 해당 범위에서 찾을 조건이 있는 [F4] 셀을 클릭합니다. 그리고 두 번째 조건 범위를 입력하기 위해 쉼표(,)를 입력합니다.

❸ 두 번째 찾을 조건 범위인 지역명이 있는 [C3:C55]를 입력한 후 쉼표(,)를 입력하여 찾을 지역명을 입력해 놓은 [G4] 셀을 클릭하고 괄호를 닫아 함수를 완료합니다.

CHAPTER 19

조건에 맞는 데이터의 평균을 구하는 AVERAGEIF와 AVERAGEIFS 함수

● 예제파일 : c3-19.xlsx   ● 정답파일 : c3-19f.xlsx

핵심내용 AVERAGEIF 함수와 AVERAGEIFS 함수는 조건에 맞는 데이터의 평균을 구하는 함수입니다. AVERAGEIF 함수는 하나의 조건에 맞는 데이터의 평균을 구하는 함수이며 AVERAGEIFS 함수는 하나 이상의 여러 조건에 맞는 데이터에 대한 평균을 구할 때 사용하는 함수입니다.

함수 구조

$$=AVERAGEIF(Range, Criteria, Average\_range)$$
❶   ❷   ❸

[수식]-[함수 라이브러리] 그룹-[함수 더 보기]-[통계]에 있는 함수로 지정한 범위 안에서 조건에 맞는 셀의 산술평균을 구하는 함수입니다.

❶ Range : 조건을 찾을 셀의 범위입니다.

❷ Criteria : Range에 지정한 범위에서 찾을 숫자, 식, 텍스트 형태의 조건입니다.

❸ Average_range : 실제로 평균을 구할 셀의 범위입니다. 생략 시 RANGE 안에 있는 셀을 사용합니다.

1. 각 지점별 0을 제외한 매출 평균 구하기

AVERAGEIF 시트에서 각 지점별 매출평균을 구하도록 합니다. 이때 월별매출액에서 0을 제외한 매출액의 평균을 구하도록 합니다.

❶ 값을 구할 [O5] 셀을 클릭하고 '=AVERAGEIF(B5:M5,"〈〉0",B5:M5)' 입력한 후 Enter 키를 눌러 수식을 완성합니다.

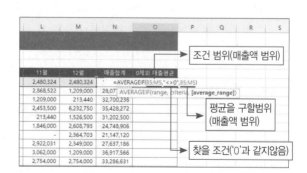

멘토의 한 수

0을 제외한 값의 평균과 0을 포함한 값의 평균은 다른 결과가 나오므로 경우에 따라 '⟨⟩'를 이용해 제거할 수 있습니다.

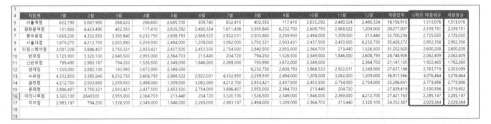

지점명	1월	2월	3월	4월	5월	6월	7월	8월	9월	10월	11월	12월	매출합계	0제외 매출평균	매출평균
서울역점	622,790	5,067,900	266,020	256,650	2,685,700	309,740	832,410	402,350	117,410	2,635,292	2,480,324	2,480,324	18,156,910	1,513,076	1,513,076
광화문역점	101,800	4,423,490	402,350	117,410	2,635,292	2,480,324	1,611,436	3,385,840	6,232,750	2,608,793	2,868,522	1,209,000	28,077,007	2,339,751	2,339,751
충무로점	1,669,200	4,332,850	3,385,840	6,232,750	2,608,793	2,868,522	2,922,031	2,503,880	2,259,930	2,494,000	1,209,000	213,440	32,700,236	2,725,020	2,725,020
서울대점	1,879,270	4,212,700	2,503,880	2,259,930	2,494,000	1,209,000	3,062,000	3,750,321	2,933,421	2,437,500	2,453,500	6,232,750	35,428,272	2,952,356	2,952,356
타임스퀘어점	3,087,208	3,886,407	3,750,321	2,933,421	2,437,500	2,453,500	2,754,000	2,840,500	2,955,000	2,364,703	213,440	1,526,500	31,202,500	2,600,208	2,600,208
반포점	3,725,900	3,320,100	2,840,500	2,955,000	2,364,703	213,440	204,720	794,250	1,526,500	2,349,000	1,846,000	2,608,793	24,748,906	2,062,409	2,062,409
신반포점	799,490	2,983,187	794,250	1,526,500	2,349,000	1,846,000	2,269,000	193,990	3,672,000	2,349,000		2,364,703	21,147,120	1,922,465	1,762,260
양재점	1,559,000	2,882,100	193,990	3,672,000	2,349,000			6,232,750	2,608,793	2,868,522	2,922,031	2,349,000	27,637,186	2,763,719	2,303,099
수유점	4,332,850	3,385,840	6,232,750	2,608,793	2,868,522	2,922,031	4,332,850	2,259,930	2,494,000	1,209,000	3,062,000	1,209,000	36,917,566	3,076,464	3,076,464
금천점	4,212,700	2,503,880	2,259,930	2,494,000	1,209,000	3,062,000	4,212,700	2,933,421	2,437,500	2,453,500	2,754,000	2,754,000	33,286,631	2,773,886	2,773,886
문래점	3,886,407	3,750,321	2,933,421	2,437,500	2,453,500	2,754,000	2,955,000	2,364,703	213,440	204,720			27,839,419	2,530,856	2,319,952
여의나루점	3,320,100	2840500	2,955,000	2,364,703	213,440	204,720	3,320,100	1,526,500	2,349,000	1,846,000	2,269,000	4,212,700	27,421,763	2,285,147	2,285,147
미아점	2,983,187	794,250	1,526,500	2,349,000	1,846,000	2,269,000	2,983,187	2,494,000	1,209,000	2,364,703	213,440	3,320,100	24,352,367	2,029,364	2,029,364

함수수식의 이해

=AVERAGEIF(B5:M5,"⟨⟩0",B5:M5)
　　　　　　　❶　　　❷　　❸

0을 제외한 매출액의 평균을 구하기 위해 AVERAGEIF 함수를 사용합니다.

❶ 조건에 맞는 값을 찾을 범위로 지점의 매출액이 있는 [B5:M5] 셀을 블록지정하여 입력합니다.

❷ 지정한 범위에서 찾을 조건으로 '⟨⟩0'을 입력하여 0과 같지 않음을 입력합니다.

❸ 평균을 구할 범위가 지점의 월별매출액 범위이므로 [B5:M5] 셀을 블록지정하여 입력합니다.

2. AVERAGEIFS 함수로 리더십교육 수료자들의 평균 이수시간 파악하기

두 번째 시트인 AVERAGEIFS 시트에서 리더십 교육을 수료한 사람들을 찾아 평균 이수 시간을 파악합니다.

함수 구조

　　　　　　　　　❶　　　　　　❷　　　　　❸
=AVERAGEIFS(Average_range,Criteria_range1,Criteria1,Criteria_range2,Criteria2...Criteria_
range127,Criteria127)

[수식]-[함수 라이브러리] 그룹-[함수 더 보기]-[통계]에 있는 함수로 지정한 범위 안에서 조건에 맞는 셀의 산술평균을 구하는 함수로 조건을 127개까지 지정할 수 있습니다.

❶ Average_range : 모든 조건에 만족하는 실제 평균을 구할 셀입니다.

❷ Criteria_range1 : 첫 번째 조건에 맞는 값을 찾을 첫 번째 범위입니다. 127번째 조건 범위까지 설정할 수 있습니다.

❸ Criteria1 : Criteria_Range1에 지정한 범위에서 찾을 숫자, 식, 텍스트 형태의 첫 번째 조건입니다. 127번째 조건까지 입력할 수 있습니다.

　* Criteria_range와 Criteria는 입력할 때마다 입력란이 한 칸씩 늘어나며 127번째까지, 조건 범위와 조건을 입력할 수 있는 입력란이 나타납니다.

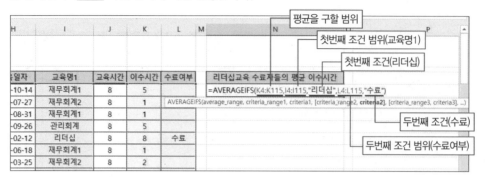

Ⓔxcel

❶ 값을 구할 [N4] 셀을 클릭하고 '=AVERAGEIFS(K4:K115,I4:I115,"리더십",L4:L115,"수료")'
를 입력한 후 Enter 키를 눌러 수식을 완성합니다.

| 평균을 구할 범위 |
| 첫번째 조건 범위(교육명1) |
| 첫번째 조건(리더십) |
| 두번째 조건(수료) |
| 두번째 조건 범위(수료여부) |

H	I	J	K	L	M	N	P
일자	교육명1	교육시간	이수시간	수료여부		리더십교육 수료자들의 평균 이수시간	
-10-14	재무회계1	8	5			=AVERAGEIFS(K4:K115,I4:I115,"리더십",L4:L115,"수료")	
-07-27	재무회계2	8	1			AVERAGEIFS(average_range, criteria_range1, criteria1, [criteria_range2, criteria2], [criteria_range3, criteria3], ...)	
-08-31	재무회계1	8	1				
-09-26	관리회계	8	5				
-02-12	리더십	8	8	수료			
-06-18	재무회계1	8	1				
-03-25	재무회계2	8	2				

함수수식의 이해

=AVERAGEIFS(K4:K115,I4:I115,"리더십",L4:L115,"수료")
　　　　　　❶　　　❷　　　❸　　　❹　　　❺

교육명이 '리더십'이면서 수료여부에 '수료'로 표시된 사람의 평균 이수시간을 구할 것이므로 AVERAGEIFS 함수
를 사용합니다.

❶ 평균을 구할 '이수시간'의 범위 [K4:K115]를 블록지정하여 입력합니다.

❷ 첫 번째 조건인 교육명을 찾을 '교육명1'의 범위 [I4:I115]를 블록지정하여 입력합니다.

❸ 첫 번째 조건 범위에서 찾을 첫 번째 조건으로 "리더십"을 입력합니다.

❹ 두 번째 조건인 '수료여부'를 찾을 범위 [L4:L115]를 블록지정하여 입력합니다.

❺ 두 번째 조건 범위에서 찾을 두 번째 조건으로 "수료"를 입력합니다.

실습문제

● 예제파일 : c3-19-1.xlsx   ● 정답파일 : c3-19-1f.xlsx

HS그룹 직원명부입니다. '차장'이면서 '팀장'인 사람의 평균 기본급을 [N4] 셀에 구하세요.

No.	담당사번	담당자	입사일자	성별	본부명	부서명	직급	직위	기본급		직급	직위	평균기본급
						HS그룹 직원명부							
1	HS001	장선현	2000-01-03	여	경영본부	비서팀	부장	팀장	3,572,000		차장	팀장	
2	HS002	온민석	2000-01-13	남	경영본부	비서팀	대리	팀원	2,203,500				
3	HS003	홍장현	2000-04-24	남	경영팀	경영팀	부장	팀장	3,490,000				
4	HS004	김덕성	2000-05-01	남	재무본부	재무팀	차장	팀장	3,065,000				
5	HS005	장우재	2000-07-04	남	경영본부	총무팀	대리	팀원	2,203,500				
6	HS006	윤지연	2001-01-05	여	경영본부	인사팀	부장	팀장	3,380,000				
7	HS007	최용선	2001-01-08	여	영업본부	영업1팀	차장	팀장	3,430,000				
8	HS008	우정현	2008-01-29	여	영업본부	영업1팀	과장	팀원	2,462,000				
9	HS009	임현영	2008-01-29	남	영업본부	영업1팀	과장	팀원	2,462,000				
10	HS010	고윤정	2009-04-05	여	영업본부	영업1팀	과장	팀장	2,462,000				
11	HS011	라주한	2010-11-12	남	영업본부	영업1팀	대리	팀원	2,203,500				
12	HS012	한대연	2002-02-04	남	영업본부	영업3팀	차장	팀장	3,065,000				
13	HS013	김선호	2012-04-29	남	영업본부	영업1팀	대리	팀원	2,203,500				
14	HS014	민지환	2002-05-08	남	영업본부	영업2팀	차장	팀장	3,065,000				
15	HS015	윤은우	2002-05-24	여	영업본부	영업2팀	차장	팀원	2,976,000				
16	HS016	서규석	2002-05-30	남	영업본부	영업2팀	대리	팀원	2,203,500				
17	HS017	김방현	2008-07-29	남	영업본부	영업2팀	과장	팀원	2,462,000				

직원명부

Explanation

❶ 여러 조건에 맞는 데이터의 평균을 구해야 하므로 AVERAGEIFS 함수를 이용해야 합니다. [N4] 셀을 클릭하고 '=AVERAGEIFS('를 입력합니다.

❷ 평균을 구할 기본급이 있는 셀 범위 [J3:J108]을 입력하고 쉼표(,)를 입력하여 첫 번째 조건의 찾을 범위인 직급이 있는 [H3:H108] 셀을 선택하여 입력합니다.

❸ 쉼표(,)를 입력하여 첫 번째 조건을 입력해 놓은 [L4] 셀을 클릭하고 다시 쉼표(,)를 입력하여 두 번째 조건을 찾을 범위인 직위가 있는 [I3:I108] 셀을 선택하여 입력합니다.

❹ 쉼표(,)를 입력하여 두 번째 조건을 입력해 놓은 [M4] 셀을 클릭하고 괄호를 닫아 함수를 완료합니다.

● 예제파일 : c3-20.xlsx ● 정답파일 : c3-20f.xlsx

핵심내용 엑셀에서 제공하는 Database 함수는 총 12개입니다. DSUM, DAVERAGE, DMAX, DMIN, DCOUNT, DVAR 등으로 일반함수에도 존재하는 함수에 앞에 D가 붙어 있는 형태입니다. Database 함수는 함수의 구조가 모두 동일하며, 조건이 동일한 경우 함수명만 변경하면 조건에 맞는 결과값을 반환합니다. 엑셀 2007버전부터 새롭게 만들어진 배열함수 때문에 데이터베이스함수의 사용 빈도는 줄었지만 적절한 상황에 효과적으로 사용할 수 있습니다. 특히 office365를 사용하지 않은 경우 DMAX와 DMIN을 활용하여 조건에 맞는 최대값과 최소값을 구할 수 있습니다.(Maxifs와 Minifs함수는 207P 참조)

함수 구조

=DATABASE 함수명(database,field,criteria)
❶ ❷ ❸

[수식]-[함수 라이브러리] 그룹-[함수 삽입]-[범주선택] 목록-[데이터베이스]에 있는 데이터베이스 함수는 12 종류의 함수입니다.

❶ database : 데이터베이스나 목록으로 지정할 셀 범위입니다.

❷ field : 목록에서 값을 구할 열의 위치를 나타내는 숫자나 열 레이블(필드명)입니다.

❸ criteria : 찾을 조건이 있는 셀 범위입니다. 조건은 열 레이블(필드명)과 조건으로 구성됩니다.

---

1. 데이터베이스 함수를 사용하기 위한 조건 만들기

데이터베이스 함수를 사용하기 위해서 조건을 만들 때에는 데이터 범위에 있는 실제 필드명과 동일한 텍스트를 입력하여야 합니다. 조건은 데이터 범위에서 복사 & 붙여넣기 해 놓은 [R:S] 열을 이용해 본부명, 직급, 직위라는 세 가지 조건을 만들도록 합니다.

❶ 조건을 만들 [R] 열의 중복된 데이터를 제거하기 위해 [R4:R109] 셀까지의 범위를 블록 지정하여 [데이터]–[데이터 도구] 그룹–[중복된 항목 제거]를 클릭합니다. [중복된 항목 제거경고] 창이 열리면 [현재 선택영역으로 정렬]에 선택하고 [중복된 항목 제거]를 클릭합니다.

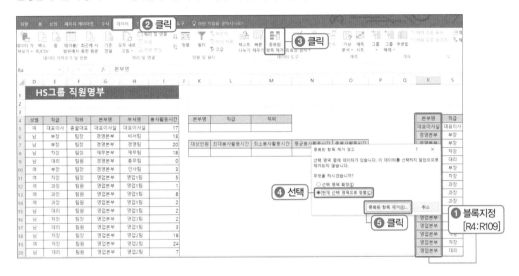

멘토의 한 수

[중복된 항목 제거 경고] 창은 '본부명' 옆에 '직급'이 있어서 해당 열을 포함하여 중복된 항목을 제거할 것인지 확인 하는 창입니다.
만약 '직급'을 포함하여 중복된 항목을 제거 할 경우 '본부명'이 직급에 따라 반복될 수 있습니다.

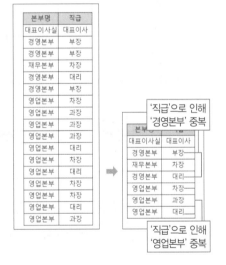

❷ [중복 값 제거] 창이 열리면 [내 데이터에 머리글 표시]에 체크를 해제하고, [열 R]이 맞는지 확인 후 [확인] 버튼을 클릭합니다.

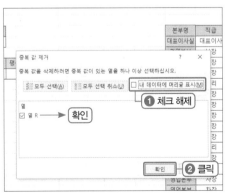

❸ 7개의 고유한 값이 유지되었음을 나타내는 메시지 창이 열리면 [확인] 버튼을 클릭합니다.

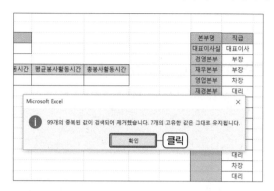

❹ 같은 방법으로 직급이 있는 [S] 열의 중복된 항목도 제거합니다.

❺ [K5] 셀을 클릭하고 [데이터]-[데이터 도구] 그룹-[데이터 유효성 검사]를 클릭합니다. [데이터 유
효성] 창이 열리면 [제한 대상]을 [목록]으로 변경하고, [원본]의 입력란을 클릭하여 필드명인 '본부
명'은 제외하고 [R5:R10] 셀까지의 범위를 입력합니다. [확인] 버튼을 클릭하여 해당 범위에 있는
값을 목록으로 설정합니다.

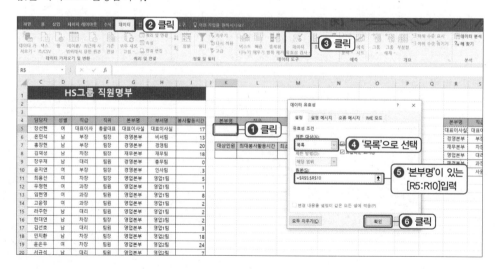

❻ 직급의 조건을 목록으로 설정하기 위해 [L5] 셀을 클릭하여 [데이터]−[데이터 도구] 그룹−[데이터 유효성 검사]로 '본부명'과 동일한 방법으로 목록을 만들어 줍니다.

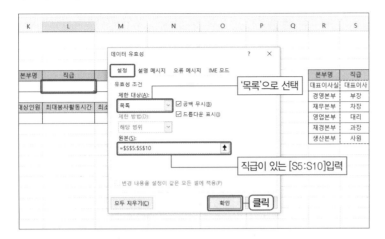

❼ 직위는 총괄대표, 팀장, 팀원으로 3개만 입력하면 되므로 [M5] 셀을 클릭하고 [데이터]−[데이터 도구] 그룹−[데이터 유효성 검사]를 클릭합니다. [데이터 유효성] 창에서 제한 대상을 [목록]으로 하고, 입력란에 쉼표(,)를 구분자로 하여 차례대로 입력합니다.

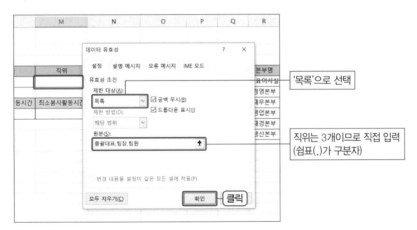

❽ 목록으로 나오도록 해 놓은 [R:S] 열을 블록 지정하여 마우스 오른쪽 단추를 눌러줍니다. [숨기기] 메뉴를 클릭하여 내용은 숨기기 합니다.

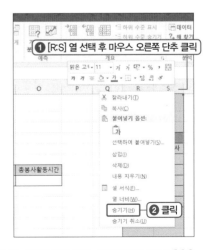

2. 만들어놓은 조건을 활용하여 데이터베이스 함수 사용하기

데이터베이스 함수로 주어진 조건에 맞는 인원수, 최대봉사활동시간, 최소봉사활동시간, 평균봉사활동시간, 총봉사활동시간을 구합니다. 조건은 '본부명'은 경영본부, '직급'은 부장, '직위'는 팀장으로 설정합니다.

❶ 조건에 맞는 대상인원을 구하기 위해 [K8] 열을 선택하고 '=DCOUNT($A$4:$I$109,$I$4,$K$4:$M$5)'를 입력합니다. Enter 키를 쳐서 결과값을 완성합니다.

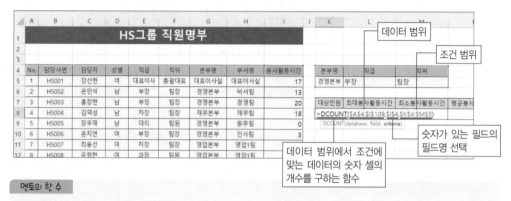

메토의 한 수

데이터베이스 함수 중 하나인 DCOUNT 함수도 COUNT 함수와 동일하게 숫자가 있는 셀의 개수를 구하는 함수이므로 숫자가 있는 필드명을 입력해 줍니다.

❷ 대상인원의 결과값이 나오면 총봉사활동시간이 있는 [O8] 셀까지 채우기 핸들로 드래그하여 자동채우기 합니다.

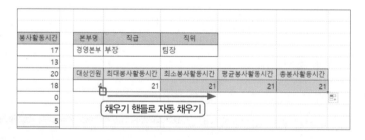

❸ 최대봉사시간을 구하기 위해 함수명만 변경하면 됩니다. [L8] 셀을 더블클릭하고 DCOUNT였던 함수명을 DMAX로 변경하면 조건에 맞는 최대봉사활동시간이 구해집니다.

❹ 같은 방법으로 [M8] 셀을 더블클릭하여 최소봉사활동시간은 DMIN 함수로 변경하고, [N8] 셀의 평균봉사활동시간은 DAVERAGE 함수로, [O8] 셀의 총봉사활동시간은 DSUM으로 변경하면 됩니다.

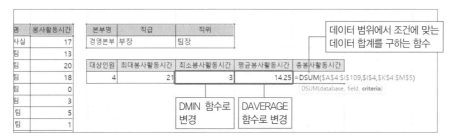

멘토의 한 수

DMAX와 DMIN은 〈Office365의 2016버전〉의 MAXIFS와 MINIFS 함수와 동일한 결과값을 구할 수 있습니다.(207p 참조)

❺ 미리 설정해 놓은 [K5:M5] 셀의 목록단추를 변경하여 조건을 쉽게 변경할 수 있습니다.

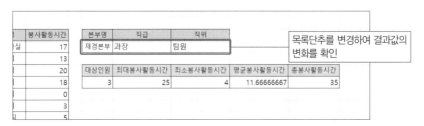

함수수식의 이해

=DCOUNT($A$4:$I$109,$I$4,$K$4:$M$5)
      ❶   ❷   ❸

특정 데이터 범위에서 조건에 맞는 결과값을 구하기 위해 데이터베이스 함수를 사용합니다.

❶ 건수를 구할 데이터의 범위 [A4:I109]를 블록지정하여 입력하고 키보드의 F4 키를 눌러 절대 참조합니다. 절대참조를 설정해 놓으면 [L8:O8]에 있는 값을 구할 때 함수명만 변경하여 구할 수 있게 됩니다.

❷ 구할 값이 있는 열을 입력해야 하므로 [I4] 셀을 클릭하여 입력하고 키보드의 F4 키를 눌러 절대참조 설정합니다.

❸ 범위에서 찾으려고 하는 조건의 위치로 [K4:M5] 범위를 블록지정하여 입력하고 키보드의 F4 키를 눌러 절대 참조합니다.

● 예제파일 : c3-20-1.xlsx   ● 정답파일 : c3-20-1f.xlsx

국가별 제품분류의 매출 내역입니다. 이중 라면류의 최대매출액을 구하세요.

	A	B	C	D	E	F	G	H	I
1			**국가별 매출 내역**						
2									
3	**국가**	**분기**	**라면류**	**스낵류**	**음료류**	**건강식품류**		**라면류의 최대매출액**	
4		1분기	41,000,000	50,000,000	35,000,000	30,000,000			
5	중국	2분기	50,000,000	53,000,000	45,000,000	50,000,000			
6		3분기	56,000,000	58,000,000	55,000,000	80,000,000			
7		4분기	65,000,000	62,000,000	95,000,000	120,000,000			
8		1분기	30,000,000	15,200,000	41,000,000	50,000,000			
9	일본	2분기	50,000,000	20,500,000	50,000,000	53,000,000			
10		3분기	80,000,000	31,000,000	56,000,000	58,000,000			
11		4분기	120,000,000	45,000,000	65,000,000	62,000,000			
12		1분기	150,000,000	3,200,000	15,200,000	30,000,000			
13	미주	2분기	152,300,000	70,000,000	20,500,000	50,000,000			
14		3분기	160,000,000	150,000,000	31,000,000	80,000,000			
15		4분기	158,000,000	160,000,000	45,000,000	120,000,000			
16		1분기	75,000,000	10,000,000	12,300,000	23,543,400			
17	유럽	2분기	150,000,000	62,000,000	65,000,000	50,000,000			
18		3분기	152,300,000	30,000,000	15,200,000	80,000,000			
19		4분기	158,000,000	50,000,000	20,500,000	15,000,000			
20		1분기	15,000,000	62,000,000	12,300,000	23,543,400			
21	아시아	2분기	30,000,000	30,000,000	12,300,000	30,000,000			
22		3분기	50,000,000	50,000,000	65,000,000	15,000,000			
23		4분기	80,000,000	5,500,000	15,200,000	80,000,000			
24		1분기	311,000,000	140,400,000	115,800,000	157,086,800			

국가별

Explanation

❶ 데이터 중에 조건이 있는 최대값을 구하기 위해서 데이터베이스 함수 중 DMAX 함수를 사용하면 효과적이고 쉽게 결과를 도출할 수 있습니다.

❷ [H4] 셀을 클릭하고 '=DMAX('를 입력합니다. 그리고 데이터가 있는 범위 전체인 [A3:F23]을 입력하고 쉼표(,)를 입력하여 찾을 값이 있는 열의 위치를 입력하기 위해 필드명(머리글) [C3] 셀을 클릭합니다.

❸ 다시 쉼표(,)를 입력한 후 찾을 조건의 값이 들어 있는 [C4:C23]을 입력한 후 괄호를 닫아 함수 수식을 완성합니다.

CHAPTER 21

다중조건에 맞는 최대값과 최소값을 구하는
MAXIFS, MINIFS 함수(office365의 2016버전 이상)

● 예제파일 : c3-21.xlsx   ● 정답파일 : c3-21f.xlsx

핵심 내용 MAXIFS 함수와 MINIFS 함수는 〈Office365 2016버전 이상〉에서 사용할 수 있는 함수입니다. 다른 배열함수처럼 하나 이상의 조건에 맞는 최대값과 최소값을 구하는 함수입니다.

함수 구조

$$=MAXIFS(\underset{❶}{max\_range}, \underset{❷}{Criteria\_range1}, \underset{❸}{criteria1}, Criteria\_range2, criteria2...Criteria\_range126, criteria126)$$

[수식]–[함수 라이브러리] 그룹–[함수 더 보기]–[통계]에 있는 함수로 지정한 범위 안에서 하나 이상의 조건에 맞는 셀의 가장 큰 값을 구하는 함수입니다.

❶ max_range : 실제로 최대값을 구할 셀의 범위입니다.

❷ Criteria_range : 조건을 찾을 셀의 범위입니다.

❸ criteria : 지정한 범위에서 찾을 숫자, 식, 텍스트 형태의 조건입니다.

---

1. 여러 조건에 맞는 최대값을 구하는 MAXIFS 함수

주행일자가 1월이면서 유류비가 1,200원 이하인 사용유류비 중 최대 사용유류비를 MAXIFS 함수를 이용해 구하도록 합니다.

❶ 조건에 맞는 최대 사용유류비를 구하기 위해 [G3] 셀을 선택하고 '=MAXIFS(E2:E28,B2:B28,1, D2:D28,"〈=1200")' 입력합니다.

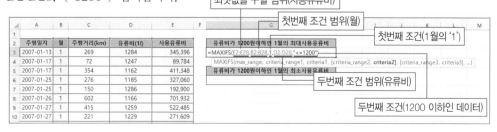

배열함수에서 range 부분에는 다른 함수를 중첩할 수 없습니다. 그래서 [A] 열에 있는 [주행일자]에서 월만 따로 추출하여 [B] 열에 미리 만들어 놓았습니다.

❷ Enter 키를 쳐서 조건에 맞는 최대사용유류비의 결과를 구합니다.

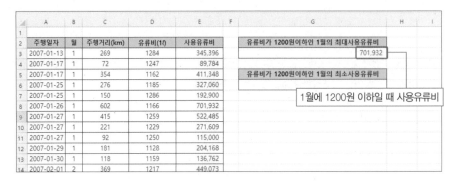

함수수식의 이해

=MAXIFS(E2:E28,B2:B28,1,D2:D28,"〈=1200")
　　　　❶　　　❷　　　❸　　❹　　　❺

주행일자가 1월인 데이터중 유류비가 1,200원 이하인 날의 최대사용유류비를 구하기 위해 MAXIFS 함수를 사용합니다.

❶ 최대사용유류비를 구할 '사용유류비' 데이터의 범위[E2:E28]를 입력합니다.

❷ 첫 번째 조건을 찾을 범위로, 주행일자가 1월인 데이터만 추출해야 하므로 미리 월만 추출해 놓은 범위 [B2:B28]을 입력합니다.

❸ 첫 번째 조건 범위에서 찾을 첫 번째 조건으로 찾을 월에 해당하는 '1'을 입력합니다.

❹ 두 번째 조건을 찾을 범위로, 유류비의 데이터 범위 [D2:D28]을 입력합니다.

❺ 두 번째 조건 범위에서 찾을 두 번째 조건으로 1,200 이하를 뜻하는 '〈=1200'을 입력합니다.

2. 여러 조건에 맞는 최소값을 구하는 MINIFS 함수

주행일자가 1월이면서 유류비가 1,200원 이하인 사용유류비 중 최소 사용 유류비를 MINIFS 함수를 이용해 구하도록 합니다.

함수 구조

=MINIFS(min_range,Criteria_range1,criteria1,Criteria_range2,criteria2...Criteria_range126,criteria126)
　　　　　❶　　　　　　❷　　　　　❸

[수식]-[함수 라이브러리] 그룹-[함수 더 보기]-[통계]에 있는 함수로 지정한 범위 안에서 하나 이상의 조건에 맞는 셀의 가장 작은 값을 구하는 함수로 최대 126개의 조건을 지정할 수 있습니다.

❶ min_range : 실제로 최소값을 구할 셀의 범위입니다.

❷ Criteria_range : 조건을 찾을 셀의 범위입니다.

❸ criteria : 지정한 범위에서 찾을 숫자, 식, 텍스트 형태의 조건입니다.

❶ 최소사용유류비를 구하기 위해 [G6] 셀을 선택하고 '=MINIFS(E2:E28,B2:B28,1,D2:D28, "〈=1200")' 을 입력합니다.

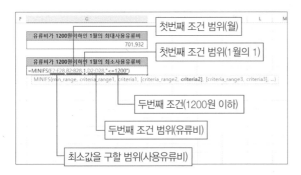

❷ Enter 키를 쳐서 조건에 맞는 최소사용유류비의 결과를 구합니다.

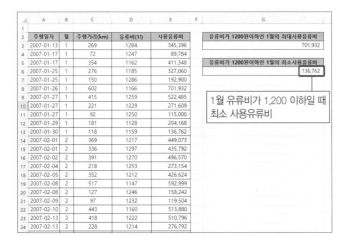

함수수식의 이해

=MINIFS(E2:E28,B2:B28,1,D2:D28,"〈=1200")
❶ ❷ ❸ ❹ ❺

주행일자가 1월인 데이터 중 유류비가 1,200원 이하인 날의 최소사용유류비를 구하기 위해 MINIFS 함수를 사용합니다.

❶ 최소사용유류비를 구할 '사용유류비'데이터의 범위[E2:E28]을 입력합니다.

❷ 첫 번째 조건을 찾을 범위로, 주행일자가 1월인 데이터만 추출해야 하므로 미리 월만 추출해 놓은 범위[B2:B28]을 입력합니다.

❸ 첫 번째 조건 범위에서 찾을 첫 번째 조건으로 찾을 월에 해당하는 '1'을 입력합니다.

❹ 두 번째 조건을 찾을 범위로, 유류비의 데이터 범위[D2:D28]을 입력합니다.

❺ 두 번째 조건 범위에서 찾을 두 번째 조건으로 1,200 이하를 뜻하는 '〈=1200'을 입력합니다.

실습문제

● 예제파일 : c3-21-1.xlsx   ● 정답파일 : c3-21-1f.xlsx

주어진 예제에서 경영본부의 사원 중 최대봉사활동시간은 몇 시간인지, 그리고 최소봉사활동시간은 몇 시간인지 구하세요.

	B	C	D	E	F	G	H	I	J	K	L	M
1				HS그룹 직원명부								
2												
3												
4	담당사번	담당자	성별	직급	직위	본부명	부서명	봉사활동시간				
5	HS001	장선현	여	대표이사	총괄대표	대표이사실	대표이사실	17		경영본부의 사원 중 최대봉사활동시간	25	
6	HS002	온민석	남	부장	팀장	경영본부	비서팀	13		경영본부의 사원 중 최소봉사활동시간	0	
7	HS003	홍장현	남	부장	팀장	경영본부	경영팀	20				
8	HS004	김덕성	남	차장	팀장	재무본부	재무팀	18				
9	HS005	장우재	남	대리	팀원	경영본부	총무팀	0				
10	HS006	윤지연	여	부장	팀장	경영본부	인사팀	3				
11	HS007	최용선	여	차장	팀장	영업본부	영업1팀	5				
12	HS008	우정현	여	과장	팀원	영업본부	영업1팀	1				
13	HS009	임현영	여	과장	팀원	영업본부	영업1팀	8				
14	HS010	고윤정	여	과장	팀원	영업본부	영업1팀	2				
15	HS011	라주한	남	대리	팀원	영업본부	영업1팀	2				

Explanation

❶ 경영본부의 사원 중 최대봉사활동 시간을 구하기 위해 [L5] 셀을 클릭합니다(다른 오피스 버전에서는 DMAX 함수와 DMIN 함수를 활용하면 쉽게 결과를 도출할 수 있습니다).

❷ MAXIFS 함수는 최대값을 찾을 범위를 입력해야 하므로 '=MAXIFS(I4:I109, G4:G109, "경영본부", E4:E109, 사원)'을 입력합니다.

❸ 같은 방법으로 함수만 변경하여 최소값을 구할 수 있습니다. 먼저 경영본부의 사원 중 최소봉사활동시간을 구하기 위해 [L6] 셀을 클릭합니다. 그리고 '=MINIFS(I4:I109, G4:G109, "경영본부", E4:E109, 사원)'을 입력합니다.

함수를 활용한
데이터관리 및 분석

엑셀에서는 데이터를 관리하고 분석하는 여러가지 방법이 있습니다.
가장 많이 사용하는 방법 중 하나가 함수를 사용하는 것입니다. 앞에서
배웠던 함수와 새로운 기능을 익혀 업무에 활용할 수 있도록 합니다.

Excel

CHAPTER 01

데이터 분석 도구를 활용한 데이터 분석

● 예제파일 : c4-1.xlsx ● 정답파일 : c4-1f.xlsx

**핵심
내용** 여러 통계함수를 함수를 사용하지 않고 [데이터 분석] 도구의 [기술통계법]을 이용하면 쉽게 통계 분석을 할 수 있습니다. [데이터 분석] 도구는 엑셀의 추가 기능을 활용한 것으로, 여러 통계기법들이 들어 있는 분석 툴입니다.

1. 기술통계법을 활용하여 한 번에 데이터 분석하기

엑셀의 추가 기능인 [데이터 분석] 도구를 활용하면 함수를 쓰지 않고도 기본적인 기술 통계값을 구할 수 있습니다([데이터 분석] 도구 추가 방법은 10p를 참고하세요).

❶ 추가해 놓은 [데이터 분석] 도구를 사용하기 위해 [데이터]–[분석] 그룹–[데이터 분석]을 클릭합니다. [통계 데이터 분석] 창이 열리면 [기술 통계법]을 클릭하고 [확인]을 클릭합니다.

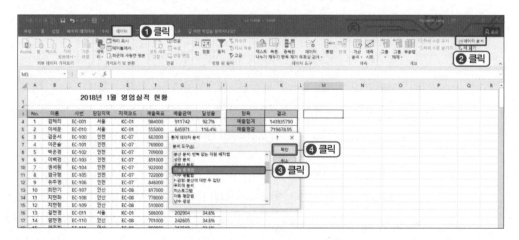

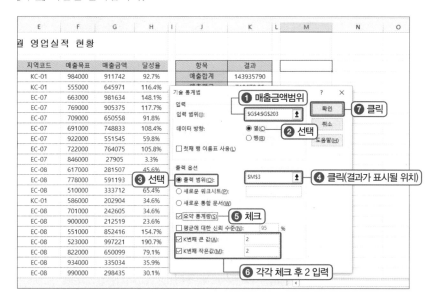
❷ [기술 통계법] 창이 열리면 [입력범위]에 매출금액이 있는 범위 [$G$4:$G$203]를 드래그 합니다. (자동으로 절대참조가 지정) [데이터 방향]은 [열]에 놓고 [출력 범위]를 [M3] 셀로 지정합니다. 그리고 [요약 통계량]을 클릭하여 기본적인 통계함수 값을 볼 수 있도록 하며, [K번째 큰 값]과 [K번째 작은 값]에 체크 한 후 숫자 2를 입력하여 두 번째 큰 값과, 두 번째 작은 값을 표시하도록 하고 [확인] 버튼을 클릭합니다.

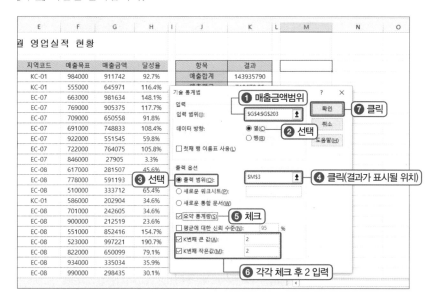

❸ 출력 위치로 정했던 [M3] 셀부터 기술통계법의 결과값이 출력된 것을 확인할 수 있습니다.

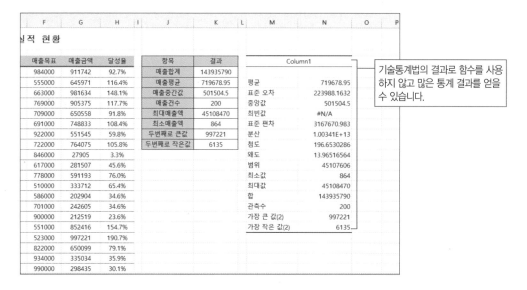

기술통계법의 결과로 함수를 사용하지 않고 많은 통계 결과를 얻을 수 있습니다.

멘토의 한 수

최빈값에 #N/A가 표시된 것은 입력범위로 선택했던 매출 금액의 숫자값이 모두 하나씩이므로 최빈값이 존재하지 않기 때문입니다. 그리고 [기술 통계법]을 활용하여 데이터를 분석한 경우, 원본 데이터를 변경하여도 결과값에 반영되지 않으므로 주의해야 합니다.

제품코드를 활용하여 매출세부내역서 작성

● 예제파일 : c4-2.xlsx, c4-2DBf.xlsx   ● 정답파일 : c4-2f.xlsx, c4-2DBf.xlsx

> **핵심내용** VLOOKUP 함수로 기준값에 맞는 데이터를 추출하여 데이터를 완성할 수 있습니다. VLOOKUP 함수에서 직접 입력했던 col_index_num 부분을 MATCH 함수를 이용해 직접입력하지 않고 자동으로 해당 값을 추출하도록 합니다.

1. 제품코드를 기준으로 데이터 추출 및 상세내역 완성하기

'c4-2.xlsx' 파일의 '제품명', '제품분류', '단가'를 'c4-2DBf.xlsx' 파일의 '제품DB' 시트에서 VLOOKUP 함수로 추출합니다. 여러 데이터를 추출해야 하므로 VLOOKUP 함수의 col_index_num 부분에 MATCH 함수를 중첩하여 데이터를 자동으로 추출하도록 합니다.

 '매출데이터' 시트의 [G4] 셀에 있는 '제품코드'를 기준으로 '제품명'을 추출하기 위해 [H4] 셀을 클릭합니다. 그리고 '=VLOOKUP($G4'를 입력한 후 쉼표(,)를 입력하고 참조할 기준표가 있는 'c4-2DBf.xlsx' 파일의 '제품DB' 시트로 이동합니다. [A:D] 열을 블록지정하면 자동으로 절대참조 설정이 되며 '=VLOOKUP($G4,'[c4-2DBf.xlsx]제품DB'!$A:$D'로 입력됩니다.

table_array 부분에 '제품DB' 시트의 [A:D] 열까지 열 전체를 선택하면 새로운 데이터가 추가 되었을 때 범위를 재설정하지 않아도 자동으로 추가된 데이터를 참조할 수 있게 됩니다.

❷ 쉼표(,)를 입력 후 col_index_num 부분이 자동으로 입력 될 수 있도록 'MATCH(H$3,'[c4-2DBf.xlsx]제품DB'!$A$2:$D$2,0)'을 입력합니다.

위치를 찾을 값으로 '매출데이터' 시트
의 '제품코드'필드명 입니다.

정확히 일치하는 값

찾을 데이터의 범위입니다. 기준표가 있는
'c2-4DB.xlsx' 파일의 '제품DB' 시트에 있
는 필드명 범위 [A2:D2]입니다.

❸ 쉼표(,)를 입력하면 VLOOKUP 함수로 돌아오게 되는데 이때 'FALSE-정확히 일치'를 선택합니다.

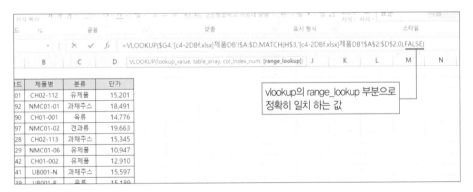

vlookup의 range_lookup 부분으로
정확히 일치 하는 값

❹ '제품명'의 결과가 표시되면 채우기 핸들을 이용해 오른쪽의 '제품분류'까지 드래그하면 #N/A라는 오류가 나타납니다.

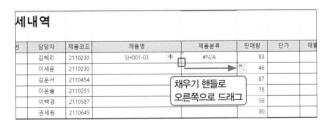

채우기 핸들로
오른쪽으로 드래그

❺ '매출데이터' 시트의 필드명(머리글)은 '제품분류'로 되어 있지만, '제품DB' 시트에 있는 필드명(머리글)은 '분류'로 되어 있기 때문이므로 '제품DB' 시트에 있는 '분류'를 '제품분류'로 수정해 줍니다.

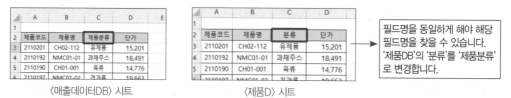

〈매출데이터DB〉 시트 　　　　　　〈제품D〉 시트

필드명을 동일하게 해야 해당 필드명을 찾을 수 있습니다. '제품DB'의 '분류'를 '제품분류'로 변경합니다.

❻ '매출데이터' 시트에 제품분류가 추출되었으며, 채우기 핸들을 더블클릭하여 자동으로 함수 수식을 반영합니다.

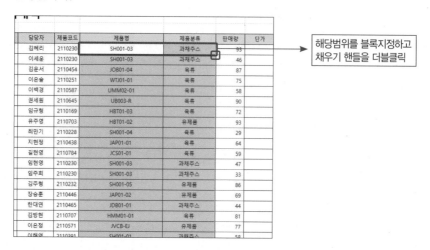

해당범위를 블록지정하고 채우기 핸들을 더블클릭

❼ 완성된 [I4] 셀의 함수 수식을 복사(Ctrl + C)하여 [K4] 셀에 붙여넣기(Ctrl + V) 합니다. 채우기 핸들을 더블클릭하여 데이터 전체에 함수수식을 반영합니다.

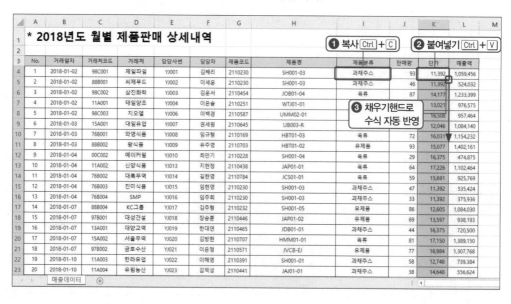

함수수식의 이해

❶　　　　　　　　　❷　　　　　　　　　　❸　　　　　　　❹
=VLOOKUP($G4,'[c4-2DBf.xlsx]제품DB'!$A:$D,MATCH(H$3,'[c4-2DBf.xlsx]제품
DB'!$A$2:$D$2,0),FALSE)
　❺　　❻

'매출데이터' 시트에 있는 '제품코드'를 이용해 'c4-2DBf.xlsx' 파일의 '제품DB' 시트에서 '제품명', '제품분류',
'단가'를 추출하기 위해 VLOOKUP 함수와 MATCH 함수를 사용합니다.

❶ 기준이 되어 찾을 값을 지정해야 하므로 [G4] 셀을 입력합니다. 이때 키보드의 F4 키로 열을 혼합참조하여
   '제품명'과 '단가'를 추출하기 쉽도록 설정합니다.

❷ 기준값을 찾을 데이터가 있는 'c4-2DBf.xlsx' 파일의 '제품DB' 시트로 이동합니다. 그리고 데이터가 있는
   범위 [A:D] 열을 선택합니다. 파일이 다를 경우 자동으로 절대참조가 지정됩니다.

❸ 추출한 데이터의 위치를 자동으로 입력되도록 하기 위해 MATCH 함수를 입력하고 추출할 데이터의 필드명
   인 '매출데이터' 시트의 [H3] 셀을 입력합니다. 키보드의 F4 키를 눌러 행 혼합참조를 지정해 함수 수식을
   자동채우기 할 때 행의 위치가 변경되지 않도록 합니다.

❹ [H3] 셀과 동일한 값을 찾을 위치로 'c4-2DBf.xlsx' 파일의 '제품DB' 시트로 이동합니다. 그리고 데이터가
   있는 범위 [$A$2:$D$2] 셀을 선택하여 입력합니다. 파일이 달라 자동으로 절대참조가 지정됩니다.

❺ 정확하게 일치하는 데이터를 찾아야 하므로 '0-정확하게 일치'를 선택합니다.

❻ VLOOKUP 함수의 lookup_value에서 지정한 '제품코드'와 정확히 일치해야 하므로 'FALSE' 또는 숫자'0'을
   입력합니다.

매출현황 작성과 상품별 할인 전·후 매출분석

● 예제파일 : c4-3.xlsx   ● 정답파일 : c4-3f.xlsx

 INDEX 함수와 MATCH 함수를 활용하면, 회사의 ERP 시스템에서 데이터를 다운로드하여 엑셀로 가공하거나, 기존에 만들어 놓은 데이터베이스 파일에 다른 데이터를 추가하여 가공하는 것이 쉬워집니다. 배열범위에서 정해진 데이터의 행과 열의 위치를 찾아 데이터를 쉽게 추출하여 추가, 생성할 수 있습니다.

1. 매출현황파일을 생성하기 위한 내용 구성하기

예제파일의 '매출현황' 시트에 데이터를 추가하여 매출현황 파일을 완성하려고 합니다. '상품명', '형태', '단가', '할인단가', '할인금액', '금액' 열을 추가하여 매출 현황파일을 완성합니다.

❶ '매출현황' 시트의 '상품코드'와 '수량' 사이에 5개의 열을 추가하기 위해 [F:J] 열까지 5개의 열을 블록지정 합니다. 그리고 열 번호에서 마우스 오른쪽 단추를 누르고 [삽입]을 클릭합니다.

❷ 열이 추가되면 [F3:J3] 셀에 '상품명', '형태', '단가', '할인단가', '할인금액'을 차례로 입력 합니다.

	A	B	C	D	E	F	G	H	I	J	K
1	**단가할인에 따른 매출 현황[1월]**										
2											
3	No.	구매일자	고객코드	구매구분	상품코드	상품명	형태	단가	할인단가	할인금액	입력
4	1	2019-01-02	C2042	개인	11248						12
5	2	2019-01-02	B20546	법인	11230						55
6	3	2019-01-02	B20216	법인	11441						197
7	4	2019-01-02	B2077	법인	11442						189
8	5	2019-01-02	C20222	개인	11853						19

❸ [L3] 셀에 '금액'을 입력하고, [K3:K207] 셀을 블록지정 하여 복사(Ctrl+C)합니다. 다시 [L3] 셀을 클릭하여 마우스 오른쪽 단추의 [붙여넣기 옵션]-[서식] 단추를 눌러 동일한 서식을 적용해 줍니다.

❶ 입력
❸ 클릭 후 마우스 오른쪽 단추
❷ [K3:K207] 블록지정 후 복사 Ctrl+C
❹ 클릭

2. '상품코드'를 기준으로 '상품명', '형태', '단가' 데이터 추출하기

'매출현황' 시트에 있는 '상품코드'와 동일한 값을 '기준' 시트에서 찾아 '상품명', '형태', '단가', '할인단가' 를 추출합니다.

❶ '상품명'을 추출하기 위해 '매출현황' 시트의 [F4] 셀을 클릭하고 '=INDEX('를 입력한 후 '기준' 시트로 이동합니다. 찾을 범위 [A:H] 열을 선택하여 절대참조 설정 후 쉼표(,)를 입력하면 '=INDEX(기준!$A:$H,'가 됩니다.

RANK.EQ | × | ✓ | fx | =INDEX(기준!$A:$H,

데이터 참조 배열(범위)

INDEX(array, **row_num**, [column_num])
INDEX(reference, **row_num**, [column_num], [area_num])

	A	B	C	D	E	F	G	H	I
1									
2	* 기준표								
3	상품코드	상품명	형태	단가	개인	공동구매	법인	사내	
4	11248	과테말라 안티구아	분쇄	10,950	11%	19%	23%	25%	
5	11230	과테말라안티구아	홀빈	10,950	12%	20%	23%	25%	
6	11441	브라질산토스	홀빈	11,320	15%	22%	25%	25%	
7	11442	브라질산토스	분쇄	11,320	15%	22%	25%	25%	
8	11853	예가체프	홀빈	14,255	8%	15%	20%	25%	
9	11855	예가체프	분쇄	14,255	7%	14%	19%	25%	
10	11789	케냐AA	분쇄	13,210	11%	19%	22%	25%	
11	11787	케냐AA	홀빈	13,210	12%	20%	23%	25%	
12	11350	콜롬비아슈프리모	분쇄	13,352	13%	18%	22%	25%	
13	11352	콜롬비아슈프리모	홀빈	13,352	15%	22%	25%	25%	
14									
15									
16									

멘토의 한 수

INDEX 함수의 array 부분에 '기준' 시트의 [A:H] 열 전체를 선택해 놓으면 데이터가 추가되었을 때 수식에서 데이터범위를 재설정하지 않아도 자동으로 추가된 데이터를 참조할 수 있게 됩니다.

❷ 찾으려는 데이터가 있는 행의 위치를 자동으로 표시하기 위해 'MATCH(매출현황!$E4,기준!$A:
$A,0)' 수식을 입력합니다.

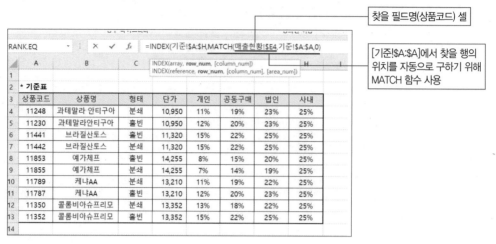

❸ 다시 쉼표(,)를 입력하여 찾으려는 데이터가 있는 열의 위치를 자동으로 표시하기 위해 'MATCH
(매출현황!F$3,기준!$3:$3,0))'을 입력합니다.

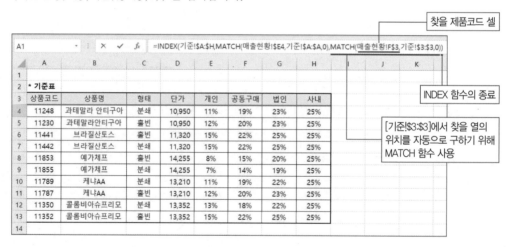

❹ '매출현황' 시트에 상품명이 추출되면 채우기 핸들을 오른쪽으로 드래그하여 [G4:H4] 셀에 함수수식을 반영합니다. 다시 [F4:H4] 셀을 블록 지정한 후 채우기 핸들로 데이터 전체에 함수를 반영합니다.

❺ '단가'가 있는 [H4:H207]을 블록지정하고 [홈]-[표시 형식] 그룹-[쉼표스타일]을 눌러 단가를 쉽게 파악할 수 있도록 합니다.

함수수식의 이해

=INDEX(기준!$A:$H,MATCH(매출현황!$E4,기준!$A:$A,0),MATCH(매출현황!F$3,기준!$3:$3,0))
　❶　　　❷　　　　❸　　　　❹　　❺　　　　❻　　❼

각 상품코드에 해당하는 '상품명', '형태', '단가'를 추출해 오기 위해 INDEX 함수와 MATCH 함수를 사용합니다.

❶ 각 상품코드에 해당하는 '상품명'을 추출하기 위해 '기준' 시트에 있는 데이터 범위[A:H]를 입력하고 키보드의 F4 키를 눌러 절대참조 지정합니다. [기준!$A:$H]

❷ 데이터가 있는 행 위치를 자동으로 부여하기 위해 MATCH 함수를 입력하고 상품코드가 있는 '매출현황' 시트의 [E4] 셀을 클릭하여 입력합니다. 채우기 핸들로 드래그할 때 열은 고정되고 행 번호만 변경되도록 키보드의 F4 키를 눌러 열 혼합참조를 설정합니다. [$E4]

❸ 참조할 동일한 '상품코드'가 있는 '기준' 시트의 범위[A:A]를 입력하고 F4 키를 눌러 절대참조 설정합니다.

❹ 정확히 일치하는 값의 위치를 추출해야 하므로 '0−정확히 일치'를 선택합니다.

❺ 데이터가 있는 열 위치를 자동으로 부여하기 위해 MATCH 함수를 입력하고 찾을 필드명을 입력하기 위해 '매출현황' 시트의 [F3] 셀을 클릭하여 입력합니다. 채우기 핸들로 드래그할 때 행번호는 고정되고, 열번호는 변경되도록 키보드의 F4 키를 눌러 행 혼합참조를 설정합니다. [F$3]

❻ 찾을 필드명의 데이터가 있는 위치인 '기준' 시트의 [3:3] 행을 참조하도록 설정하며, 키보드의 F4 키를 눌러 절대참조 설정합니다.

❼ 정확히 일치하는 값의 위치를 추출해야 하므로 '0−정확히 일치'를 선택합니다.

3. 할인율을 적용하여 '할인단가', '할인금액', '금액'완성하기

'기준' 시트에 '상품코드'와 '구매구분'에 따라 할인율이 정해져 있습니다. '기준' 시트의 할인율을 적용하여 할인된 단가를 구하고, 할인금액이 얼마인지, 그리고 할인단가를 적용한 총금액이 얼마인지 구하도록 합니다. 할인단가는 단가−(단가*할인율)로 계산하여 구합니다.

❶ 할인율을 반영하여 '할인단가'를 구할 것이므로 '매출현황' 시트의 [I4] 셀을 선택합니다. 할인단가를 구할 계산식에 따라 '='을 입력하고 단가가 있는 'H4−(H4*INDEX('를 입력합니다. 데이터 범위를 입력하기 위해 '기준' 시트의 [A:H] 열까지의 범위를 선택합니다. 이때 키보드의 F4 키를 눌러 절대참조 설정하여 '=H4−(H4*INDEX(기준!$A:$H'로 입력합니다.

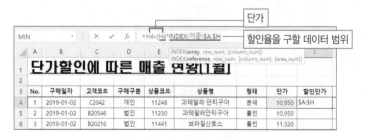

❷ '상품코드'에 맞는 할인율의 행 위치를 자동으로 구하기 위해 쉼표(,)를 입력하여 'MATCH(매출현황!$E4,기준!$A:$A,0)'을 입력합니다.

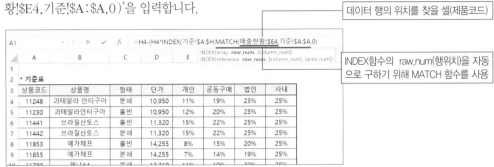

❸ 쉼표(,)를 입력하고 '구매구분'에 맞는 할인율을 열 위치를 자동으로 구하기 위해 'MATCH(매출현황!$D4,기준!$A$3:$H$3,0)'를 입력하고 괄호를 '))' 두 번 닫습니다.

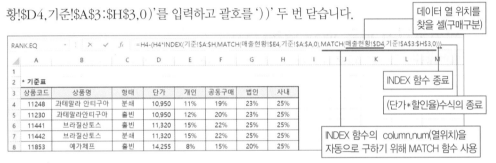

❹ Enter 키를 쳐서 '할인단가'가 표시되면 채우기 핸들로 '할인단가' 전체에 수식을 반영합니다.

단가할인에 따른 매출 현황[1월]

No.	구매일자	고객코드	구매구분	상품코드	상품명	형태	단가	할인단가	할인금액	수량	금액
1	2019-01-02	C2042	개인	11248	과테말라 안티구아	분쇄	10,950	9,745.50		12	
2	2019-01-02	B20546	법인	11230	과테말라안티구아	홀빈	10,950	8,431.50		55	
3	2019-01-02	B20216	법인	11441	브라질산토스	홀빈	11,320	8,490.00		197	
4	2019-01-02	B2077	법인	11442	브라질산토스	분쇄	11,320	8,490.00		189	
5	2019-01-02	C20222	개인	11853	예가체프	홀빈	14,255	13,114.60		19	
6	2019-01-02	C20185	개인	11855	예가체프	분쇄	14,255	13,257.15		13	
7	2019-01-03	S20144	사내	11248	과테말라 안티구아	분쇄	10,950	8,212.50		6	
8	2019-01-03	C2079	개인	11230	과테말라안티구아	홀빈	10,950	9,636.00		1	
9	2019-01-03	S2024	사내	11441	브라질산토스	홀빈	11,320	8,490.00		3	
10	2019-01-03	B20983	법인	11442	브라질산토스	분쇄	11,320	8,490.00		296	
11	2019-01-03	C2091	개인	11248	과테말라 안티구아	분쇄	10,950	9,745.50		2	
12	2019-01-03	C2069	개인	11230	과테말라안티구아	홀빈	10,950	9,636.00		5	
13	2019-01-03	C20299	개인	11441	브라질산토스	홀빈	11,320	9,622.00		3	

❺ '할인금액'을 구하기 위해 [J4] 셀을 클릭하고 '=H4-I4' 입력하여 단가에서 할인단가를 빼줍니다.

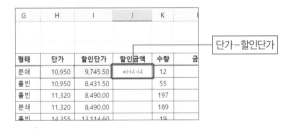

❻ '할인금액'의 채우기 핸들을 더블클릭하여 자동 채우기합니다. 마지막으로 '금액'을 구하기 위해 [L4] 셀에 '=I4*K4' 입력하여 할인단가에 수량을 곱합니다.

형태	단가	할인단가	할인금액	수량	금액
분쇄	10,950	9,745.50	1,204.50	12	=I4*K4
홀빈	10,950	8,431.50	2,518.50	55	
홀빈	11,320	8,490.00	2,830.00	197	
분쇄	11,320	8,490.00	2,830.00	189	
홀빈	14,255	13,114.60	1,140.40	19	

→ 할인단가*수량

❼ 채우기 핸들을 이용해 자동 채우기하여 전체 데이터에 수식을 반영합니다.

단가할인에 따른 매출 현황[1월]

No.	구매일자	고객코드	구매구분	상품코드	상품명	형태	단가	할인단가	할인금액	수량	금액
1	2019-01-02	C2042	개인	11248	과테말라 안티구아	분쇄	10,950	9,745.50	1,204.50	12	116,946.00
2	2019-01-02	B20546	법인	11230	과테말라안티구아	홀빈	10,950	8,431.50	2,518.50	55	463,732.50
3	2019-01-02	B20216	법인	11441	브라질산토스	홀빈	11,320	8,490.00	2,830.00	197	1,672,530.00
4	2019-01-02	B2077	법인	11442	브라질산토스	분쇄	11,320	8,490.00	2,830.00	189	1,604,610.00
5	2019-01-02	C20222	개인	11853	예가체프	홀빈	14,255	13,114.60	1,140.40	19	249,177.40
6	2019-01-02	C20185	개인	11855	예가체프	분쇄	14,255	13,257.15	997.85	13	172,342.95
7	2019-01-03	S20144	사내	11248	과테말라 안티구아	분쇄	10,950	8,212.50	2,737.50	6	49,275.00
8	2019-01-03	C2079	개인	11230	과테말라안티구아	홀빈	10,950	9,636.00	1,314.00	1	9,636.00
9	2019-01-03	S2024	사내	11441	브라질산토스	홀빈	11,320	8,490.00	2,830.00	3	25,470.00
10	2019-01-03	B20983	법인	11442	브라질산토스	분쇄	11,320	8,490.00	2,830.00	296	2,513,040.00
11	2019-01-03	C2091	개인	11248	과테말라 안티구아	분쇄	10,950	9,745.50	1,204.50	2	19,491.00
12	2019-01-03	C2069	개인	11230	과테말라안티구아	홀빈	10,950	9,636.00	1,314.00	5	48,180.00
13	2019-01-03	C20299	개인	11441	브라질산토스	홀빈	11,320	9,622.00	1,698.00	3	28,866.00
14	2019-01-03	B20122	법인	11442	브라질산토스	분쇄	11,320	8,490.00	2,830.00	226	1,918,740.00
15	2019-01-03	G2044	공동구매	11853	예가체프	홀빈	14,255	12,116.75	2,138.25	58	702,771.50
16	2019-01-03	C20217	개인	11855	예가체프	분쇄	14,255	13,257.15	997.85	13	172,342.95
17	2019-01-04	G20105	공동구매	11248	과테말라 안티구아	분쇄	10,950	8,869.50	2,080.50	23	203,998.50

4. 각 상품의 구매구분에 따른 매출액분석 하기

'매출현황' 시트에 생성된 매출현황 데이터를 활용해 [피벗 테이블]로 매출액을 분석할 것입니다. 각 상품의 구매구분에 따른 매출현황을 분석하도록 합니다.

❶ 피벗 테이블을 작성하기 위해 '매출현황' 시트의 [A3] 셀을 클릭하고 [삽입]-[표] 그룹-[피벗 테이블]을 클릭합니다. [피벗 테이블 만들기] 창이 열린 후 [표 또는 범위 선택]에 '매출현황!$A$3:$L$207'로 입력되어 있으면 [확인]을 클릭합니다.

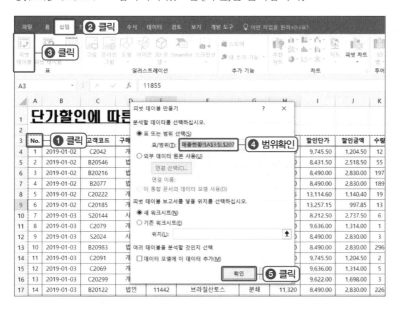

❷ 시트가 새롭게 추가되면 피벗 테이블 필드 목록에서 '형태'와 '상품명'을 체크하여 [행]에 들어가도록 하고, [열]에 '구매구분'을 끌어다 놓습니다. 그리고 '금액'을 체크하면 [값]에 자동으로 추가되어 [합계 : 금액]이 표시됩니다.

❸ 만들어 놓은 피벗 테이블에는 '형태' 아래에 '상품명'이 나오게 되는데, 피벗 테이블의 임의의 위치에 마우스를 클릭하고 [피벗 테이블 도구]-[디자인]-[레이아웃] 그룹-[보고서 레이아웃]-[테이블 형식으로 표시]를 클릭합니다.

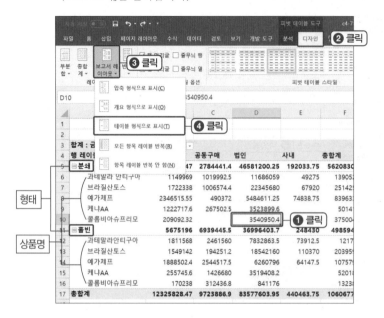

❹ 테이블 형식으로 피벗 테이블이 표시되면 다시 [피벗 테이블 도구]-[디자인]-[레이아웃] 그룹-[부분합]-[부분합 표시 안 함]을 클릭하여 각 '형태'의 요약을 지우도록 합니다.

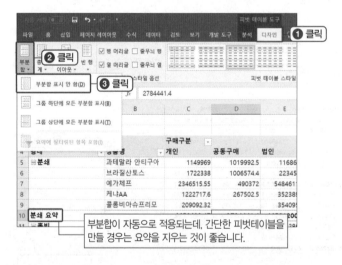

5. '구매구분'에 대한 할인율 적용 전과 후의 매출액 표시하기

피벗 테이블에 표시된 값은 '할인단가'를 적용한 금액입니다. 피벗 테이블에 필드를 추가하여 할인 전 '단가'를 적용한 금액이 함께 표시되도록 합니다.

❶ 매출액이 있는 임의의 셀[C5]을 선택하고 피벗 테이블의 확장 도구인 [분석]-[계산] 그룹-[필드, 항목 및 집합]-[계산필드]를 클릭합니다.

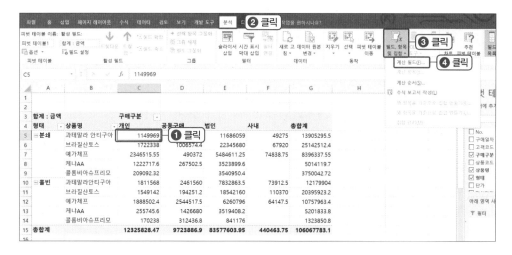

❷ [계산 필드 삽입] 창이 열리면 [이름]에 '할인전금액'을 입력하고 [수식]에 입력되어 있는 '= 0'의 '0'을 지우고 아래에 있는 [필드]에서 '단가'를 더블클릭합니다. 그러면 [수식]에 '= 단가'가 자동으로 입력됩니다. 그리고 '*'를 입력한 후 [필드]에서 '수량'을 찾아 더블클릭하여 '=단가*수량'이 입력되면 [이름]입력란 옆에 [추가] 버튼을 클릭합니다. [필드]의 하단에 '할인전금액'이라는 새로운 필드가 추가되었습니다. [확인]을 클릭합니다.

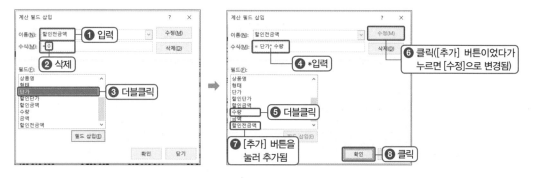

❸ 피벗 테이블에 '구매구분'별로 [합계 : 금액]과 [합계 : 할인전금액]이 나타나며 할인율을 적용하지 않았을 때의 금액이 함께 표시됩니다.

단가조정 여부에 따라 인상된 금액과 기존 금액 적용

●**예제파일** : c4-4.xlsx, c4-4DBf.xlsx   ●**정답파일** : c4-4f.xlsx, c4-4DBf.xlsx

**핵심
내용** IF 함수는 다른 함수들을 중첩해 다양하게 데이터 분석이 가능하며, 조건식이 들어가는 위치나 TRUE 또는 FALSE 부분에도 다른 함수들을 중첩할 수 있습니다. 예제에서는 IF와 VLOOKUP 함수를 중첩하여 다른 파일(시트)에 있는 데이터를 참조하여 결과값을 도출합니다.

1. 단가 조정 여부에 따라 인상된 단가와 기존 단가적용하기

주어진 'c4-4.xlsx' 파일과 'c4-4DBf.xlsx' 파일을 연 후 IF 함수와 VLOOKUP 함수를 활용해 제품에 대한 단가 조정여부를 확인합니다. 거래일자가 단가조정일 이전이면 기존단가가 표시되도록하고, 단가조정일 이후이면 조정된 단가를 적용하도록 합니다.

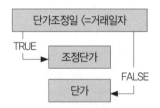

❶ 'c4-4.xlsx' 파일의 '거래내역' 시트에서 단가를 입력할 [F4] 셀을 클릭하고 제품코드별 거래일자가 단가조정일 이후인지 확인하기 위해 '=IF('를 입력합니다. 조건부분에 'VLOOKUP(D4'를 입력하여 '제품코드'를 찾을 수 있도록 합니다.

	A	B	C	D	E	F	G	H	I	J	K
1	* 2018년도 거래내역										
2											
3	거래일자	거래처	담당사원	제품코드	제품명	단가	수량	금액			
4	2018-01-02	제일파일	김혜리	2110230	SH001-03	=if(VLOOKUP(D4,	93	0			
5	2018-01-02	씨제푸드	이세운	2110230	SH001-03	VLOOKUP(lookup_value, **table_array**, col_index_num, [range_lookup])					
6	2018-01-02	삼진화학	김운서	2110454	JOB01-04		87	0			
7	2018-01-02	태열양조	이은솔	2110251	WTJ01-01		75	0			
8	2018-01-02	지오엘	이백경	2110587	UMM02-01		58	0			
9	2018-01-03	대열유업	권세원	2110645	UB003-R		90	0			
10	2018-01-03	와영식품	염규형	2110169	HBT01-03		72	0			
11	2018-01-03	완식품	유주역	2110703	HBT01-03		93	0			

각 제품의 단가 조정일을 추출하기
위해 기준이 되는 '제품코드' 셀을 클릭

❷ '제품코드'를 찾을 데이터가 있는 'c4-4DBf.xlsx' 파일의 '단가' 시트로 이동해 [A:F] 열을 선택하면 자동으로 절대 참조가 설정됩니다. 제품별 거래일자와 '단가조정일'을 비교하기 위해 쉼표(,)를 입력하여 '단가' 시트의 '단가조정일'이 있는 '5'를 입력합니다. 쉼표(,)를 입력하여 FALSE를 입력

하고 괄호를 닫아 정확히 일치하는 값을 찾도록 합니다. 그리고 '<=A4'를 입력하여 VLOOKUP함수로 추출해 온 '단가조정일보다 [A4] 셀에 있는 거래일자가 크거나 같다'라는 조건을 완성합니다.

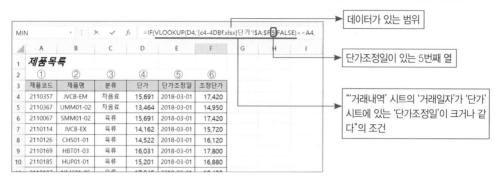

멘토의 한 수

엑셀에서 날짜는 1900-01-01부터 9999-12-31일까지 표현할 수 있습니다. 이때 1900-01-01은 숫자1, 1900-01-02는 숫자 2...로 하루에 숫자 1씩 증가하는 일련번호체계를 가지고 있습니다. 그래서 부등호로 날짜의 크기를 비교할 수 있습니다.

❸ 쉼표(,)를 입력하고, 조건의 결과가 참일 때 표시될 값을 'c4-4DBf.xlsx' 파일에서 추출해 오기 위해 VLOOKUP 함수를 사용합니다. ',VLOOKUP(D4,'[c4-4DBf.xlsx]단가'!$A:$F, 6,FALSE),' 입력하여 조건의 결과가 참이면 단가가 조정된 후에 거래된 것이므로 '조정된단가'의 값을 추출하도록 합니다.

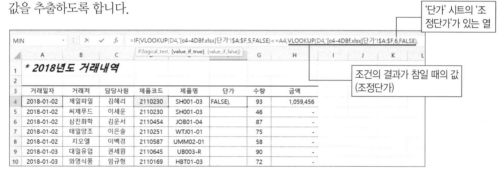

❹ 조건의 결과가 거짓일 경우는 단가조정이 되기 전에 거래된 경우이므로 '단가'를 추출해야 합니다. 쉼표(,)를 입력하여 IF함수의 value_if_false 부분에 'VLOOKUP(D4,'[c4-4DBf.xlsx]단가'!$A:$F,4,FALSE))'를 입력합니다.

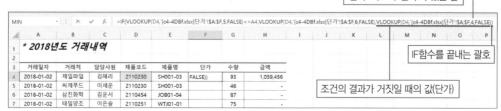

❺ Enter 키를 치면 거래일자와 단가조정일을 비교하여 단가를 반영합니다. 채우기 핸들을 이용해 자동채우기 하여 데이터 전체에 단가를 반영합니다.

	A	B	C	D	E	F	G	H
1	*** 2018년도 거래내역**							
2								
3	거래일자	거래처	담당사원	제품코드	제품명	단가	수량	금액
4	2018-01-02	제일파일	김혜리	2110230	SH001-03	11,392	93	1059456
5	2018-01-02	씨제푸드	이세운	2110230	SH001-03	11,392	46	524032
6	2018-01-02	삼진화학	김운서	2110454	JOB01-04	14,177	87	1233399
7	2018-01-02	태일양조	이은슬	2110251	WTJ01-01	13,021	75	976575
8	2018-01-02	지오열	이백경	2110587	UMM02-01	16,508	58	957464
9	2018-01-03	대일유업	권세원	2110645	UB003-R	12,046	90	1084140
10	2018-01-03	와영식품	임규형	2110169	HBT01-03	16,031	72	1154232
11	2018-01-03	왕식품	유주영	2110703	HBT01-02	15,077	93	1402161
12	2018-01-04	메이커필	최만기	2110228	SH001-04	16,375	29	474875
13	2018-01-04	신양식품	지현정	2110438	JAP01-01	17,226	64	1102464
14	2018-01-04	대륙무역	길현영	2110784	JCS01-01	15,691	59	925769
15	2018-01-04	진미식품	임현영	2110230	SH001-03	11,392	47	535424
16	2018-01-04	SMP	임주희	2110230	SH001-03	11,392	33	375936
17	2018-01-07	KC그룹	김주형	2110232	SH001-05	12,605	86	1084030
18	2018-01-07	대성건설	장승훈	2110446	JAP01-02	13,597	69	938193
19	2018-01-07	대양교역	한대연	2110465	JDB01-01	16,375	44	720500
20	2018-01-07	서울무역	김방현	2110707	HMM01-01	17,150	81	1389150
21	2018-01-07	금호수산	이은정	2110571	JVCB-EJ	16,984	77	1307768
22	2018-01-10	한라유업	이해영	2110391	SH001-01	12,748	58	739384
23	2018-01-10	유림농산	김덕성	2110441	JAJ01-01	14,648	38	556624

채우기 핸들로 수식 반영

함수수식의 이해

❶
=IF(VLOOKUP(D4,'[c4-4DBf.xlsx]단가'!$A:$F,5,FALSE)<=A4,VLOOKUP(D4,'[c4-4DBf.xlsx]단가'!$A:$F,6,FALSE),VLOOKUP(D4,'[c4-4DBf.xlsx]단가'!$A:$F,4,FALSE))
❷   ❸

제품이 거래된 거래일자와 단가조정일을 비교하여 단가조정일 전일 경우 기존단가를, 단가조정일 후일 경우는 조정된단가를 표시하기 위해 IF 함수와 VLOOKUP 함수를 사용합니다.

❶ IF 함수의 조건에 해당하는 부분으로 VLOOKUP 함수를 이용해 '제품코드'에 맞는 '단가조정일'을 추출합니다. 추출된 '제품의 단가조정일보다 거래일자가 크거나 같다'.라고 가정합니다. 날짜는 일련번호체계로 되어 있어 날짜간의 크고 작음을 비교할 수 있습니다. (223P 멘토의 한수 참고)

❷ 조건의 결과가 참일 때 표시할 값으로 거래일자가 단가조정일 이후 일 경우에는 조정된 단가가 적용되어야 합니다. VLOOKUP 함수를 이용해 해당 제품의 제품코드를 기준으로 [c4-4DBf.xlsx]단가'!$A:$F 영역에서 조정된 단가를 추출합니다.

❸ 조건의 결과가 거짓일 때 표시할 값으로 거래일자가 단가조정일 이전 일 경우에는 '단가' 부분의 값이 적용되어야 합니다. VLOOKUP 함수를 이용해 해당 제품의 제품코드를 기준으로 '[c4-4DBf.xlsx]단가'!$A:$F' 영역에서 '단가'를 추출합니다.

크로스탭으로 쉽게 만드는 보고서(SUMIFS와 피벗 테이블)

●예제파일 : c4-5.xlsx   ●정답파일 : c4-5f.xlsx

핵심내용 피벗 테이블이나, SUMIFS 함수를 활용하면 크로스탭 보고서를 쉽게 완성할 수 있습니다. 데이터 값이 수시로 업데이트되는 경우 SUMIFS 함수를 적용하면 자동으로 반영되어 효과적이며, 피벗 테이블은 마우스 드래그 몇 번으로 크로스탭 보고서를 완성할 수 있어 편리하지만 특정 주기마다 업데이트 되는 경우에 효과적입니다.

1. SUMIFS 함수를 활용한 매출 보고서작성(크로스탭 분석)을 위한 기본 작업

SUMIFS 함수로 '매출데이터' 시트의 데이터를 활용하여 '매출분석' 시트에 월별 매출분석 보고서를 작성합니다. 월별 매출 보고서는 지역별로 제품분류에 따른 보고서로 작성합니다.

❶ 보고서로 만들기 위해 '매출데이터' 시트의 '거래일자'에서 '거래월'만 표시하기 위해 [C4] 셀을 클릭하고 '=MONTH(B4)'를 입력합니다. 채우기 핸들로 자동 채우기 합니다.

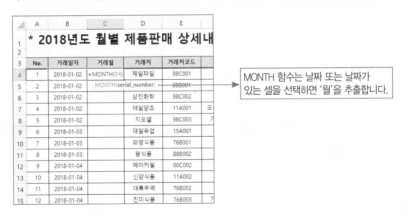

MONTH 함수는 날짜 또는 날짜가 있는 셀을 선택하면 '월'을 추출합니다.

멘토의 한 수

'거래월'을 추출하는 이유는 SUMIFS 함수의 Criteria_range 부분에는 다른 함수를 중첩해도 인식하지 못하기 때문입니다.

❷ 만약 결과값이 '1900-01-01'로 표시되면 채우기 핸들을 더블클릭하여 자동 채우기하고, [홈]-[표시형식] 그룹-[표시 형식] 단추를 눌러 '날짜'를 [일반]이나 [숫자]로 변경해 줍니다.

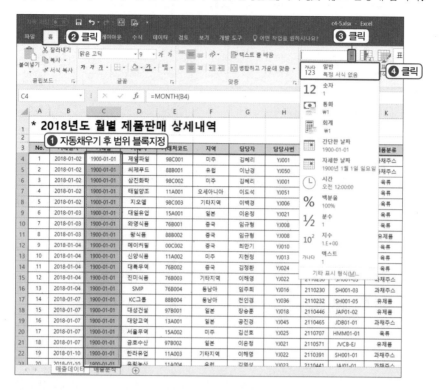

멘토의 한 수

MONTH 함수의 결과값이 1로 표현되지 않고 '1900-01-01'로 표시되었다면 셀의 표시 형식이 '날짜'로 지정되어 있기 때문입니다.

❸ '매출분석' 시트에 보고서 형태를 만들기 위해 [A1] 셀에 '지역명'을 입력하고 [홈]에서 정렬 : 가운데정렬, 스타일 : 강조색1로 설정하고, [A1:A2] 셀을 블록지정하여 테두리 : 모든 테두리를 적용합니다.

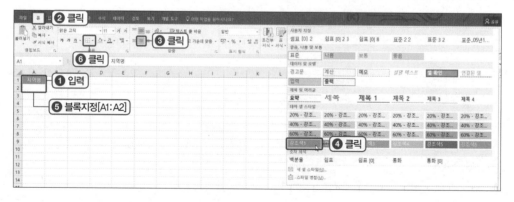

❹ [A4] 셀에 '구분'을 입력하고 [B4:M4] 셀까지 숫자 1~12까지 순차적으로 입력합니다. [B4:M4] 셀을 블록 지정하여 마우스 오른쪽단추–[셀 서식 Ctrl + 1]–[표시 형식]–[사용자 지정]을 클릭합니다. [형식]의 입력란에 '#"월"'을 입력하고 [확인] 버튼을 클릭합니다.

[셀 서식]의 사용자 지정을 활용하여 1월~12월까지의 텍스트형식으로 표시했습니다. 보여지는 것만 1월~12월의 형태이며, 실제로는 숫자 1~12입니다.

❺ '매출분석' 시트에 제품분류를 입력하기 위해 '매출데이터' 시트로 이동하여 제품분류값이 있는 [K4:K983] 셀을 블록 지정하고, 복사(Ctrl + C)합니다. [P4] 셀에 붙여넣기(Ctrl + V)합니다.

❻ 붙여넣기 된 값이 블록 지정되어 있으므로 [데이터]-[데이터 도구] 그룹-[중복된 데이터 제거]를 클릭합니다. [중복 값 제거] 창이 열리면 열P에 체크한 상태로 [확인] 버튼을 눌러 중복된 데이터를 제외하고 5개의 고유한 값만 유지합니다.

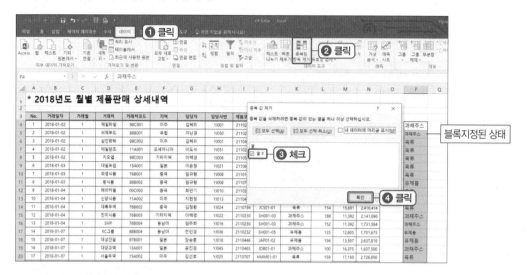

멘토의 한 수

'열P'가 아닐 경우 [내 데이터에 머리글 표시(M)]에 체크를 해제하면 제품분류의 데이터를 머리글로 인식하지 않습니다.

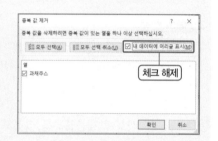

❼ 중복 제거한 5개의 값이 있는 [P4:P8] 셀을 블록 지정하여 복사(Ctrl + C)한 후 '매출분석' 시트의 [A5] 셀을 클릭하고 붙여넣기(Ctrl + V)를 합니다. 그리고 [A4:M9] 셀까지 범위를 블록 지정하여 테두리 : 모든테두리, 정렬 : 가운데정렬한 후 [A4:M4]까지만 블록지정하여 스타일 : 강조색 1을 적용합니다.

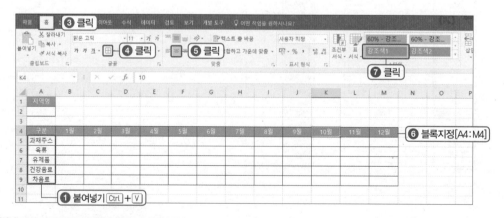

⑧ 지역명을 추출하기 위해 '매출데이터' 시트로 이동합니다. 지역이 있는 [F4:F983] 셀을 블록 지정하여 복사(Ctrl + C)하고, [P4] 셀에 붙여넣기(Ctrl + V) 합니다. 그리고 [데이터]-[데이터 도구] 그룹-[중복된 데이터 제거]를 클릭하여 중복된 데이터를 제거하면 고유한 7개의 데이터가 남게 됩니다.

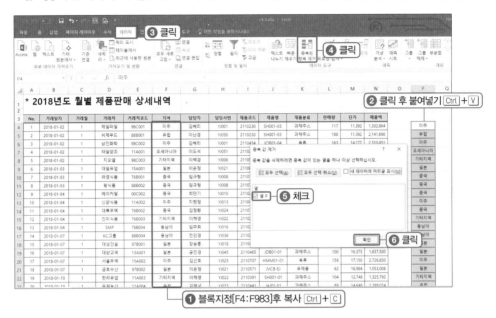

⑨ '매출분석' 시트로 이동하고 지역명을 목록단추로 표시하기 위해 [A2] 셀을 클릭합니다. [데이터]-[데이터도구] 그룹-[데이터 유효성 검사]를 클릭하여 [데이터 유효성] 창에서 [제한 대상]을 '목록'으로 하고 [원본]의 입력란을 클릭하여 커서가 나오도록 합니다.

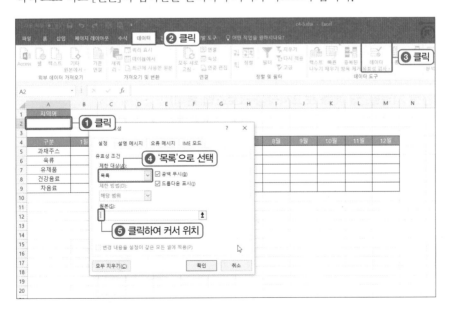

xcel

⑩ '매출데이터' 시트로 이동하여 가공해 놓은 지역명이 있는 범위[P4:P10]를 블록지정하면 자동으로 [원본]의 입력란에 '=매출데이터!$P$4:$P$10'이 입력됩니다.

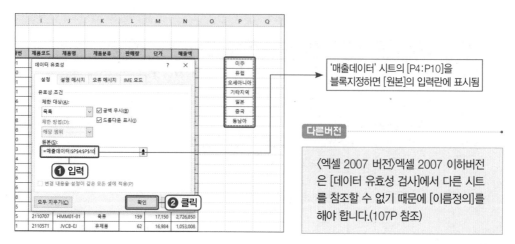

'매출데이터' 시트의 [P4:P10]을 블록지정하면 [원본]의 입력란에 표시됨

다른버전

〈엑셀 2007 버전〉엑셀 2007 이하버전 은 [데이터 유효성 검사]에서 다른 시트 를 참조할 수 없기 때문에 [이름정의]를 해야 합니다.(107P 참조)

⑪ [확인]을 누르면 '매출분석' 시트의 [A2] 셀 옆에 목록단추가 생성이 되며, 단추를 클릭하면 데 이터가 목록으로 펼쳐집니다.

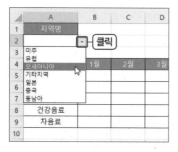

2. 함수를 활용한 지역별, 월 매출 보고서작성(크로스탭 분석)

SUMIFS 함수로 '매출데이터' 시트의 데이터를 활용해 지역에 따른 각 제품분류별 월 매출 데이터를 '매출분석' 시트에 완성합니다.

❶ '매출분석' 시트의 [A2] 셀에 지역명을 '미주'로 선택하고 [B5] 셀을 클릭합니다. 조건에 맞는 매출액의 합계를 구하기 위해 '=SUMIFS('를 입력합니다.

	A	B	C
1	지역명		
2	미주		
3			
4	구분	1월	2월
5	과채주스	=SUMIFS(	
6	육류	SUMIFS(**sum_range**, criter	
7	유제품		
8	건강음료		
9	차음료		
10			

❷ 합계를 구할 범위인 '매출데이터' 시트의 [N] 열을 선택하고 키보드의 F4 키를 눌러 절대참조를 지정합니다. 쉼표(,)를 입력하고 첫 번째 조건을 찾을 범위인 '매출데이터' 시트의 [F] 열을 선택한 후 키보드의 F4 키를 눌러 절대참조를 설정합니다. 수식 '=SUMIFS(매출데이터!$N:$N,매출데이터!$F:$F'까지 입력됩니다.

데이터를 참조할 때 범위 대신 열 전체를 선택하면 데이터가 업데이트됐을 때 함수 수식을 수정하지 않아도 됩니다.

❸ 쉼표(,)를 입력하여 선택한 첫 번째 조건 범위에서 찾을 조건을 지정하기 위해 '매출분석' 시트로 이동하여 [A2] 셀을 클릭합니다. 그리고 키보드의 F4 키를 눌러 절대참조를 지정합니다.

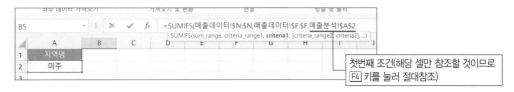

조건 범위와 조건을 지정할 때는 원하는 조건 먼저 설정해도 무관합니다.

❹ 쉼표(,)를 입력하고 두 번째 조건 범위를 지정하기 위해 '매출데이터' 시트로 이동하여 함수로 추출해 놓은 거래월이 있는 [C] 열을 선택합니다. 그리고 키보드의 F4 키로 절대참조를 지정하여 '매출데이터!$C:$C'로 표시되도록 합니다.

❺ 다시 쉼표(,)를 입력한 후 두 번째 조건 범위에서 찾을 조건을 지정하기 위해 '매출분석' 시트로 이동하여 '1월'이 있는 [B4] 셀을 선택합니다. 그리고 키보드의 F4 키를 이용해 행 혼합참조를 설정하여 '매출분석!B$4'로 입력합니다.

멘토의 한 수

4행을 혼합참조 설정했으므로 채우기핸들을 이용해 아래로 드래그하면 월이 있는 행을 계속 참조합니다. 그리고 오른쪽으로 드래그할 때는 열이 변경되며 자동으로 다른 '월'을 참조합니다.

❻ 쉼표(,)를 입력하여 세 번째 조건 범위를 지정하기 위해 제품분류가 있는 '매출데이터' 시트의 [K] 열을 선택하고 키보드의 F4 키를 눌러 절대참조합니다. 그리고 다시 쉼표(,)를 입력하고 '매출분석' 시트로 이동하여 세 번째 조건 범위에서 찾을 조건이 있는 [A5] 셀을 클릭하고 키보드의 F4 키를 눌러 열 혼합참조합니다.

시트의 '구분'에 있는 제품분류)

❷ 세번째 조건('매출분석' 시트의
'구분'에 있는 제품분류)

멘토의 한 수

열을 혼합참조 해 놓으면 채우기 핸들로 수식을 오른쪽으로 드래그해도 열은 변경되지 않으며, 아래로 드래그
하면 행이 변경되어 다른 제품분류를 자동으로 참조하게 됩니다.

❼ Enter 키를 눌러 수식을 완성하고, 채우기 핸들을 이용해 오른쪽으로 드래그하여 [M5] 셀까지 수
식을 반영합니다. 그리고 채우기 핸들을 더블클릭하여 전체 데이터에 함수수식을 반영합니다.

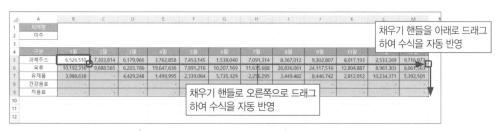

채우기 핸들을 아래로 드래그
하여 수식을 자동 반영

채우기 핸들로 오른쪽으로 드래그
하여 수식을 자동 반영

멘토의 한 수

함수 수식을 표 전체에 반영하고 목록단추로 설정해 놓은 지역명을 바꿔주면 1월~12월까지 제품분류별 매출
데이터가 자동으로 해당 지역의 값으로 변경되는 것을 확인할 수 있습니다

함수수식의 이해

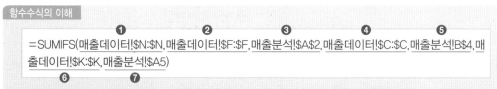

지역명과, 제품분류, 월에 해당하는 매출액의 합계를 구하기 위해 SUMIFS 함수를 사용합니다.

❶ 모든 조건에 맞는 합계를 구하기 위해 매출액이 있는 '매출데이터' 시트의 [N] 열을 선택하고 키보드의 F4
키로 절대참조 설정합니다.

❷ 첫 번째 조건을 찾을 범위로, 지역명을 찾을 것이므로 '매출데이터' 시트의 [F] 열을 선택하고 키보드의 F4
키로 절대참조 설정합니다.

❸ 첫 번째 조건 범위에서 찾을 조건으로, 지역명을 목록으로 나오도록 해 놓은 '매출분석' 시트의 [A2] 셀을 선
택하고 해당 셀만 참조할 것이므로 키보드의 F4 키를 눌러 절대참조 설정합니다.

❹ 두 번째 조건을 찾을 범위로 월을 추출해 놓았던 '매출데이터' 시트의 [C] 열을 선택하고 절대참조 설정합니다.

⑤ 두 번째 조건 범위에서 찾을 조건으로, 월이 있는 '매출분석' 시트의 [B4] 셀을 선택합니다. 수식을 아래로 드래그 할 때 계속 월이 있는 4행을 참조해야 하므로 키보드의 F4 키로 행 혼합참조를 설정합니다.

⑥ 세 번째 조건을 찾을 범위로, 제품분류가 있는 '매출데이터' 시트의 [K] 열을 선택하고 절대참조 설정합니다.

⑦ 세 번째 조건 범위에서 찾을 조건으로, 제품분류를 추출해 놓았던 '매출분석' 시트의 [A4] 셀을 선택하고 수식을 오른쪽으로 드래그할 때 계속 [A] 열에 있는 제품분류를 참조해야 하므로 키보드의 F4 키로 열 혼합참조를 설정합니다.

3. 매출분석 보고서를 조건부 서식으로 가시화하여 쉽게 분석하기

보고서에 서식을 지정하면 데이터를 분석할 때 조금 더 쉽게 확인할 수 있습니다. [홈]–[스타일] 그룹–[조건부서식]을 적용합니다.

❶ '매출분석' 시트의 데이터의 범위 [B5:M9]를 블록지정하고 [홈]–[스타일] 그룹–[조건부 서식]–[색조]를 선택하면 9가지의 기본 색조 중 [녹색–흰색 색조]를 선택하면 블록 지정 한 영역에서 값이 작을수록 흰색에 가까운 색조가 들어가고 값이 클수록 진한 녹색의 색조가 반영되게 됩니다.

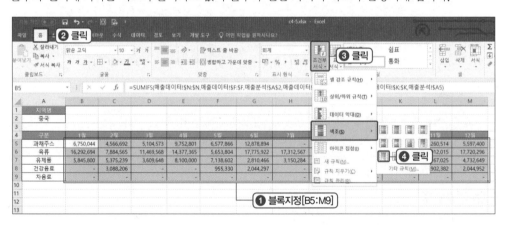

❷ [조건부 서식]을 활용한 후 목록단추를 눌러 지역명을 변경해 보면 지역마다 매출액이 높은 제품분류와 월이 가시화되어 매출분석을 더 효과적으로 할 수 있습니다.

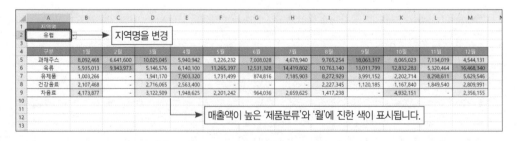

4. 매출분석 보고서를 스파크라인으로 가시화하여 쉽게 분석하기

보고서에 간단한 그래프나 패턴 등을 삽입할 수 있는 [삽입]-[스파크라인] 그룹을 적용하면 각 제품분류에 따른 월별 매출 분석을 좀 더 효과적으로 할 수 있습니다.

❶ [N] 열에 그림과 같이 '매출추이'를 입력하여 새로운 열을 만들어 줍니다.

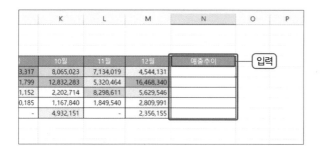

❷ [N5] 셀을 클릭하고 [삽입]-[스파크라인] 그룹-[꺾은선형]을 선택하면 [스파크라인 만들기] 창이 열립니다. [데이터 범위]의 입력란에 '과채주스'의 1~12월 데이터가 있는 [B5:M5] 셀을 입력하고 [확인] 버튼을 클릭합니다.

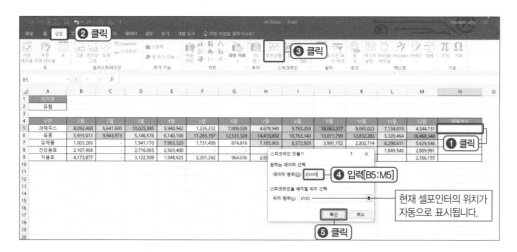

멘토의 한 수

스파크라인을 삽입하기 위해 [N5] 셀을 클릭하고 [스파크라인] 버튼을 클릭했으므로, [위치 범위]는 자동으로 [$N$5]로 반영되어 있습니다.

❸ [매출추이] 열에 스파크라인이 표시되면 제품분류 '차음료'까지 자동 채우기하여 스파크라인을 반영해 줍니다.

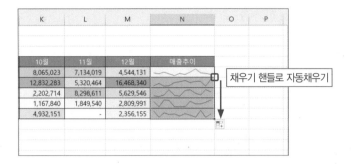

❹ 스파크라인이 추가되면 [스파크라인 도구]-[디자인]-[표시]에서 [높은 점], [낮은 점]을 체크하여 제품분류의 가장 높은 점과 낮은 점을 표시합니다.

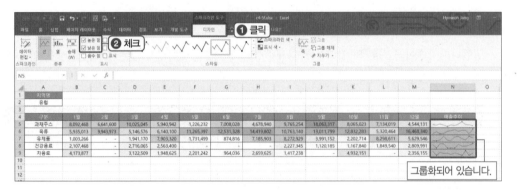

멘토의 한 수

현재 블록 지정된 범위는 그룹화되어 있어 스파크라인 도구의 [디자인]에서 옵션을 설정하면 한꺼번에 똑같이 반영되므로 제품분류 각각의 스파크라인에 디자인을 적용하려면 [디자인]-[그룹] 그룹-[그룹 해제]를 눌러야 합니다.

5. 피벗 테이블을 활용한 지역별, 월 매출 보고서작성(크로스탭 분석)

함수를 활용해 크로스탭 분석을 할 수도 있지만, 쉽고 간단하게 할 수 있는 다른 방법은 [삽입]-[표] 그룹-[피벗 테이블]을 활용하는 것입니다. 방대한 양의 데이터를 가끔씩 분석을 한다면 함수보다 더 효과적일 수 있습니다.

❶ '매출데이터' 시트의 데이터를 피벗 테이블로 작성하기 위해 [A3] 셀을 클릭하고 [삽입]-[표] 그룹-[피벗 테이블]을 클릭합니다. [피벗 테이블 만들기] 창이 열리면 [표 또는 범위 선택] 부분에 '매출데이터!$A$3:$N$983' 범위가 맞는지 확인하고 [새 워크시트]가 선택된 상태로 [확인]을 클릭합니다.

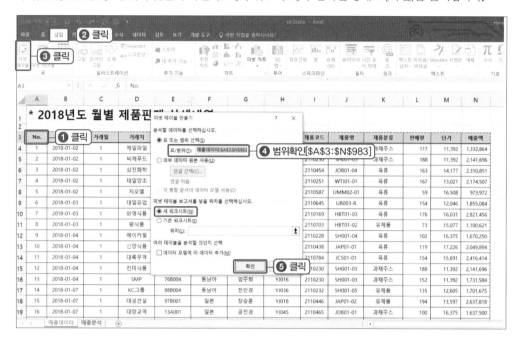

❷ [피벗 테이블 필드] 창이 열리면 목록 중 '지역'을 [필터]에 끌어다 놓고 '거래일자'는 [열]에 끌어다 놓으면 자동으로 [월]이 추가됩니다. (엑셀 2013 이하버전은 85P 참조) '제품분류'는 [행]에, '매출액'은 [값]에 끌어다 놓습니다.

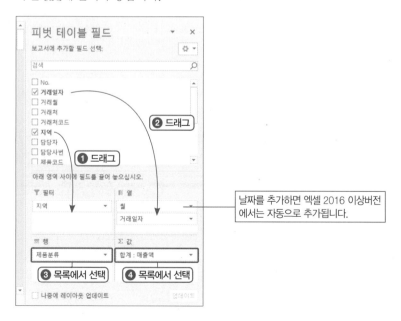

날짜를 추가하면 엑셀 2016 이상버전에서는 자동으로 추가됩니다.

❸ SUMIFS 함수를 사용하여 매출분석보고서를 작성한 것과 동일한 형태의 보고서가 순식간에 생성 되었습니다.

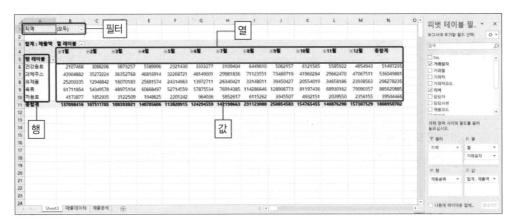

❹ 피벗 테이블의 [필터]에 추가해 놓은 '지역'에 목록단추를 클릭하여 지역명을 선택하고 [확인] 버튼을 누릅니다.

❺ 목록에서 선택한 지역명에 따른 데이터를 볼 수 있습니다.

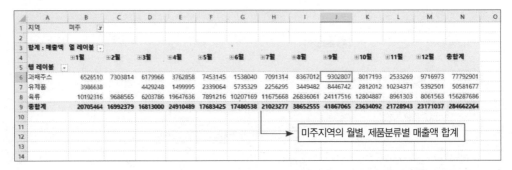

[통합] 기능과 함수로 효율적인 데이터 취합

CHAPTER 06

● 예제파일 : c4-6.xlsx, c4-6DB.xlsx　● 정답파일 : c3-6f.xlsx

핵심내용 엑셀에서 데이터를 작업하다 보면 제품별이나 거래처별 또는 월별로 나누어 데이터를 관리하는 경우가 많습니다. 그리고 나누어 관리하던 데이터를 특정 기준에 따라 하나로 취합해야 하는 경우가 많이 생기게 됩니다. 이때 [통합] 기능을 이용해 특정값을 기준으로 쉽게 데이터를 통합할 수 있으며, 통합할 수 있는 대상이 아니어서 비어 있는 공간을 VLOOKUP 함수를 이용해 쉽게 가공할 수 있습니다.

1. 거래처별로 나눠 관리하던 파일을 하나로 통합하기

'제품코드'를 기준으로 각 거래처 시트에 있는 데이터를 '통합' 시트에 통합합니다.

❶ 각 시트에 있는 데이터를 통합할 '통합' 시트에 [A1] 셀을 선택하고 [데이터]-[데이터 도구] 그룹-[통합]을 클릭합니다. [통합] 창이 열리면 [함수] 목록-[합계]를 선택하고, [참조]의 입력란에 클릭하여 커서가 나타나면 데이터가 있는 시트로 이동합니다.

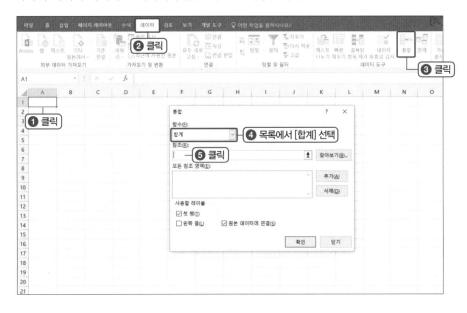

❷ 먼저 'CK물산' 시트로 이동하여 [C1:H14] 셀까지의 범위를 블록지정하면 자동으로 절대참조 영역이
설정되어 'CK물산!$C$1:$L$14'로 입력됩니다. [추가] 버튼을 눌러 [모든 참조 영역]에 추가합니다.

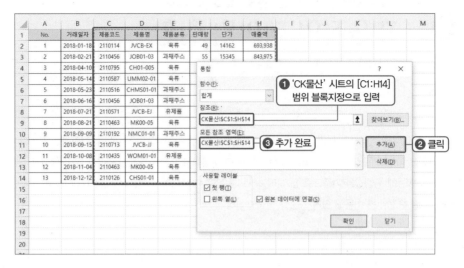

❸ 다시 'HMC' 시트로 이동하여 '제품코드'부터 '매출액'까지 데이터가 있는 'HMD!$C$1:$L$25'를 블
록지정 하여 입력합니다. 같은 방법으로 각 시트의 '제품코드'부터 '매출액'이 있는 범위 'KC그룹!$C
$1:$L$38,SMP!$C$1:$L$26,KAL!$C$1:$L$72' 입력하여 [추가]합니다. 범위들이 모두 추가되면
[첫 행]과 [왼쪽 열]을 체크하고 [원본 데이터에 연결]을 체크하여 각 항목을 모두 사용할 수 있도록
합니다. 그리고 [확인] 버튼을 눌러줍니다.

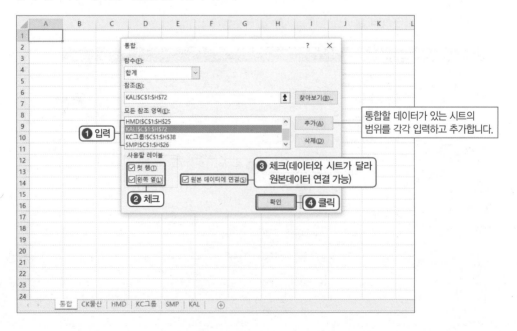

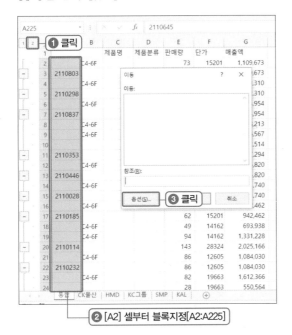

④ '통합' 시트에 데이터가 추가되었고, [A] 열과 [G] 열에 '#' 표시가 나타난 것을 확인할 수 있습니다. '#' 표시 대신 통합된 값이 표시 되도록 [A] 열과 [G] 열의 너비를 조정해 줍니다.

❶ 열을 블록지정하여 너비조정

❷ 데이터 통합 완료

2. VLOOKUP 함수로 제품명과 제품분류를 추출하여 데이터 완성하기

'통합' 시트에 데이터가 통합될 때 '제품코드'를 기준으로 통합되었기 때문에 '제품명'과 '제품분류'는 비어있게 됩니다. '제품코드'를 이용해 'c4-6DB.xlsx' 파일에서 '제품명'과 '제품분류'를 추출합니다.

❶ 행 번호 옆의 번호 중 2번을 눌러 통합 된 데이터를 펼친 후 '통합' 시트의 [A] 열에 비어있는 셀에 제품코드를 입력하기 위해 [A2:A225] 셀을 블록지정합니다. 그리고 키보드의 F5 키를 눌러 [이동] 창을 연 후 [옵션]을 클릭합니다.

❶ 클릭

❸ 클릭

❷ [A2] 셀부터 블록지정[A2:A225]

❷ [이동옵션] 창이 열리면 [빈 셀]을 선택하고 [확인] 버튼을 클릭합니다.

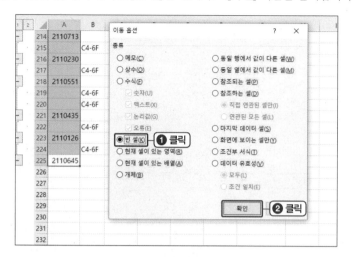

❸ 비어있는 셀만 선택되었다면, 그 상태에서 바로 키보드의 '='을 입력하여 [A3] 셀을 클릭합니다. 그리고 그 상태에서 Ctrl + Enter 키를 누르면 빈 셀에 입력했던 수식 '=A3'이 전체 셀에 반영되며 비어있는 셀의 바로 아래에 있는 '제품코드'가 표시됩니다.

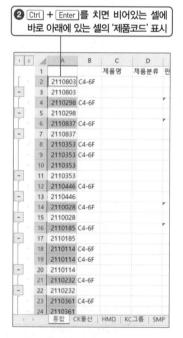

❹ '제품명'과 '제품분류'를 추출하기 위해 'c4-6DB.xlsx' 파일을 열어줍니다. '통합' 시트의 [C3] 셀을 선택한 후 '제품코드'에 따른 '제품명'을 추출하기 위해 '=VLOOKUP($A2,'[c4-6DB.xlsx]제품 DB'!$A:$D,2,FALSE)'를 입력합니다.

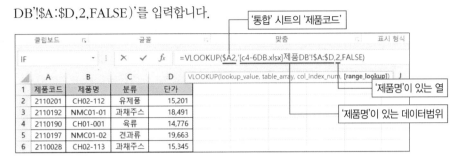

❺ Enter 키를 쳐서 결과값이 나오면 채우기 핸들을 오른쪽으로 드래그합니다. '제품분류'에도 '제품명'이 입력됩니다.

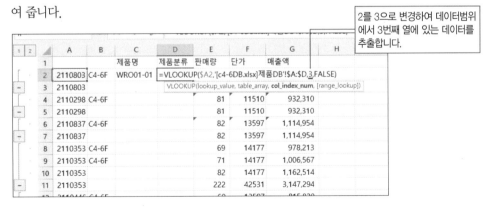

❻ [D2] 셀을 더블클릭하여 VLOOKUP 함수 수식에서 Col_index_num 부분의 2를 3으로 변경하여 줍니다.

❼ '제품명'과 '제품분류'의 결과값을 채우기 핸들을 이용해 아래로 드래그하여 자동 채우기 합니다.

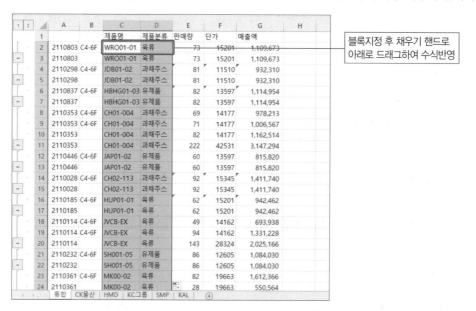

블록지정 후 채우기 핸드로
아래로 드래그하여 수식반영

함수수식의 이해

=VLOOKUP($A2,'[c4–6DB.xlsx]제품DB'!$A:$D,2,FALSE)
      ❶   ❷   ❸ ❹

'제품코드'를 이용해 '제품명'과 '제품분류'를 추출하기 위해 VLOOKUP 함수를 사용합니다.

❶ '제품명'을 추출하기 위한 기준인 '제품코드'가 있는 셀 [A2] 셀을 클릭하고 키보드의 F4 키를 눌러 열 혼합 참조 설정합니다.

❷ 데이터가 있는 'c4–6DB.xlsx' 파일의 '제품DB' 시트로 이동하여 데이터가 있는 범위인 [A:D]를 선택합니다. 파일이 달라 자동으로 절대참조 지정되어 '[c4–6DB.xlsx]제품DB'!$A:$D'로 표시됩니다.

❸ [A] 열을 첫 번째로 하여 두 번째 열에 있는 제품명을 추출하기 위해 2를 입력합니다.

❹ 정확한 값을 찾기 위한 FALSE를 입력합니다.

CHAPTER 07 데이터의 분포상황 분석(FREQUENCY & 데이터 분석 도구의 히스토그램)

● 예제파일 : c4-7.xlsx   ● 정답파일 : c4-7f.xlsx

핵심 내용 FREQUENCY 함수는 세로 배열의 형태로 도수분포를 구하는 함수입니다. 나누어놓은 구간(계급)에 분포된 데이터의 빈도수를 구할 수 있습니다. 여러 구간 안에 있는 데이터의 분포현황을 FREQUENCY 함수에 배열수식구조를 반영하면 한 번에 쉽게 분석해 낼 수 있습니다. 만약 함수를 사용하지 않고 싶다면 [데이터 분석 도구]의 [히스토그램]으로도 데이터의 분포현황을 쉽게 구할 수 있습니다. 단, [데이터 분석] 도구는 원본 데이터가 변경되어도 반영되지 않습니다.

1. 교육과정별 평균 만족도 점수에 대한 분포 분석

예제의 '과정별 만족도' 시트에 있는 평균 만족도의 구간을 설정하고, 각 구간별 인원수를 파악해 분포현황을 분석합니다.

함수 구조

$$=FREQUENCY(\underset{①}{Data\_array},\underset{②}{Bins\_array})$$

[수식]-[함수 라이브러리] 그룹-[함수 더 보기]-[통계]에 있는 함수로, 선택한 배열 또는 셀 주소의 값이 분포하고 있는 구간별 빈도수를 계산합니다.

❶ Data_array : 빈도수를 계산하려는 값이 있는 셀 주소 또는 배열입니다.

❷ Bins_array : data_array를 분류하는데 필요한 구간값이 있는 셀 주소 또는 배열입니다.

❶ '평균만족도'에 대한 점수 구간을 설정하기 위해 가장 작은 점수를 파악합니다. [J3:K3] 셀에 각각 '구분'과 '인원수'를 입력하고 [J4] 셀을 클릭합니다. 평균 만족도 범위에서 가장 작은 값을 구하기 위해 '=MIN(H4:H38)'을 입력합니다.

❷ MIN 함수로 가장 작은 값을 구한 후 [J5:J8] 셀까지 0.4씩 증가시키며 입력합니다.

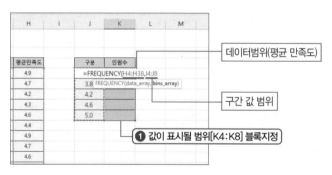

No.	과정명	교육시간	이수시간	수강인원	이수인원	이수율	평균만족도		구분	인원수
	* 2018년도 교육 과정별 평균만족도									
1	재무회계(기본)	16	12	144	118	82%	4.9		3.4	
2	재무회계(심화)	16	12	258	214	83%	4.7		3.8	
3	관리회계	16	12	216	179	83%	4.2		4.2	
4	리더십	16	12	124	109	88%	4.3		4.6	
5	엑셀과정(심화)	8	6	227	186	82%	4.6		5.0	
6	협상력(기본)	8	6	259	230	89%	4.4			
7	엑셀과정(기본)	8	6	159	141	89%	4.9			
8	기획력(기본)	16	12	114	92	81%	4.7			
9	기획력(심화)	16	12	170	134	79%	4.6			
10	프리젠테이션스킬(기본)	16	12	264	208	79%	4.3			
11	프리젠테이션스킬(심화)	16	12	257	200	78%	4.1			
12	파워포인트(기본)	16	12	250	247	99%	4.5			
13	파워포인트(심화)	16	12	232	227	98%	4.6			
14	마케팅(기본)	16	12	237	177	75%	4.3			
15	마케팅(심화)	16	12	103	95	92%	4.5			
16	스마트워크(기본)	8	6	235	211	90%	4.8			
17	스마트워크(심화)	8	6	124	107	86%	4.5			
18	비즈니스매너(기본)	4	3	115	101	88%	3.4			
19	비즈니스매너(심화)	4	3	187	138	74%	4.3			
20	비즈니스글쓰기(기본)	8	6	207	165	80%	4.4			

0.4씩 증가하여 5.0까지 입력

❸ 구분에 입력된 값에 대한 데이터의 분포를 구하기 위해 인원수를 입력할 범위 [K4:K8]을 블록지정한 후 '=FREQUENCY(H4:H38,J4:J8'을 입력합니다.

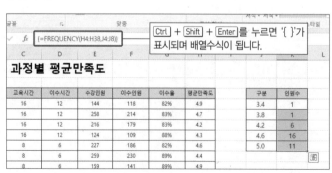

데이터범위(평균 만족도)
구간 값 범위
❶ 값이 표시될 범위[K4:K8] 블록지정

❹ 함수 수식을 입력한 후 배열 수식으로 입력하기 위해, 괄호를 닫고 Ctrl + Shift + Enter 키를 눌러 줍니다. 그러면 함수 수식이 { } 대괄호로 묶여 배열 수식 '{=FREQUENCY(H4:H38,J4:J8)}'이 완성됩니다.

Ctrl + Shift + Enter 를 누르면 '{ }'가 표시되며 배열수식이 됩니다.

멘토의 한 수

배열수식으로 입력된 값을 지우려면 함께 수식을 입력했던 범위 전체를 지워야 합니다. 한 셀씩은 지울 수 없습니다.

함수수식의 이해

$$\{=FREQUENCY(\underset{①}{H4:H38}, \underset{②}{J4:J8})\}$$

평균만족도의 구간별 데이터 빈도수를 확인 하기 위해 FREQUENCY 함수를 사용합니다.

❶ 빈도수를 구할 범위인 평균만족도가 있는 [H4:H38] 셀을 선택하여 입력합니다.

❷ 나눠놓은 구간값이 있는 [J4:J8] 셀을 선택하여 입력합니다. 그리고 배열수식으로 입력되어야 정해진 구간
에 대한 분포결과가 나오므로 키보드에 Ctrl + Shift 키를 누른 상태로 Enter 키를 누릅니다. 수식에 대괄
호'{ }'가 자동으로 입력되며 배열수식 형태로 입력됩니다.

2. 분포표를 히스토그램으로 표현하기

FREQUENCY 함수를 활용해 분포표를 만들어 분석한 데이터를 [차트] 기능을 이용해 히스토그램으
로 표시할 수 있습니다.

❶ FREQUENCY 함수로 만들어 놓은 범위[J4:K8]를 블록 지정한 후 [삽입]-[차트] 그룹-[2차원
세로 막대형]-[묶은 세로막대형]을 선택합니다.

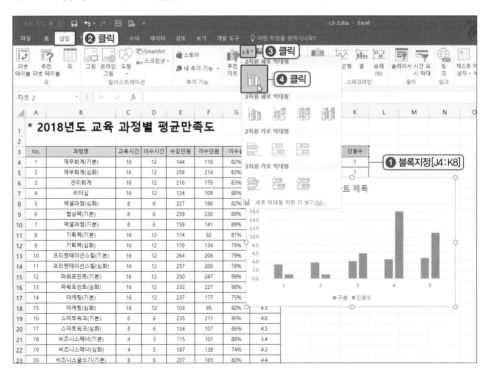

② 차트가 삽입된 후 차트의 막대 중 구분값을 표시하고 있는 파란색 막대는 차트 내에 표시되지 않아야 하므로 마우스로 클릭하여 Delete 키를 눌러 삭제합니다.

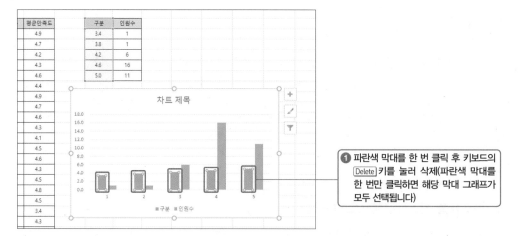

① 파란색 막대를 한 번 클릭 후 키보드의 Delete 키를 눌러 삭제(파란색 막대를 한 번만 클릭하면 해당 막대 그래프가 모두 선택됩니다)

③ 가로 축의 항목 레이블을 수정하기 위해 차트를 선택한 후 [차트 도구]의 [디자인]-[데이터] 그룹-[데이터 선택]을 클릭하여 [데이터 원본 선택] 창을 열어줍니다. [가로(항목)축 레이블]의 [편집] 버튼을 클릭합니다.

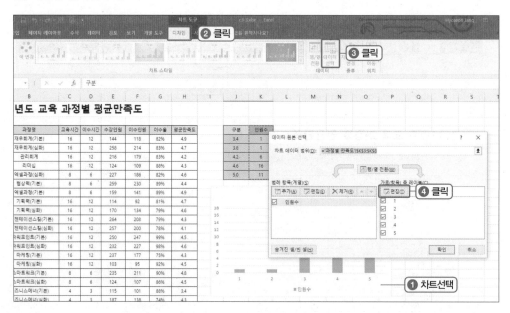

❹ [축 레이블] 창의 [축 레이블 범위]에 있는 입력란에 클릭하여 커서가 나오도록 하고 실제 구간값이 있는 [J4:J8] 셀을 선택하면 '='과정별 만족도'!$J$4:$J$8'가 자동으로 입력됩니다. [확인] 버튼을 클릭합니다.

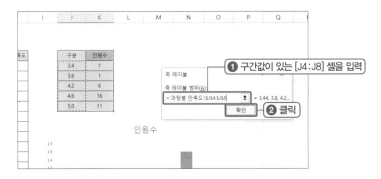

❺ 삽입되어 있는 차트에 가로 축 레이블이 구분에 있는 값으로 수정된 것을 확인할 수 있습니다.

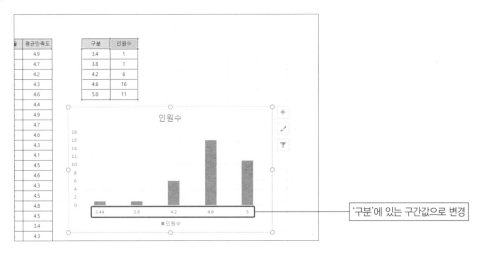

❻ 차트의 간격을 조정하기 위해 주황색 인원수 막대를 클릭하여 마우스 오른 단추의 메뉴에서 [데이터 계열 서식]을 클릭합니다.

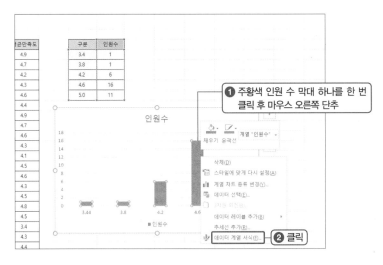

❼ 화면 오른쪽에 [데이터 계열 서식] 창이 열리는데 이때 [계열 옵션]에서 [간격 너비]를 0%로 변경하여 줍니다. 차트의 주황색 막대가 간격 없이 모두 붙은 막대가 완성됩니다.

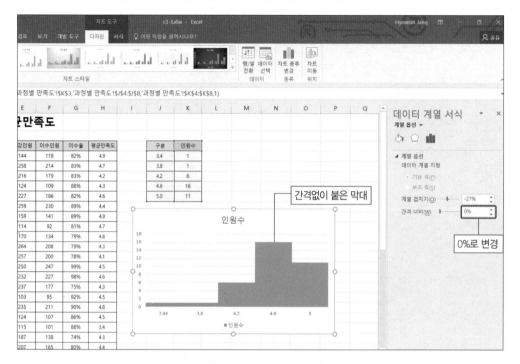

다른버전

〈오피스 2010 이하버전〉 차트의 막대에서 마우스 오른쪽 단추를 눌러 [데이터 계열 서식]을 누르면 [데이터 계열 서식] 창이 열리게 됩니다. 이때 [계열 옵션]에 있는 [간격너비]를 0%로 변경하면 됩니다.

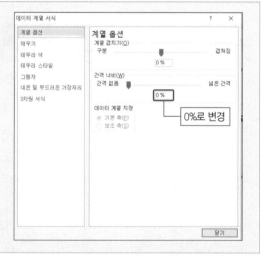

3. [데이터 분석] 도구를 활용하여 분포표와 히스토그램 삽입하기

FREQUENCY 함수를 이용해 분포표를 만들고 차트로 히스토그램을 삽입하지 않아도 [데이터 분석] 기능을 활용하여 자동으로 분포표와 히스토그램을 삽입할 수 있습니다.

❶ [데이터]-[분석] 그룹-[데이터 분석]을 클릭하면 [통계 데이터 분석] 창이 열리는데 이곳에서 [히스 토그램]을 선택하고 [확인]을 누릅니다.

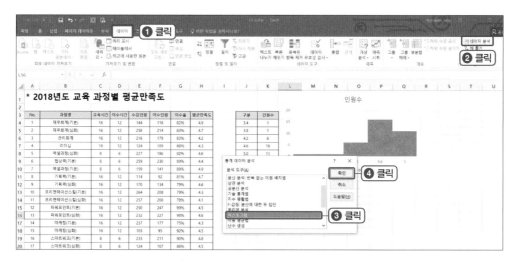

❷ [히스토그램] 창에서 [입력범위]는 [$H$3:$H$38]을 입력하고, [계급구간]은 [$J$3:$J$8]을 입력합 니다. [이름표]와 [차트 출력]을 체크한 후 현재 시트에 표시되도록 하기 위해 [출력 옵션]의 [출력 범위]를 선택한 후 입력란에 [J12] 셀을 선택하여 입력합니다. [확인]을 클릭합니다.

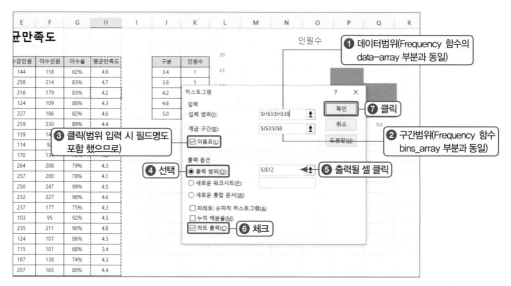

❸ 현재 시트에 자동으로 구분과 빈도수인 분포표가 삽입되고 [히스토그램] 창에서 선택했던 차트가 자동으로 삽입된 것을 확인할 수 있습니다.

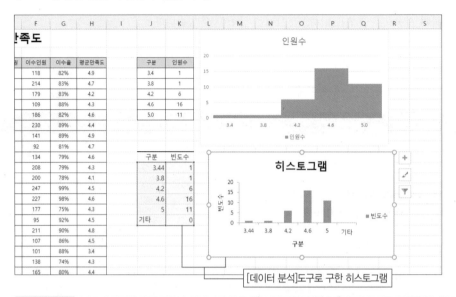

멘토의 한 수

[데이터 분석] 기능을 활용하여 삽입된 분포표와 히스토그램 차트는 원본 데이터의 값이 변경되어도 반영되지 않으니 주의해야 합니다.

MEMO

데이터 분석 & 미래예측

업무에서는 데이터를 수시로 분석하고 예측하기 위해 엑셀을 이용해
데이터를 관리합니다. 데이터들을 업무에서 자주 사용하는 통계분석
및 여러 분석 기법들로 표현하는 방법을 익히고, 효율적으로 사용할 수
있어야 합니다. 해당 파트에서는 엑셀의 함수와 기능들로 분석기법을
쉽게 표현할 수 있도록 합니다.

Excel

CHAPTER 01 수식을 활용한 제품별 손익분기점 분석 및 목표값 찾기를 활용한 손익분기점 분석

● 예제파일 : c5-1.xlsx, c5-1-1.xlsx   ● 정답파일 : c5-1f.xlsx, c5-1-1f.xlsx

핵심내용 손익분기점(BEP : Break-Even Point)은 일반적으로 판매하는 제품의 매출액과 비용이 같아서 이익이 마이너스에서 0이 되는 기점입니다. 이윤을 추구하는 기업에서는 손익분기점 이상의 매출액을 달성해야 해당 제품을 유지할 수 있게 되므로 제품에 대한 손익분기점분석은 매우 중요할 수 있습니다. 손익분기점 매출액을 구할 때 사용하는 공식은 '=고정비/$(1 - \frac{변동비}{매출액})$'입니다.

1. 매출액에서 비용을 뺀 이익금 계산하기

매출액에서 모든 비용을 뺀 금액이 이익금입니다. 매출액이 비용보다 작으면 이익금은 마이너스가 됩니다.

❶ 매출액에서 모든 비용을 뺀 이익금이 얼마인지 계산하기 위해 [B16] 셀을 선택하고 예상 매출액에서 변동비와 고정비를 빼기 위해 '=(B4*B5)-(B6*B5)-B10'을 입력합니다.

구분 \ 제품명	무선마우스	게임용마우스	기계식키보드
단가	13,200	53,700	36,900
예상판매량	10	10	10
변동비	11,810	30,345	21,025
원료비	8,910	24,165	16,605
판촉비	1,980	5,370	3,690
기타	920	810	730
고정비	233,730	202,795	328,515
인건비	76,000	90,000	157,800
영업지원비	6930	18795	12915
광고선전비	800	4,000	6,312
감가상각비	100,000	50,000	126,240
일반관리비	50,000	40,000	25,248
이익금	=(B4*B5)-(B6*B5)-B10		
손익분기점 매출액			
손익분기점 수량			

제목: 제품별 손익분기점 분석

고정비 / 변동비 / 예상 매출액

멘토의 한 수

변동비는 판매수량의 개당 변동비이므로 판매된 수량을 변동비에 곱해야 합니다.

❷ 예상매출액에서 비용인 변동비와 고정비를 빼면 예상판매량을 팔았을 때의 이익금이 표시됩니다.
이때 채우기 핸들을 이용해 오른쪽으로 자동 채우기 하여 수식을 다른 제품에도 반영합니다.

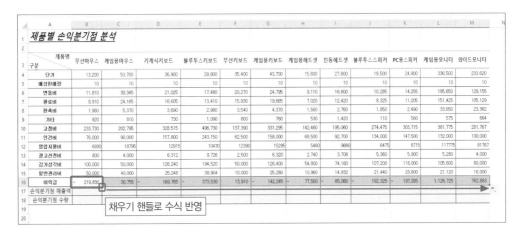

2. 손익분기점 매출액과 손익분기점 수량 구하기

주어진 단가와 매출액, 비용을 공식에 대입하여 손익분기점 매출액($=$고정비$/\dfrac{\text{변동비}}{\text{매출액}}$)을 구하고, 손익분기점 수량을 구합니다.

❶ 손익분기점 매출액을 구하기 위해 [B17] 셀을 선택하고 손익분기점 매출액을 구하는 공식에 맞게 '=B$10/(1-(B$6*B$5)/(B$4*B$5))'를 입력합니다.

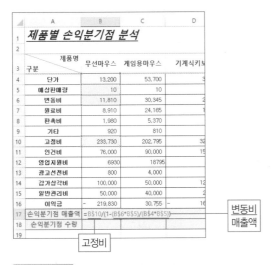

멘토의 한 수

손익분기점 매출액을 구한 수식을 손익분기점 수량에 자동채우기하여 수식을 활용할 것이므로 셀을 선택할 때 키보드의 F4 키를 눌러 행 혼합참조를 합니다.

❷ 손익분기점 매출액의 결과값이 나오면 채우기 핸들을 이용해 손익분기점 수량으로 자동채우기 합니다. 그리고 [자동채우기 옵션]–[서식없이 채우기]를 눌러 서식이 변경되지 않도록 합니다.

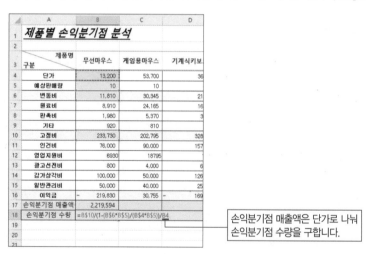

❸ [B18] 셀에 반영된 수식을 단가로 나누면 손익분기점의 수량이 나오게 되므로 [B18] 셀을 더블클릭하여 수식의 맨 마지막에 커서를 위치합니다. 그리고 '/'를 입력하고 [B4] 셀을 클릭합니다.

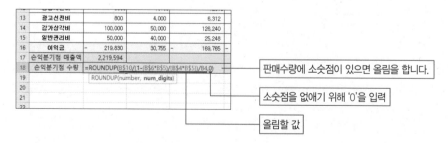

손익분기점 매출액은 단가로 나눠 손익분기점 수량을 구합니다.

❹ 손익분기점 수량이 168.15이지만 판매수량이 168.15개 일수는 없습니다. 0.15를 제외한 168개로 하여 계산하면 마이너스가 되므로 [B18] 셀을 더블클릭하여 '=' 뒤에 커서를 위치합니다. 그리고 수량을 올림하기 위해 'ROUNDUP('을 입력합니다. 그리고 수식의 맨 끝에 쉼표(,)를 입력하여 소수점 자릿수를 입력하는데 소수점은 없어야 하므로 값을 '0'으로 입력하고 괄호를 닫습니다.

판매수량에 소숫점이 있으면 올림을 합니다.

소숫점을 없애기 위해 '0'을 입력

올림할 값

❺ [B17:B18] 셀을 블록지정하고 채우기 핸들을 이용하여 오른쪽으로 자동 채우기 합니다.

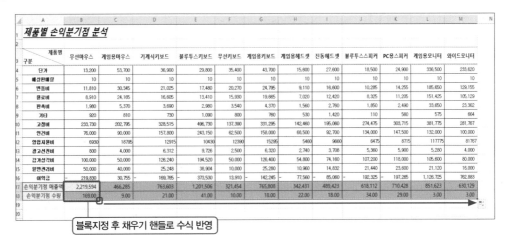

블록지정 후 채우기 핸들로 수식 반영

3. 그룹기능으로 원하는 값만 화면에 표시되도록 하기

예제에서 보이는 변동비, 고정비의 하위항목은 많지 않지만, 현업에서는 항목이 여러 가지인 경우가 많습니다. 각 하위 항목은 그룹화하여 숨기고 10행에 있는 고정비, 6행에 있는 변동비만 화면에 보이도록 하여 원하는 값만 쉽게 파악할 수 있도록 합니다.

❶ 고정비의 하위항목인 11행부터 15행까지 행 전체를 블록지정한 후 [데이터]–[개요] 그룹–[그룹]을 클릭합니다.

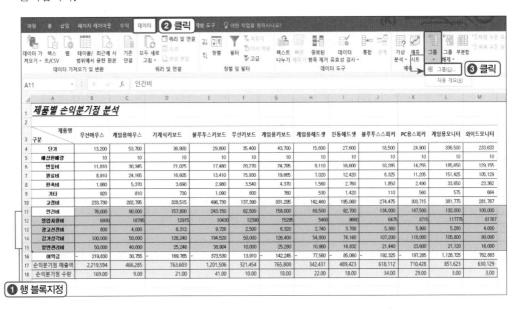

❷ 같은 방법으로 변동비의 하위항목인 7행부터 9행까지 행 전체를 블록지정하고 [데이터]-[개요] 그룹-[그룹]을 클릭합니다.

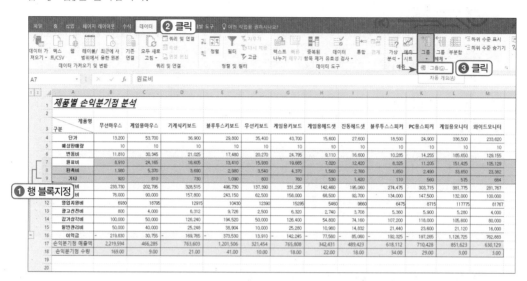

❸ '예상판매량'이 있는 5행도 행 전체를 선택하여 [데이터]-[개요] 그룹-[그룹]을 클릭합니다.

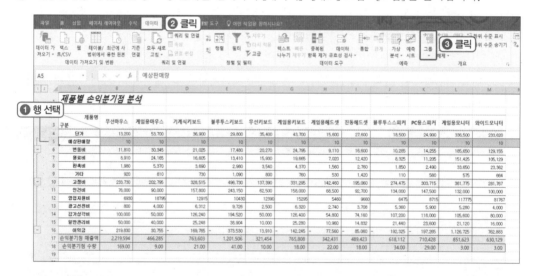

멘토의 한 수

왼쪽 맨 끝에 나타난 1, 2번의 번호 버튼 중 1번을 클릭하면 항목이 모두 접히면서 6, 10, 16행 앞에 '+' 버튼이 나타납니다. 다시 왼쪽에 나타난 1번, 2번 버튼 중 2번을 누르면 접혀있던 하위항목이 모두 펼쳐지면서 화면에 나타나게 됩니다.

④ 그룹화된 데이터를 모두 해제하려면 [데이터]-[개요] 그룹-[그룹 해제]-[개요 지우기]를 클릭합니다. 특정 범위 또는 특정 행만 그룹을 해제할 경우는 해제할 범위 또는 행만 선택한 후 [데이터]-[개요] 그룹-[그룹 해제]-[그룹 해제]를 클릭합니다.

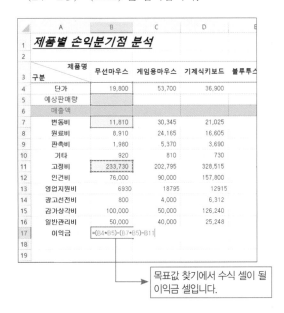

4. [목표값 찾기] 기능을 활용해 손익분기점 수량과 손익분기점 매출액구하기

앞에서의 예제처럼 일반적인 공식에 데이터를 대입하여 손익분기점을 구할 수도 있지만, 엑셀에서 제공하는 [목표값 찾기] 기능을 이용해 손익분기점 수량 및 매출액을 구할 수도 있습니다. [목표값 찾기] 기능을 이용해 이익금이 0이 되는 기점에 판매수량이 몇 개인지 파악하고 해당값을 토대로 손익분기점 매출액을 추정할 수 있습니다.

❶ 예제 'c5-1-1.xlsx' 파일을 열어 먼저 이익금을 계산하기 위해 [B17] 셀을 선택하고, '=(B4*B5)-(B7*B5)-(B11)'을 입력합니다.

목표값 찾기에서 수식 셀이 될
이익금 셀입니다.

❷ 값이 나온 [B17] 셀을 선택하고 채우기
핸들을 이용해 오른쪽으로 자동채우기 합
니다.

❸ 손익분기점 수량을 구하기 위해 [B5] 셀을 클릭합니다. 그리고 [데이터]-[예측] 그룹-[가상분
석]-[목표값 찾기]를 클릭합니다.

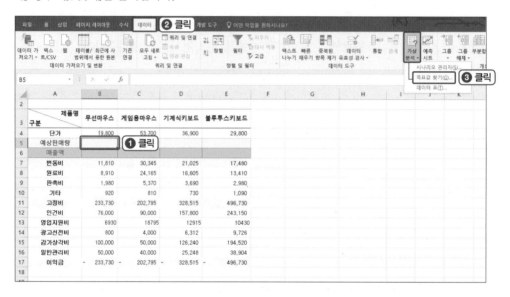

❹ [목표값 찾기] 창이 열리면 [수식 셀]에 이
익금을 구해 놓은 [B17] 셀을 선택합니다.
자동으로 절대참조가 지정되어 '$B$17'이
됩니다. 그리고 찾는 값에는 이익금이 '0'
이 되는 순간이 손익분기점이므로 숫자 '0'
을 입력합니다. [값을 바꿀 셀] 부분에는
수식 셀이 0이 되기 위해 바뀌어야 하는
값이 예상판매량이므로 [B5] 셀을 클릭합
니다. 그리고 [확인]을 클릭합니다.

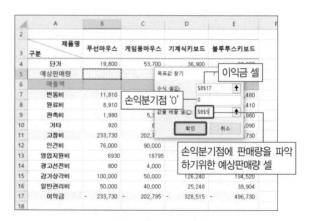

❺ [목표값 찾기 상태] 창이 열리면서 목표
값 부분에 '0'이 표시되고, [B5] 셀에는
'29'가 들어있는 것을 확인할 수 있습니
다. [확인] 버튼을 눌러줍니다.

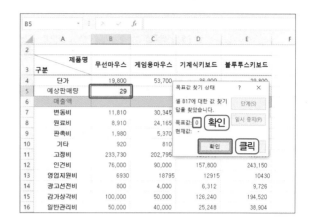

❻ 같은 방법으로 [E5] 셀까지 제품 각각의
손익분기점 수량을 구하도록 합니다.

제품별 손익분기점 예상판매량

구분 제품명	무선마우스	게임용마우스	기계식키보드	블루투스키보드
단가	19,800	53,700	36,900	29,800
예상판매량	29	9	21	40
매출액				
변동비	11,810	30,345	21,025	17,480
원료비	8,910	24,165	16,605	13,410
판촉비	1,980	5,370	3,690	2,980
기타	920	810	730	1,090
고정비	233,730	202,795	328,515	496,730
인건비	76,000	90,000	157,800	243,150
영업지원비	6930	18795	12915	10430
광고선전비	800	4,000	6,312	9,726
감가상각비	100,000	50,000	126,240	194,520
일반관리비	50,000	40,000	25,248	38,904
이익금	-	-	-	-

❼ 손익분기점 매출액을 구하기 위해 [B5] 셀을 선택한 상태로 수식 입력줄을 보면 손익분기
점 수량에 소수점이 있는 것을 확인할 수 있습니다. 손익분기점 수량을 소수점 올림하거나, 매
출액을 구할 때 소수점을 올림하여 구해야 합니다. [B6] 셀을 선택하고 매출액을 구하기 위해
'=B4＊ROUNDUP(B5,0)'을 입력합니다. Enter 키를 쳐서 값이 구해지면 채우기 핸들을 이용해
오른쪽으로 자동 채우기 합니다.

예상판매량에 소수점을 없애기
위해 Roundup 함수 사용

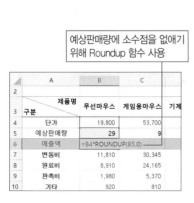

구분 제품명	무선마우스	게임용마우스	기계식키보드	블루투스키보드
단가	19,800	53,700	36,900	29,800
예상판매량	29	9	21	40
매출액	594,000	483,300	774,900	1,221,800
변동비	11,810	30,345	21,025	17,480
원료비	8,910	24,165	16,605	13,410
판촉비	1,980	5,370	3,690	2,980
기타	920	810	730	1,090
고정비	233,730	202,795	328,515	496,730
인건비	76,000	90,000	157,800	243,150
영업지원비	6930	18795	12915	10430
광고선전비	800	4,000	6,312	9,726
감가상각비	100,000	50,000	126,240	194,520
일반관리비	50,000	40,000	25,248	38,904
이익금	-	-	-	-

CHAPTER 02

매출기여제품을
알 수 있는 ABC분석

● 예제파일 : c5-2.xlsx   ● 정답파일 : c5-2f.xlsx

핵심 내용 ABC분석은 파레토분석이라고도 하며 대상을 ABC그룹으로 나누어 분석하는 방법입니다. 예를 들어 제품별 매출을 이용해 ABC분석을 한다면 일반적으로 매출액의 0~6.70%에 해당하는 제품을 A그룹으로 하며 90% 정도까지의 그룹을 B그룹으로 합니다. 그리고 그 이상의 그룹을 C그룹으로 두어 각각의 그룹에 따른 전략을 수립합니다. 이 분석은 매출액에 기여하는 제품에만 사용하는 것이 아니라 재고관리나 고객관리 등 여러 방면에서 사용되는 분석방법입니다. 피벗테이블을 이용하여 ABC분석을 하도록 합니다.

1. 피벗테이블을 활용하여 매출액 및 매출누계비율 생성

피벗테이블의 기능으로 제품별 매출데이터와 매출누계비율을 쉽게 추출하고 생성할 수 있습니다. '2019년 물티슈 매출내역'의 '제품명'과 '판매액'을 이용해 매출액과 매출 누계비율을 생성합니다.

❶ '2019년 물티슈 매출내역' 시트의 [A2] 셀을 선택하고 [삽입]-[표] 그룹-[피벗테이블]을 선택합니다. [피벗테이블 만들기] 창에서 [표/범위]의 입력란에 'sheet1!$A$2:$F$3502'가 맞는지 확인하고, [새 워크시트]를 선택한 상태로 [확인] 버튼을 클릭합니다.

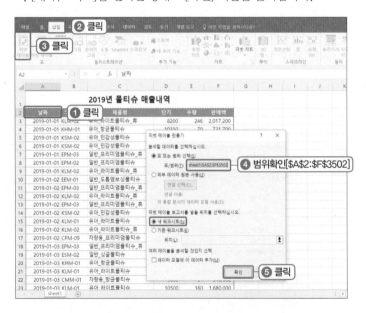

❷ 새롭게 시트가 추가되며 피벗테이블을 추가할 수 있는 화면이 나오면, 피벗테이블 필드에서 '제품명'을 [행]으로, '판매액'을 [값] 부분에 놓습니다.

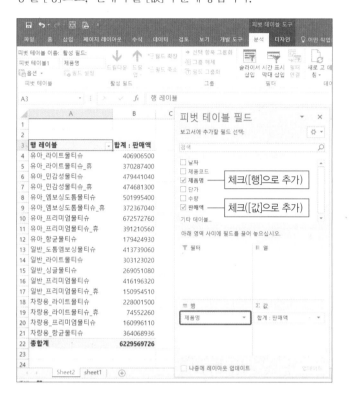

❸ 삽입된 제품별 매출액을 큰 값부터 정렬하기 위해 [B4] 셀을 클릭하고 마우스 오른쪽 단추를 누릅니다. 그리고 메뉴에서 [정렬]–[숫자 내림차순 정렬]을 선택합니다.

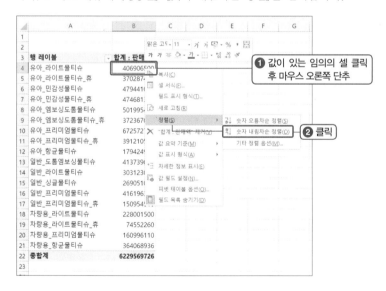

❹ 다시 피벗테이블 필드에서 '판매액'을 끌어다 [값]의 '합계 : 판매액' 아래에 끌어다 놓습니다. 그러면 '합계 : 판매액2'가 추가됩니다.

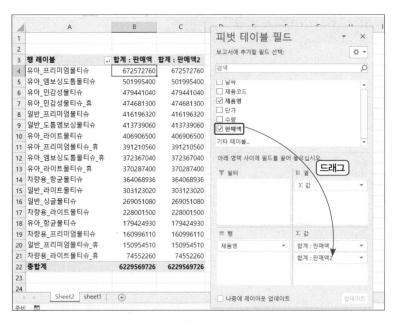

❺ 추가된 '합계 : 판매액2'를 누계비율로 설정하기 위해 [C4] 셀을 클릭하고 마우스 오른쪽 단추를 눌러 나타난 메뉴의 [값 표시 형식]-[누계비율]을 클릭합니다. 〈엑셀 2007버전은 〈다른버전〉 참조〉

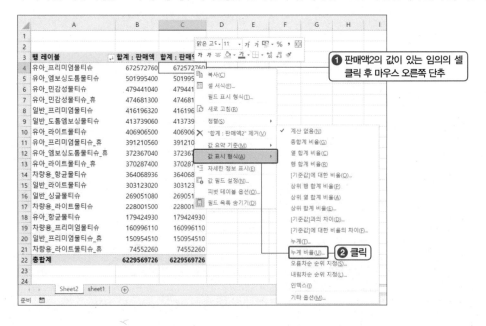

⑥ [값 표시 형식(합계 : 판매액2)] 창이 열리고 기준필드를 '제품명'
으로 놓고 [확인] 버튼을 클릭합니다.

⑦ ABC분석을 하기 위한 데이터인 제품별 매출액과 누
계비율이 생성되었습니다.

다른버전

〈엑셀 2007버전〉 엑셀 2007버전에서는 [누계비율]이 메뉴에 없으므로, 다음과 같은 방법을 사용하여 누계비
율을 만들도록 합니다.

① [값]에 판매액을 한 번 더 끌어와 '합계: 판매액2'가 생성되는 것은 동일합니다. 그리고 '합계 : 판매액2'의 데
이터에서 마우스 오른쪽 단추를 눌러 [값 필드 설정]을 클릭합니다.

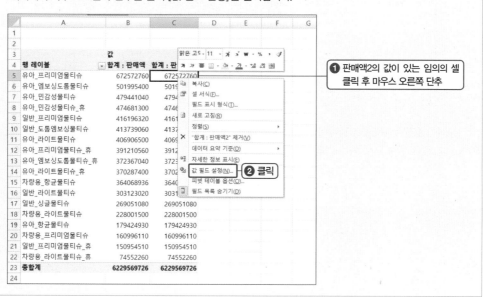

② [값 필드 설정] 창이 열리면 [값 표시 형식] 탭을 눌러 목록에서 [행 방향의 비율]을 선택하고 [확인]을 클릭합니다.

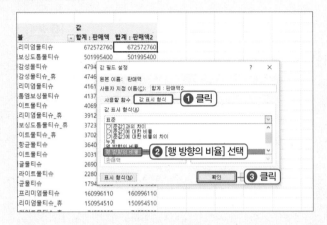

③ '합계 : 판매액2'는 전체 매출액 대비 각 제품의 비율로 변경되었습니다. [A4:C22] 셀까지 범위를 블록지정하여 복사(Ctrl + C)하고, [E4] 셀에 붙여넣기(Ctrl + V)합니다. 피벗테이블의 일부를 제외하고 복사 & 붙여넣기를 하면 피벗이 아닌 일반적인 표 형태로 붙여넣기 되어 내용을 수정할 수 있습니다.

④ [H4] 셀에 '누계비율'을 입력하고 누계비율을 구하기 위해 [H5] 셀에 첫 번째 제품의 비율이 있는 셀 '= G5'를 참조합니다. 그리고 [H6] 셀로 이동해 두 개의 제품에 대한 누계비율을 '= H5 + G6'을 입력합니다.

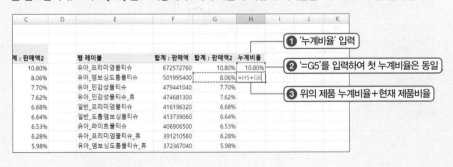

⑤ [H5] 셀의 채우기 핸들을 이용해 [H22] 셀까지 자동 채우기하면 누계비율을 구할 수 있습니다.

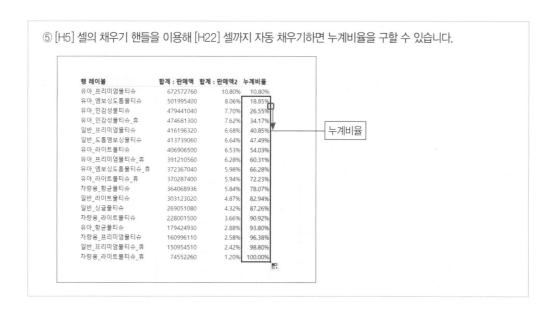

행 레이블	합계 : 판매액	합계 : 판매액2	누계비율
유아_프리미엄물티슈	672572760	10.80%	10.80%
유아_엠보싱도톰물티슈	501995400	8.06%	18.85%
유아_민감성물티슈	479441040	7.70%	26.55%
유아_민감성물티슈_휴	474681300	7.62%	34.17%
일반_프리미엄물티슈	416196320	6.68%	40.85%
일반_도톰엠보싱물티슈	413739060	6.64%	47.49%
유아_라이트물티슈	406906500	6.53%	54.03%
유아_프리미엄물티슈_휴	391210560	6.28%	60.31%
유아_엠보싱도톰물티슈_휴	372367040	5.98%	66.28%
유아_라이트물티슈_휴	370287400	5.94%	72.23%
차량용_항균물티슈	364068936	5.84%	78.07%
일반_라이트물티슈	303123020	4.87%	82.94%
일반_싱글물티슈	269051080	4.32%	87.26%
차량용_라이트물티슈	228001500	3.66%	90.92%
유아_항균물티슈	179424930	2.88%	93.80%
차량용_프리미엄물티슈	160996110	2.58%	96.38%
일반_프리미엄물티슈_휴	150954510	2.42%	98.80%
차량용_라이트물티슈_휴	74552260	1.20%	100.00%

누계비율

2. 생성된 데이터를 활용해 콤보차트(이중축 혼합형차트) 만들기

피벗테이블을 활용해 만든 데이터를 차트의 콤보 차트(이중축 혼합형차트)로 제품별 데이터와 비율이 들어 있는 차트를 만들도록 합니다.

❶ 피벗테이블을 활용해 만들어 놓은 데이터 [A3:C21] 셀까지 범위를 블록지정 합니다. [삽입]-[차트] 그룹-[콤보]-[묶음 세로 막대형-꺽은선형, 보조축]을 선택하여 콤보(이중축 혼합형) 차트를 만듭니다. 〈엑셀 2010 이하버전은 설명 279P 참조〉

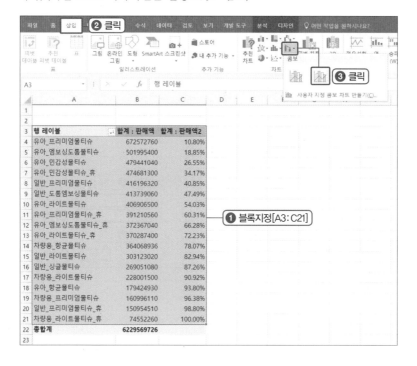

❷ 자동으로 제품별 매출액은 세로 막대로, 누계비율은 꺾은선형으로 들어갔습니다. 이때 꺾은 선형에 값을 표시하기 위해 꺾은선형을 클릭한 후 마우스 오른쪽 단추를 눌러 메뉴가 나오면 [데이터 레이블 추가]를 클릭합니다.

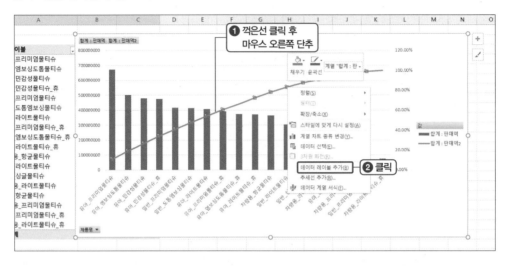

멘토의 한 수

콤보차트를 추가했는데 앞의 그림과 달리 누계비율이 꺾은선형이 아닐 경우 차트를 선택하여 피벗 차트 도구의 [디자인]-[종류] 그룹-[차트 종류 변경]을 클릭하여 설정을 동일하게 맞추도록 합니다.

❸ 차트의 꺾은선형 그래프에 누계비율이 표시되었습니다.

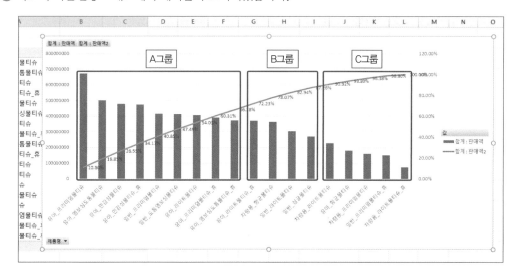

다른버전

〈엑셀 2010 이하버전〉 엑셀 2013버전부터는 콤보(이중축 혼합형) 차트가 존재합니다. 하지만 엑셀 2010버전이하는 콤보(이중축 혼합형) 차트를 만들어 줘야 합니다.

① 복사 & 붙여넣기 한 데이터(276P ③번 참고)에서 제품명이 있는 '행 레이블' 범위와 매출액이 있는 '합계 : 판매액', 그리고 '누계비율' 범위를 블록지정합니다. 그리고 [삽입]-[차트] 그룹-[세로막대형]-[2차원세로막대형]-[묶은세로막대형]을 선택합니다.

Excel

② 차트가 삽입되어 매출액이 파란색 세로막대형 그래프가 되었습니다. 누계비율은 값의 크기가 작아 차트에서는 범례에서만 확인이 가능합니다. 누계비율을 꺾은선형으로 변경하기 위해 삽입된 차트를 선택하여 차트도구가 나타나면 [레이아웃]-[현재 선택 영역] 그룹의 [차트영역] 목록에서 '계열 누계비율'을 선택합니다. 누계비율의 세로막대는 보이지 않지만, 가로 축에 '누계비율' 세로막대가 선택된 것을 확인할 수 있습니다.

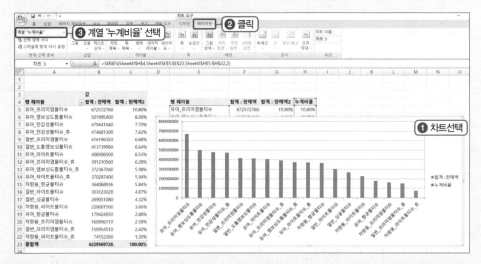

③ 그 상태로 차트도구의 [디자인]-[종류] 그룹-[차트 종류 변경]을 선택하고 [차트 종류 변경] 창이 열리면 [꺾은선형]-[꺾은선형]을 선택하고 [확인] 버튼을 클릭합니다.

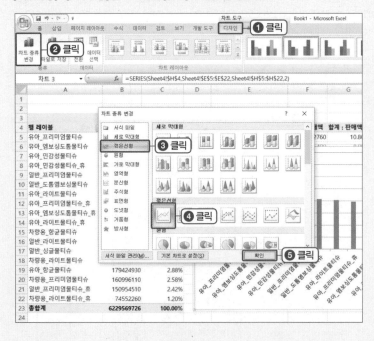

④ 누계비율의 꺾은선형 그래프는 왼쪽에 있는 세로 축(매출액 축)을 기준으로 그래프가 그려지므로 가로 축에 붙어 있는 것처럼 보이게 됩니다. 누계비율 꺾은선형을 선택한 다음 마우스 오른쪽 단추를 눌러 메뉴 중 [데이터 계열 서식]을 클릭합니다.

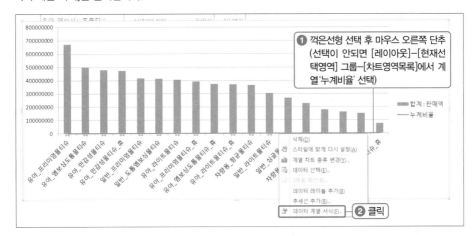

⑤ [데이터 계열 서식] 창이 열리면 [계열옵션]의 [보조축]을 선택하고 [확인] 버튼을 눌러줍니다.

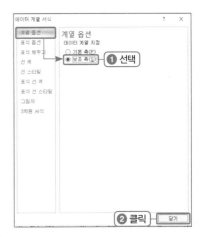

⑥ 차트에 나타난 누계비율의 꺾은선형 그래프에 값을 표시하기 위해 꺾은선형 그래프를 선택한 후 마우스 오른쪽 단추를 눌러 메뉴에서 [데이터 레이블 추가]를 선택합니다.

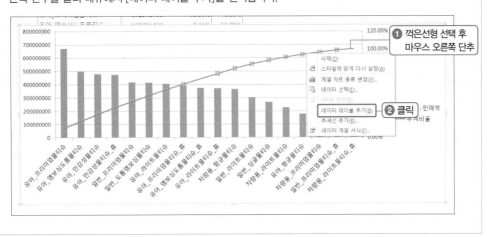

⑦ 차트에 비율이 표시된 것을 확인할 수 있습니다.

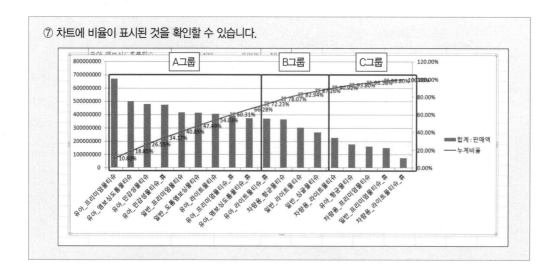

● 예제파일 : c5-3.xlsx ● 정답파일 : c5-3f.xlsx

 핵심내용 매출 추이를 분석하는 방법에는 여러 가지가 있습니다. 그 중 Z차트는 기본적으로 2개년도의 데이터를 활용해 월별 매출액 데이터와 매출액 누계를 생성하고, 월별 매출액 데이터에서 이동년계(해당 월을 포함하여 전 12개월에 대한 매출액의 합계)를 구해 매출 추이를 차트로 표현합니다. 차트의 모양이 Z 모양이라서 Z차트라고 합니다.

1. 피벗테이블을 활용하여 년도별 월 매출액 및 매출액누계, 이동년계 생성

Z차트를 생성하기 위해 필요한 데이터는 년도에 따른 월별 매출액과 매출누계, 이동년계입니다. 피벗테이블을 활용하면 2개 년 치 데이터의 각 년도별, 월별 매출 총액과 매출액 누계 그리고 이동년계를 쉽고 빠르게 생성할 수 있습니다.

❶ 피벗테이블을 만들기 위해 [A2] 셀에 마우스를 클릭하고 [삽입]-[표] 그룹-[피벗테이블]을 클릭합니다. [피벗테이블 만들기] 창이 열리면 [표/범위]의 입력란에 'Z차트!$A$2:$F$7005'가 입력되어 있는지 확인 후 [새 워크시트]에 선택된 상태로 [확인]을 클릭합니다.

❷ 새로운 시트가 추가되면 피벗테이블 필드에서 목록에 있는 '날짜'를 체크하여 [행]에 추가합니다. 그리고 [값]에는 목록에서 '판매액'을 체크하여 추가하고, 다시 한 번 '판매액'을 끌어다 놓습니다.

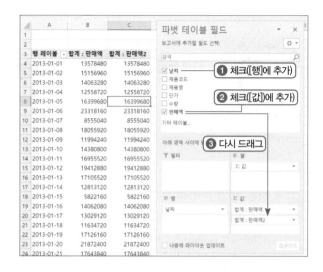

❸ 날짜를 월별과 년도별로 그룹화하기 위해 날짜가 있는 임의의 셀에 클릭하고 마우스포인터의 모양이 ✛ 모양일 때 클릭합니다. 그리고 마우스 오른쪽 단추 메뉴 중 [그룹]을 클릭합니다. 〈엑셀 2016 버전은 멘토의 한수를 참고하세요.〉

멘토의 한 수

엑셀 2016버전은 '날짜'를 추가하면 자동으로 '연'과 '분기'가 추가되는데 분기는 체크 해제하여 '연', '날짜'만 표시되도록 합니다. 생성된 피벗테이블 각각 년도의 더하기 버튼을 클릭하여 연도별 데이터를 펼쳐줍니다.

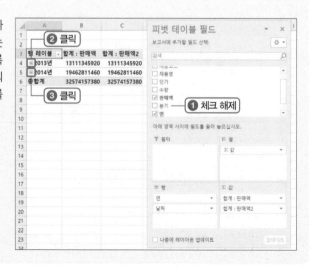

④ [그룹화] 창이 열리면 '월'이 선택되어 있는 상태이므로 '연'을 한 번 눌러 '월'과 '연'이 모두 선택된
상태로 [확인] 버튼을 클릭합니다.

⑤ 년도별, 월별로 그룹화한 후 생성된 피벗테이블에 마우스를 클릭하면 피벗테이블 도구인 [분석],
[디자인]이 추가되어 있습니다. [디자인]-[레이아웃] 그룹-[부분합]-[부분합 표시 안 함]을 클릭하
여 년도별 부분합을 표시되지 않도록 합니다.

다른버전

〈엑셀 2007, 2010버전〉 피벗테이블 도구에 [옵션]과 [디자인] 메뉴가 추가됩니다.

❻ 다시 [디자인]-[레이아웃] 그룹-[보고서 레이아웃]-[테이블 형식으로 표시]를 클릭합니다.

❼ 생성된 피벗테이블의 [값]에 추가해 놓은 '합계 : 판매액2'의 데이터 셀을 클릭하여 마우스 오른쪽 단추를 누르고 메뉴 중 [값 표시 형식]-[누계]를 선택합니다.

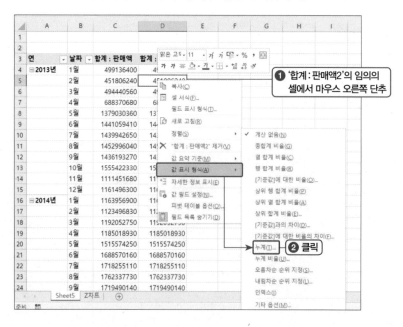

❽ [값 표시 형식(합계 : 판매액2)] 창에서 [기준필드]를 '날짜'로 선택하고, [확인] 버튼을 클릭하여 매출액 누계데이터를 생성합니다.

멘토의 한 수

기준필드에는 연, 날짜 두 개의 목록이 있습니다. 만약 연으로 해 놓으면 연도별 누계값이 표시됩니다.

❾ 이동년계를 구하기 위해 [E16] 셀을 클릭하고 '=SUM(C5:C16)'을 입력합니다.

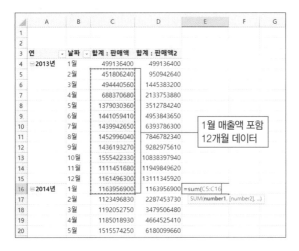

멘토의 한 수

이동년계는 당월을 포함하여 전 12개월 매출 데이터에 대한 합계로 장기적 추이를 나타냅니다.

❿ 이동년계를 채우기 핸들로 2014년도 12월까지 구합니다. 그리고 2014년도 '월'을 포함하여 월별 매출합계, 월별 매출누계, 이동년계의 범위 [B16:E27]를 모두 블록지정한 후 복사(Ctrl + C)합니다.

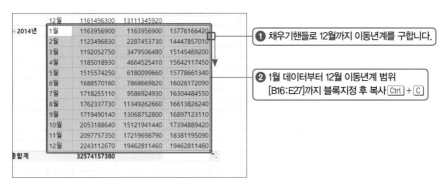

⑪ [G4] 셀을 클릭하고 붙여넣기 Ctrl + V 하고, [G3:J3] 셀까지 데이터에 필드명(머리글)인 날짜, 매출액, 매출액누계, 이동년계를 각각 입력하여 줍니다.

⑫ 그리고 [G3:J15] 범위까지 블록지정하여 [삽입]-[차트] 그룹-[꺾은선형]을 선택합니다.

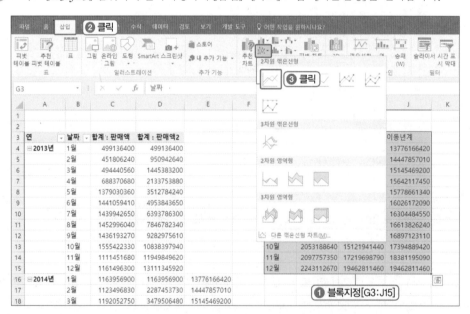

⓭ Z모양의 차트가 삽입되었습니다. 현재 매출추이는 완만한 상승세입니다. 매출누계데이터를 볼 때 매출액이 큰 변동없이 일정하게 유지되고 있음을 확인할 수 있습니다. 또 이동년계를 봤을 때 데이터가 상승세인 것으로 성장하고 있음을 보여줍니다.

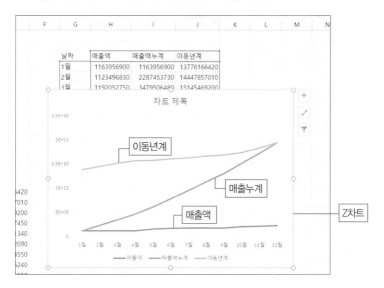

멘토의 한 수

Z차트는 차트의 생김새에 따라 매출추이를 분석할 수 있습니다. 다양한 모양으로 표현되어 해석할 수 있지만 기본형태는 Z모양의 기울기 차이입니다.

매출이 증가하거나 감소함 없이 안정적으로 유지되는 것으로 분석할 수 있습니다.

매출이나, 매출누계, 이동년계가 모두 상승세인 상태입니다.

매출이나, 이동년계가 감소하고 있으므로 상승세로 전환할 수 있는 전략이 필요합니다.

고객을 분류하여 적절한 마케팅을 할 수 있는 RFM분석

● 예제파일 : c5-4.xlsx　　● 정답파일 : c5-4f.xlsx

핵심 내용 RFM분석은 고객을 분류하는 방법으로 간단하고 쉽게 할 수 있어 마케팅에서 자주 사용하는 분석 방법 중 하나입니다. RFM은 Recency, Frequency, Monetary의 약자로 고객이 얼마나 최근에, 얼마나 빈번하게, 얼마나 많은 금액을 투입하여 제품을 구입했는지를 판단합니다.

　– Recency : 언제 가장 마지막으로 구매했는가?
　– Frequency : 구매한 빈도수는 어떻게 되는가?
　– Monetary : 구매한 금액의 총합계는 어떻게 되는가?

각 기준별로 고객을 분류하는데 5점 척도로 할지 3점 척도로 분석할 것인지를 선택합니다.

1. RFM분석에 필요한 데이터 생성하기

RFM분석을 위해 필요한 데이터는 구매자별로 최근 구매일자, 구매횟수, 총 구매금액입니다. 주어진 예제의 1년 치 데이터로 피벗 테이블을 이용하여 분석합니다.

❶ [A3] 셀을 클릭하고 [삽입]–[표] 그룹–[피벗 테이블]을 선택합니다. [피벗 테이블 만들기] 창이 열리면 [표/범위]에 '매출현황!$A$3:$I$756'으로 입력되어 있는지 확인하고 피벗 테이블 보고서를 넣을 위치에 [새 워크시트]가 선택되어 있는지 확인 후 [확인] 버튼을 클릭합니다.

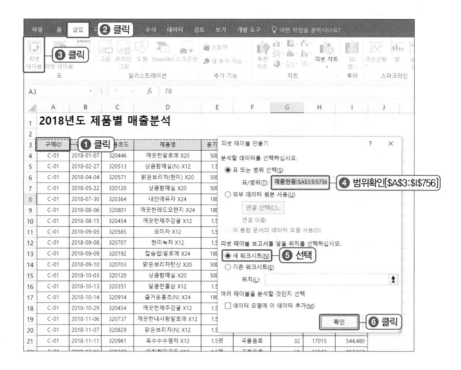

② 시트가 추가되면 피벗 테이블 필드 목록에서 '구매 ID'를 체크하여 [행]에 추가하고 [값]에 Recency를 파악할 수 있는 '구매일자'를 끌어다 놓습니다. Frequency를 파악하기 위해 [값]에 다시 '구매ID' 를 끌어다 놓으면 구매ID별 구매건수를 구할 수 있습니다. 그리고 Monetary를 파악할 수 있는 '매출액'을 체크하여 [값]에 차례로 놓습니다.

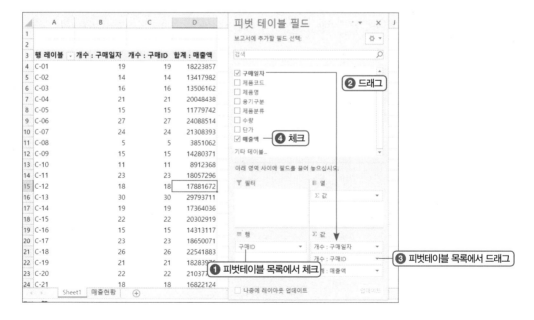

❸ 구매자의 가장 최근 구매일자를 파악하기 위해 피벗 테이블의 구매일자 데이터에서 마우스 오른쪽 단추를 클릭합니다. 메뉴 중 [값 요약 기준]-[최대값]을 선택하여 날짜 중 가장 나중 날짜에 해당하는 값이 입력되도록 설정합니다.

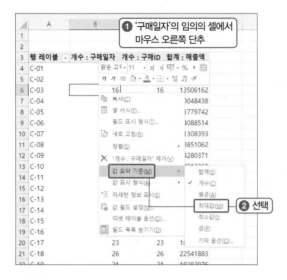

멘토의 한 수

엑셀에서 날짜는 일련번호 체계를 가지고 있으므로(231P 멘토의 한수 참고) 구매일자의 최대값을 구하면 구매자별 가장 최근에 구매한 날짜가 숫자로 표시됩니다.

❹ 새로운 시트를 추가하여 시트명을 RFM분석으로 입력하고 최근 구매일부터 기준일 까지 얼마나 지났는지 파악하기 위해 임의의 기준일을 '2019-01-14'로 설정하고 그림처럼 필드명(머리글)을 입력합니다.

❺ 피벗 테이블이 있는 'sheet1' 시트로 이동하여 [A4 : D56] 셀까지의 범위를 블록지정하고 복사 (Ctrl + C)합니다.

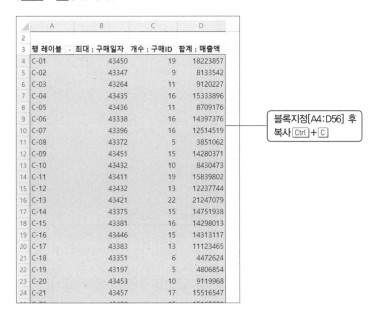

❻ RFM분석 시트로 이동하여 [A4] 셀을 클릭하고 붙여넣기 (Ctrl + V)합니다. 구매일자가 있는 [B4:B56] 셀을 블록 지정하여 [홈]–[표시 형식] 그룹–[간단한 날짜]를 선택하여 구매일자가 날짜 형식으로 변경되도록 합니다.

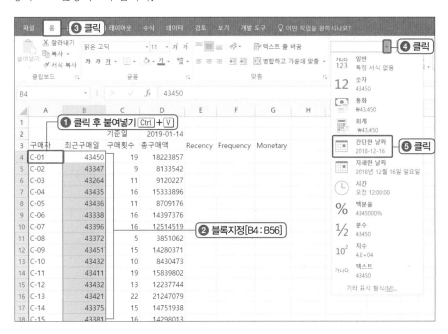

❼ 데이터가 입력된 [A3:G56] 셀까지 블록 지정하여 [홈]−[맞춤] 그룹에서 가운데 맞춤, [홈]−[글꼴] 그룹−[테두리]에서 모든 테두리를 선택합니다.

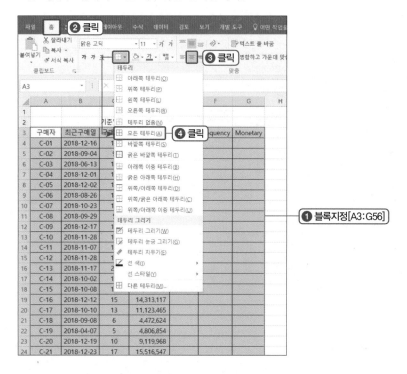

2. 피벗 테이블로 R, F, M 각 요소별 점수표시하기

만들어 놓은 데이터를 이용해 구매자의 Recency, Frequency, Monetary 점수를 부여합니다. RFM분석의 점수는 주로 5점 또는 3점으로 점수를 부여하는데 보통은 3점으로 부여하여 분석하는 경우가 많습니다. 3점에 대한 점수의 기준은 R, F, M 모두 상위 20%일 때 3, 중간 60%일 때 2, 하위 20%는 1입니다.

❶ 구매자별 FRM분석을 위한 기준 점수를 부여하기 위해 그림처럼 [I:P] 열까지 표를 작성합니다. 그리고 Recency의 기준값은 일수만 입력하고, 기준 점수 3점부터 1점까지 입력합니다.

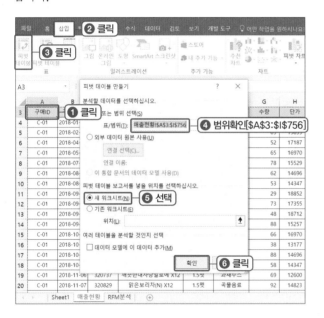

멘토의 한 수

Recency는 최근 구매일을 판단하는 것으로 1년 치 데이터를 기준으로 산정해 보았습니다. 1년을 365일로 환산하여 상위 20%는 약 72일 정도이고 하위 20%는 292일 정도부터입니다. 해당날짜에 우리가 정해 놓은 기준일까지의 간격은 약 15일 정도이므로 0~87일까지는 3점, 88~307일까지는 2점, 308일 이상은 1점으로 부여하였습니다. 업무실정에 맞게 설정하시면 됩니다.

❷ Frequency의 점수부여를 위한 상위 20%와 하위 20%를 파악하기 위해 '매출현황' 시트에서 [삽입]-[표] 그룹-[피벗 테이블]을 한 번 더 삽입합니다. [피벗 테이블 만들기] 창에서 표/범위를 '매출현황!\$A\$3:\$I\$756'으로 하고 피벗 테이블 보고서의 위치는 [새 워크시트]로 한 후 [확인] 버튼을 클릭합니다.

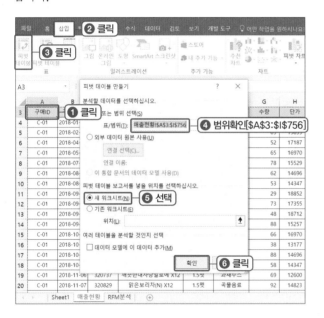

❸ 구매자별로 구매횟수를 파악하기 위해 피벗 테이블 필드 목록에서 [행] 부분에 구매ID를 끌어다 놓고, [값] 부분에 다시 구매ID를 끌어와 [개수 : 구매ID]와 [개수 : 구매ID2]를 만듭니다.

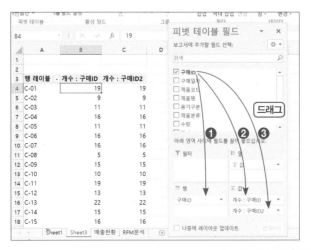

④ 상위 20%에 해당하는 값을 파악하기 위해 피벗 테이블의 [개수 : 구매ID] 데이터에서 마우스 오른쪽 단추를 눌러 [정렬]-[숫자 내림차순 정렬]을 선택합니다.

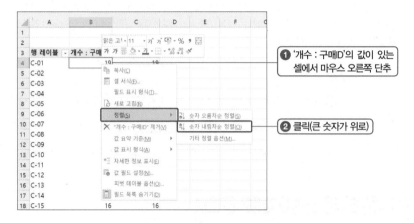

⑤ 내림차순 정렬 후 [개수 : 구매ID2]에서 마우스 오른쪽 단추를 눌러 [값 표시 형식]-[누계 비율]을 선택하여 비율을 확인합니다.

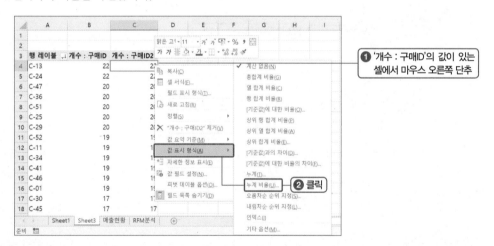

⑥ 누계비율로 표시된 [개수 : 구매ID2]에서 상위 20% 이상의 값이 20임을 확인할 수 있습니다.

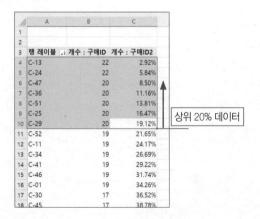

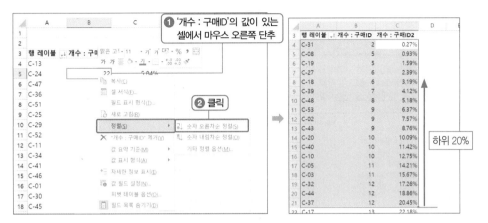
❼ 하위 20% 값을 구하기 위해 [개수 : 구매ID]의 데이터에서 마우스 오른쪽 단추를 눌러 [정렬]–[숫자 오름차순 정렬]을 선택합니다. 하위 20%까지에 해당하는 구매횟수는 12임을 확인할 수 있습니다.

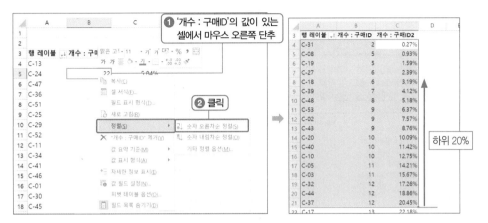

❽ [RFM분석] 시트의 [L4:M6] 범위에 1~12까지는 하위 20%에 해당하는 값이므로 1점, 13~19까지는 60%에 해당하는 값이므로 2점, 20 이상은 3점으로 입력하였습니다.

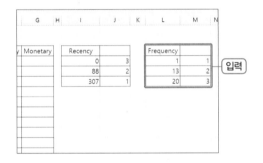

❾ 매출액의 기준 점수값을 구하기 위해 Frequency의 비율을 구했던 피벗 테이블에서 [행]에는 그대로 '구매ID'로 놓고 값 부분에는 '개수 : 구매ID'와 '개수 : 구매ID2'는 제거합니다. 그리고 매출액을 두 번 드래그하여 [합계 : 매출액], [합계 : 매출액2]가 표시되도록 합니다.

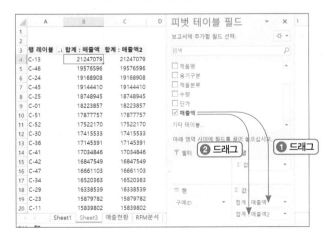

⑩ 상위 20%값을 파악하기 위해 [합계 : 매출액]의 데이터에서 마우스 오른쪽 단추를 누르고 [정렬]-[숫자 내림차순 정렬]을 선택합니다.

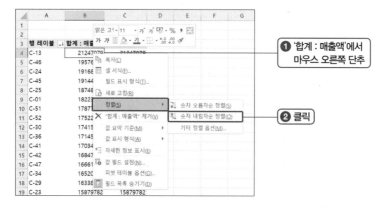

⑪ 내림차순 정렬된 후 [합계 : 매출액2]에서 마우스 오른쪽 단추의 [값 표시 형식]-[누계 비율]을 선택합니다.

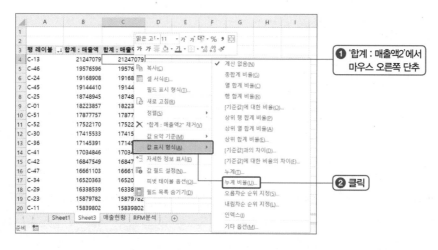

⑫ [값 표시 형식(합계 : 매출액2)] 창의 기준필드는 구매ID로 놓고 [확인] 버튼을 클릭합니다.

⑬ 구매자 별로 매출액의 누계비율이 생성되고 상위 20%에 해당하는 값이 17,877,757임을 확인할 수 있습니다.

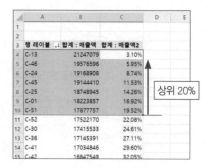

⓮ 하위 20%값을 확인하기 위해 [합계 : 매출액]의 데이터에서 마우스 오른쪽 단추를 눌러 [정렬]−[숫자 오름차순 정렬]을 합니다.

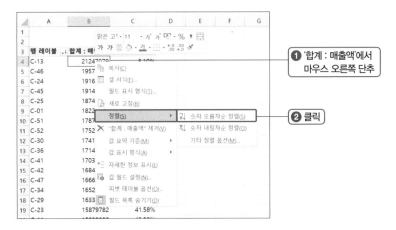

⓯ [합계 : 매출액2] 부분에 오름차순으로 누계비율이 표시되면서 하위 20%에 해당하는 값은 11,123,465 임을 확인할 수 있습니다.

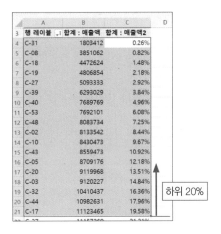

⓰ 하위 20% 미만의 값이 11,123,465이고 상위 20% 이상 값이 17,877,757이므로 1~11,129,999 까지는 1점, 11,130,000~17,799,999까지는 2점, 17,800,000 이상은 3점으로 입력하여 기준점 수표를 완성합니다.

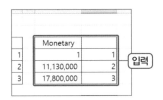

Excel

3. 구매자별로 Recency, Frequency, Monetary 점수를 반영하기

작성해 놓은 각 요소별 기준표를 활용해 구매자별로 최근구매일에 대한 점수, 구매횟수에 대한 점수, 총 구매액에 대한 점수를 VLOOKUP 함수로 반영할 수 있습니다.

❶ 최근 구매일에 따라 점수의 Recency를 구하기 위해 [E4] 셀을 선택하고 '=VLOOKUP($D$2-B4, $I$3:$J$6,2,TRUE)'를 입력하여줍니다.

> **멘토의 한 수**
>
> Recency를 구하기 위한 기준일은 계속 고정되어 있어야 하므로 키보드의 F4 키를 눌러 절대참조 지정합니다. VLOOKUP 함수의 Range_lookup 부분에 TRUE를 입력하면 유사한 값을 찾는 것으로 0~87, 88~306, 307 이상의 구간 중 어느 구간에 찾고자 하는 값이 포함되어 있는지 쉽게 파악할 수 있습니다. VLOOKUP 함수를 사용하기 위해 기준표를 만들 때는 기준이 되는 값의 작은 수가 위로 오도록 설정해야 합니다.

❷ 구매횟수인 Frequency를 부여하기 위해 [F4] 셀을 선택하고 '=VLOOKUP(C4,$L$3::$M$6, 2,TRUE)'를 입력합니다.

❸ 총 구매금액 Monetary에 대한 점수를 부여하기 위해 [G4] 셀을 선택하여 '=VLOOKUP(D4,$O$3::$P$6,2,TRUE)'를 입력합니다.

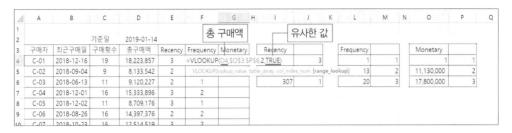

❹ Recency, Frequency, Monetary에 입력해 놓은 수식을 자동 채우기를 이용하여 반영하면 구매자 별로 각 요소에 대한 점수를 파악할 수 있습니다.

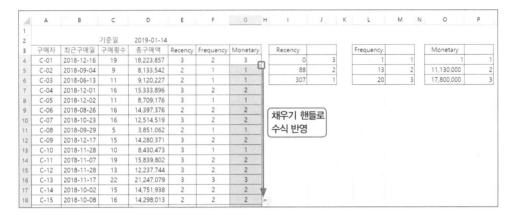

멘토의 한 수

RFM분석은 앞에서와 같이 각 요소별로 점수를 파악하여 구매일을 당길 수 있는 전략이나 구매횟수를 늘릴 수 있는 전략 또는 구매 금액을 높일 수 있는 마케팅 전략을 수립할 수 있습니다. 이렇게 각 요소에 따라 고객을 분석하여 전략수립을 하는 경우도 있고 각 요소를 합산하여 높은 점수를 가지고 있는 구매자와 그렇지 않은 구매자에 대한 마케팅 전략을 수립하는 경우도 있습니다.

선형추세에 따라 예측하는 FORECAST.LINEAR 함수와 데이터 분석 도구의 회귀분석

● 예제파일 : c5-5.xlsx　　● 정답파일 : c5-5f.xlsx

핵심 내용　단순회귀분석(선형회귀분석)은 예측의 대상이 되는 변수(종속변수 또는 반응변수)와 예측 대상에 영향을 줄 것으로 보이는 변수(독립변수 또는 설명변수) 간의 관계를 회귀식을 이용하여 분석하는 통계방법입니다. 회귀식은 $y = ax + b$로 y는 예측치, a는 기울기를 나타내는 회귀계수, x는 독립변수, b는 절편(x가 0일 때 y의 값)을 의미합니다.

엑셀에서는 회귀분석을 함수와 분석도구를 통해 쉽게 할 수가 있습니다. 함수로는 FORECAST.LINEAR 함수(엑셀 2013버전 이하는 FORECAST 함수)로 기존에 값을 토대로 선형추세에 따라 예측값을 구할 수 있습니다.

데이터 분석 도구의 회귀분석은 기울기(a)와 절편(b)를 자동으로 구할 수 있어 회귀식에 대입하여 예측값을 구할 수 있습니다.

함수 구조

$$=\text{FORECAST.LINEAR}(X, Known\_y's, Known\_x's)$$
　　　　　　　　　　❶　　　　❷　　　　　　❸

[수식]-[함수 라이브러리] 그룹-[함수 더 보기]-[통계]에 있는 FORECAST.LINEAR 함수는 가지고 있는 기존 데이터를 토대로 선형추세에 따라 예측값을 구하는 함수입니다.

〈엑셀 2013 이하버전은 FORECAST 함수입니다.〉

❶ X : 예측하려는 데이터 요소로 수치 데이터여야 합니다.

❷ Known_y's : 종속데이터 배열 또는 범위입니다.

❸ Known_x's : 독립데이터 또는 범위로 분산값이 0이 되면 안 됩니다.

---

1. FORECAST.LINEAR 함수(FORECAST 함수)로 직원복지비용에 따른 매출예측

'직원 복지비용은 매출액에 영향을 준다.'는 가정하에 과거의 년도별 직원복지비용과 매출액의 데이터를 토대로 2020년 매출액을 예측합니다.

❶ 2020년의 복지비용이 7,500일 때 매출액을 예측해 보기 위해 [D24] 셀을 선택하고 '=FORE
CAST.LINEAR(C24,D4:D23,C4:C23)'을 입력합니다. 결과값 1,031,967이 표시되며 복지비
용을 증가시켰을 때 매출액을 예측해 볼 수 있습니다.

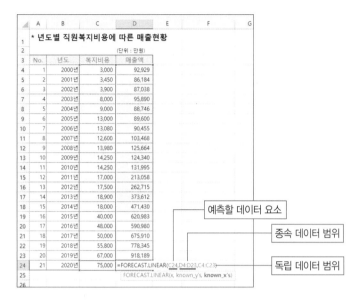

❷ 년도별 직원복지비용에 따른 매출액의 증가를 좀 더 쉽게 분석할 수 있도록 [삽입]-[차트] 그룹-
[꺾은선형 또는 영역형 차트삽입]-[2차원꺾은선]-[꺾은선형]을 선택합니다.

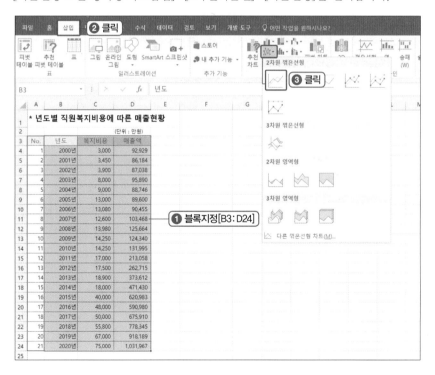

③ 차트가 삽입되면 주황색의 매출액 데이터가 가시화되어 쉽게 분석할 수 있습니다.

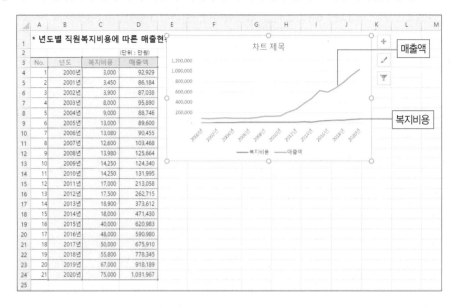

함수수식의 이해

=FORECAST.LINEAR(C24,D4:D23,C4:C23)
               ❶   ❷   ❸

'복지비용에 따라 매출액이 영향을 받는다.'라는 가정을 하고 주어진 복지비용에 따라 매출액이 어떻게 변할 것인지를 예측하기 위해 FORECAST.LINEAR 함수를 사용합니다.

❶ 기존 데이터를 토대로 예측 대상이 되는 값에 영향을 줄 독립변수로 [C24] 셀을 입력합니다.

❷ 종속데이터 범위로 매출액 범위 [D4:D23]을 입력합니다.

❸ 종속데이터에 영향을 주는 독립변수인 복지비용 범위[C4:C23]을 입력합니다.

2. 데이터 분석 도구를 이용하여 매출액 예측하기

엑셀에서는 함수를 이용해 선형추세에 따른 단순회귀분석을 할 수도 있지만, 추가 기능인 [데이터]-[분석] 그룹-[데이터 분석]-[통계 데이터 분석] 창-[회귀분석]을 활용하여 회귀분석을 할 수도 있습니다.

❶ 추가해놓은 데이터 분석도구(20P ❺ 번 참조)를 사용하기 위해 [데이터]-[분석] 그룹-[데이터 분석]을 클릭합니다. [통계 데이터 분석] 창이 열리면 [회귀분석]을 선택하고 [확인] 버튼을 클릭합니다.

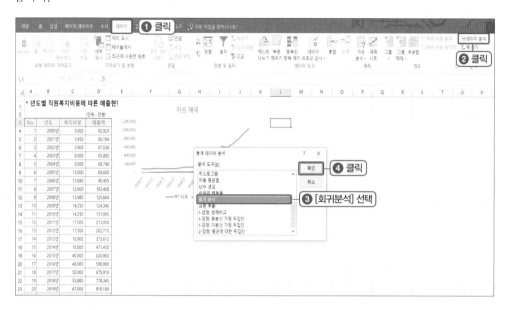

❷ [회귀분석] 창이 열리면 [Y축 입력 범위]에 종속데이터가 있는 [D3:D23] 범위를 입력하고, [X축 입력 범위]에 독립데이터가 있는 [C3:C23] 범위를 입력합니다. 자동으로 절대참조가 설정됩니다. 그리고 입력범위에 필드명(머리글)까지 포함하였으므로 [이름표]에 체크 한 후 [출력 범위]를 선택하고 입력란에 [L3] 셀을 선택합니다.

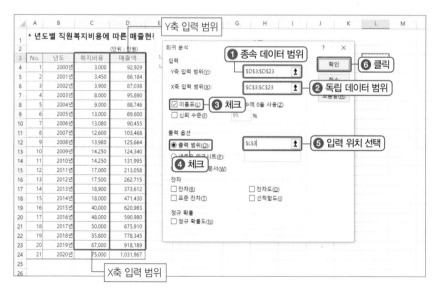

❸ 선택한 [L3] 셀부터 회귀분석의 결과가 '요약 출력'이라는 텍스트 밑으로 표시되는데 [회귀분석 통계량], [분산 분석], [회귀계수와 관련데이터]에 대한 부분으로 나뉘어 있습니다.

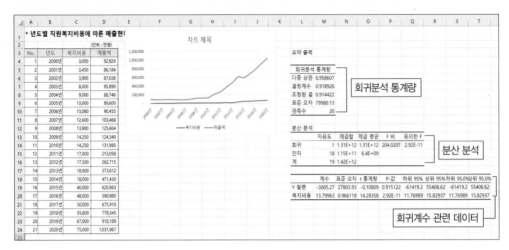

❹ 표시된 값을 회귀식에 대입해 보면 '=M20*C24+M19'입니다. a(기울기)에 해당하는 [M20] 셀에 x 값인 독립변수[C24] 셀을 곱하고 b(절편)에 해당하는 [M19] 셀을 더하면 'y=13.79963*75000+-3005.27'의 형태가 됩니다.

❺ FORECAST.LINEAR 함수로 구한 결과값과 회귀식에 직접값을 대입하여 구한 값이 동일한 것을 확인할 수 있습니다.

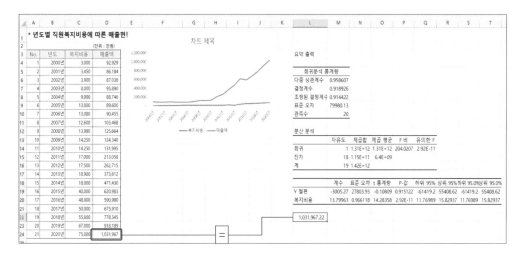

멘토의 한 수

요약 출력에 대한 간단한 설명은 다음과 같습니다. 자세한 사항은 통계분야를 통해 배우시길 권장합니다.

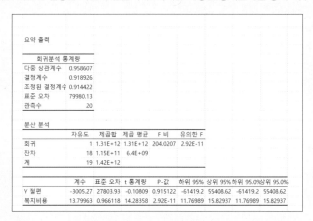

■ **회귀분석 통계량**

❶ 다중상관계수 : 여러 개의 독립변수들이 종속변수와 어느 정도로 선형관계에 있는지 측정한 수치입니다. 단순회귀분석은 1개의 독립변수와 종속변수의 표본상관계수의 절대값입니다.

❷ 결정계수 : R제곱으로 표시되며, 독립변수가 종속변수의 변화에 어느 정도 영향을 주는지를 나타내는 수치입니다. 0~1 사이의 값을 가지며 1에 가까울수록 독립변수와 종속변수 사이에 상관관계가 높은 것 입니다. 예제에서는 직원의 복지비용이 매출액에 변화를 표현하는 정도가 91.9% 정도이며, 나머지 8.1% 정도는 다른 요인의 영향이라는 것을 뜻합니다.

❸ 조정된 결정계수 : 독립변수가 의미 있는 것인지를 판단해주는 것으로 다중회귀분석에서 효과적으로 사용됩니다.

❹ 표준오차 : 표본 정보로 전체를 파악할 때 발생하는 오차입니다.

❺ 관측수 : 회귀분석에 사용된 표본의 크기로 20쌍의 데이터를 사용하였음을 나타냅니다.

■ **분산분석**

❶ 자유도 : 모든 변동은 자유도를 갖는데 계의 자유도는 표본값에서 1을 뺀 수치입니다. 예제에서 표본값은 20이므로 계의 자유도는 19가 됩니다.

회귀의 자유도는 독립변수의 수인데 본 예제는 단순회귀분석이므로 1이 됩니다.

잔차의 자유도는 '계의 자유도−회귀 자유도'와 같으므로 예제에서는 18이 됩니다.

❷ 제곱합 : 총변동이라고도 하며, 회귀변동과 잔차변동으로 나뉩니다. 회귀변동은 종속변수값들의 변동을 나타내고 잔차변동은 예상하고 있는 독립변수 이외의 기타요인에서 발생하는 종속 변수값의 변동을 말합니다. 이것은 종속변수의 변동 중에 독립변수로 나타낸 부분과 나타내지 못한 부분이 어느 정도인지 파악할 수 있습니다.

❸ 제곱평균 : 분산이라고도 하며, 제곱합을 해당 자유도로 나눈값입니다. 회귀제곱평균은 회귀의 제곱합을 회귀의 자유도로 나눈값이고, 잔차의 제곱평균은 잔차의 제곱합을 잔차의 자유도로 나눈값입니다. 이때 잔차의 제곱 평균은 표준오차를 제곱한 값과 동일합니다.

❹ F비와 유의한 F : F비는 회귀 제곱평균을 잔차 제곱평균으로 나눈값입니다. 이 값을 이용하여 통계적으로 의미가 있는지 검정할 수 있습니다. 다른 방법으로 유의한 F입니다. 유의한 F는 F비에 대한 p−값으로 5%보다 작으므로 회귀식이 통계적으로 의미 있다고 할 수 있습니다.

■ **회귀계수와 관련데이터**

❶ 계수 : y 절편은 회귀식의 값을 의미하며 독립변수가 0일 때 종속변수의 값을 나타냅니다. 예제에서 복지비용은 독립변수의 계수로 복지비용이 1만 원 증가하면 매출액의 기울기가 13.8이 증가할 것으로 예측할 수 있습니다.

❷ 표준오차 : 계수의 각각에 대한 표준오차입니다.

❸ t통계량 : 회귀계수의 값을 표준 오차로 나눈값입니다.

❹ p−값 : 회귀식의 유의성 검정 시 많이 사용하며 독립변수의 계수값이 5% 이하가 나오면 통계적으로 의미 있다 할 수 있습니다.

3. 기울기(a)와 y 절편을 함수로 구해 2020년 매출액을 예측하기

FORECAST.LINEAR 함수로 회귀분석을 쉽게 할 수 있지만, 주어진 x와 y 값을 가지고 SLOPE 함수와 INTERCEPT 함수를 이용해 기울기(a)와 y 절편을 직접 구할 수 있습니다.

함수 구조

=SLOPE(Known_y's,Known_x's)
      ❶   ❷

SLOPE 함수는 [수식]−[함수 라이브러리] 그룹−[함수 더 보기]−[통계]에 있는 함수로 선형 회귀선의 기울기를 구하는 함수입니다.

❶ Known_y's : 종속데이터 배열 또는 범위입니다.

❷ Known_x's : 독립데이터 배열 또는 범위입니다.

함수 구조

$$=INTERCEPT(Known\_y's, Known\_x's)$$

❶   ❷

INTERCEPT 함수는 [수식]-[함수 라이브러리] 그룹-[함수 더 보기]-[통계]에 있는 함수로 선형 회귀선의 y절편을 구하는 함수입니다.

❶ Known_y's : 종속데이터 배열 또는 범위입니다.

❷ Known_x's : 독립데이터 배열 또는 범위입니다.

❶ 기울기(a)와 y 절편, 그리고 2020년 매출액을 구하기 위해 [F15:G17] 셀에 다음과 같은 표를 만듭니다.

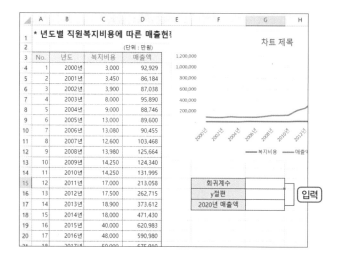

❷ 먼저 기울기(a)를 구하기 위해 [G15] 셀을 클릭하고 '=SLOPE('를 입력합니다. 그리고 Known_y's 부분에 복지비용에 영향을 받는 매출액 범위인 [D4:D23] 셀을 입력합니다. 쉼표(,)를 입력하고 Known_x's 부분에는 매출액에 영향을 주는 독립데이터 범위인 [C4:C23] 셀을 입력하고 괄호를 닫아 키보드의 Enter 키를 칩니다.

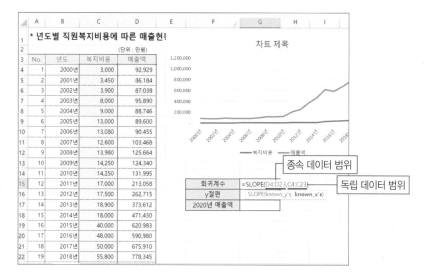

❸ 결과가 [데이터 분석 도구]를 이용해 구한 결과와 동일한 것을 확인할 수 있습니다.

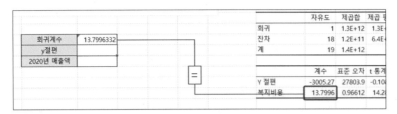

❹ y절편을 구하기 위해 [G16] 셀을 클릭하고 '=INTERCEPT('를 입력합니다. 그리고 Known_y's 부분에 복지비용에 영향을 받는 매출액 범위인 [D4:D23] 셀을 입력합니다. 쉼표(,)를 입력하고 Known_x's 부분에는 매출액에 영향을 주는 독립데이터 배열인 [C4:C23] 셀을 입력하고 괄호를 닫아 키보드의 Enter 키를 칩니다.

❺ y절편의 결과값이 구해졌으며 [데이터 분석 도구]로 구해 놓은 y절편의 값과 동일한 것을 확인할 수 있습니다.

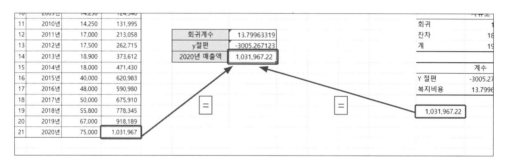

❻ 함수를 통해 구해진 기울기(a)와 y절편을 이용해 [G17] 셀에 2020년의 매출액을 예측할 수 있도록 회귀식에 대입해 보면 '=G15*C24+G16'입니다. a(기울기)에 해당하는 [G15] 셀에 x값인 독립변수가 있는 [C24] 셀을 곱하고 b(절편)에 해당하는 [G16] 셀을 더하면 'y=13.79963319* 75000+−3005.267123'의 형태가 됩니다.

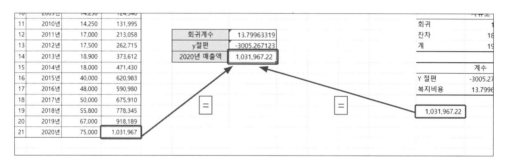

❼ FORECAST.LINEAR 함수로 구해진 결과값이나 [데이터 분석 도구]를 이용하여 구한 결과값, 그리고 기울기(a)와 y절편을 각각 구해 회귀식에 대입한 결과값이 모두 동일한 것을 확인할 수 있습니다.

CHAPTER 06
다중회귀분석으로 여러 요인에 영향을 받는 매출액 분석 & 상관분석

● 예제파일 : c5-6.xlsx　　● 정답파일 : c5-6f.xlsx

> **핵심 내용** 단순회귀분석의 확장형으로 독립변수가 2개 이상일 때의 회귀분석입니다. 회귀식은 '$y = a_1x_1 + a_2x_2 + a_3x_3 \ldots + b$'로 y는 예측치, $a_1, a_2 \ldots$는 기울기를 나타내는 회귀계수, $x_1, x_2 \ldots$는 독립변수, b는 절편을 의미합니다.
>
> 다중 회귀분석을 하기 위해 상관분석이 필요한데, 상관분석은 주어진 변수들이 서로 연관성이 있는지 또는 그 연관성의 정도를 수치 데이터로 분석하는 것을 말합니다. 상관분석은 CORREL 함수나 데이터 분석 도구를 활용하여 상관분석을 하고, 상관분석 된 내용을 토대로 다중 회귀분석을 통해 미래예측을 합니다.

1. 상관분석을 통해 총매출액과의 연관성 분석하기

예제의 [주거인구], [인근지역주거인구], [유동인구], [마케팅예산], [입점수], [총매출액]의 각각의 상관분석을 합니다. 각 데이터들 간에 서로의 관련성을 파악하고, 총매출액과 가장 큰 연관성을 보이는 데이터를 찾아 다중 회귀분석의 독립변수로 정합니다. 상관분석은 [데이터]-[분석] 그룹-[데이터 분석]-[상관분석]과 CORREL 함수를 이용하는 방법 두가지가 있습니다.

❶ [데이터]-[분석] 그룹-[데이터 분석]-[상관분석]을 선택하고 [확인] 버튼을 누릅니다.

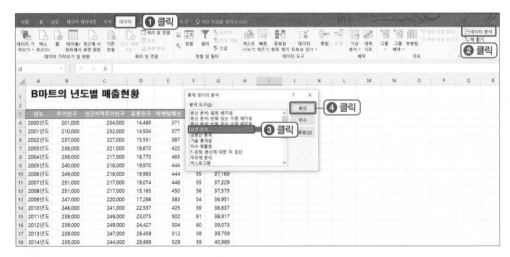

xcel

❷ [상관 분석] 창이 열리면 [입력범위]에 년도를 제외한 데이터 전체 [B3:G22] 셀을 입력하고 데이터는 [열], [첫째 행 이름표 사용]을 체크합니다. 그리고 [출력범위]에 상관분석 내용을 표시할 셀[I3] 셀을 선택하고 [확인]을 누릅니다.

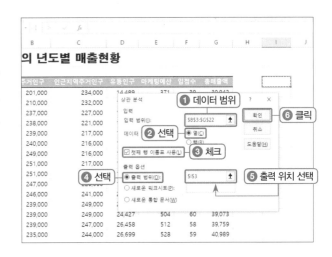

❸ [주거인구]부터 [총매출액]까지의 상관분석이 되었으며 같은 값끼리 분석된 값은 1로 표시되었습니다.

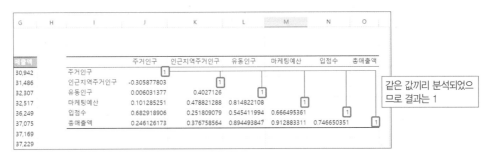

❹ 분석된 데이터를 보았을 때 총매출액에는 [마케팅예산]이 가장 큰 상관관계를 갖는 것을 확인할 수 있으며 그 다음으로는 [유동인구]와 [입점수] 순인 것을 알 수 있습니다. 덧붙여 [유동인구]와 [마케팅예산]은 강한 상관관계를 갖는 것으로 분석되었습니다.

	주거인구	인근지역주거인구	유동인구	마케팅예산	입점수	총매출액
주거인구	1					
인근지역주거인구	-0.305877803	1				
유동인구	0.006031377	0.4027126	1			
마케팅예산	0.101285251	0.478821288	0.814822108	1		
입점수	0.682918906	0.251809079	0.545411994	0.666495361	1	
총매출액	0.246126173	0.376758564	0.894493847	0.912883311	0.746650351	1

멘토의 한 수

상관계수의 값이 1에 가까울수록 매우 강한 연관성이 있는 것입니다. 현재 매출액과 가장 상관관계가 높은 [마케팅예산]은 약 92.2% 정도의 연관성이 있다는 뜻입니다. 0.8을 초과하는 경우 매우 높은 관계임을 표시하며, 0.6 초과는 강한 관계, 0.4 초과는 보통의 관계를 표시합니다. 0.2 이하는 상관관계가 없는 것으로 판단할 수 있습니다.

2. CORREL 함수로 상관 분석하기

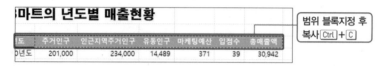

$$CORREL(\underset{\textbf{1}}{array1}, \underset{\textbf{2}}{array2})$$

[수식]-[함수 라이브러리] 그룹-[함수 더 보기]-[통계]에 있는 함수로 두 배열(집합) 간의 상관계수를 구합니다.

❶ array1 : 첫 번째 값들의 범위로 숫자, 이름, 숫자값을 가지고 있는 배열의 참조입니다.

❷ array2 : 두 번째 값들의 범위로 숫자, 이름, 숫자값을 가지고 있는 배열의 참조입니다.

❶ 함수를 이용하여 상관분석을 하기 위해서는 필드명이 필요합니다. 주어진 예제의 [B3:G3] 셀을 블록지정하고 복사([Ctrl]+[C])합니다.

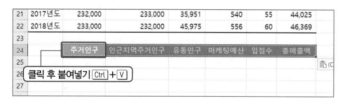

❷ [B24] 셀을 클릭하고 붙여넣기([Ctrl]+[V])합니다.

	주거인구	인근지역주거인구	유동인구	마케팅예산	입점수	총매출액
21	2017년도 232,000	233,000	35,951	540	55	44,025
22	2018년도 233,000	232,000	45,975	556	60	46,369
23						
24	주거인구	인근지역주거인구	유동인구	마케팅예산	입점수	총매출액
25						

클릭 후 붙여넣기 [Ctrl]+[V]

❸ 그리고 [A25] 셀을 클릭하고 마우스 오른쪽 단추를 눌러 메뉴에서 [바꾸기]를 눌러주면 앞에서 붙여넣기 한 필드명이 [A25] 셀부터 열 기준으로 붙여넣기 됩니다.

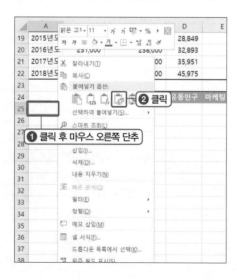

다른버전

엑셀 2007버전은 마우스 오른쪽 단추의 [선택하여 붙여넣기]를 눌러 창이 열리면 [행/열 바꿈]에 체크하고 [확인] 버튼을 누릅니다.

❹ 행과 열의 필드명이 교차되는 셀 중 동일한 필드명에 대한 셀은 제외하고 [B26] 셀에 클릭하고 '=CORREL(B4:B22,C4:C22)'를 입력합니다.

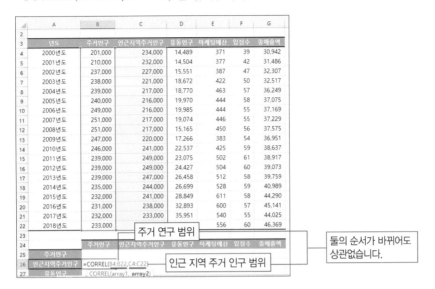

❺ Enter 키를 치면 '-0.3058778'이라는 값이 나오며, 같은 방법으로 각 필드명이 교차하는 곳에 값을 추출하도록 합니다.

3. 데이터 분석 도구를 이용하여 매출액 예측하기

엑셀의 추가 기능 중 하나인 [데이터]-[분석] 그룹-[데이터 분석]-[통계 데이터 분석] 창-[회귀분석]을 활용하여 다중 회귀분석을 할 수 있습니다. 상관분석을 통해 [총매출액]과 강한 상관관계에 있음을 확인한 [유동인구], [마케팅예산], [입점수]를 독립변수로 하여 주어진 2019년도의 총매출액을 예측하도록 합니다.

❶ 2019년의 [유동인구], [마케팅예산], [입점수]의 값이 나란히 나열되어 있습니다. 해당값들을 변수로 하여 [총매출액]을 예측하기 위해 [M12] 셀을 클릭합니다. [데이터]-[분석] 그룹-[데이터 분석]-[회귀분석]을 클릭하고 [확인]을 누릅니다. 독립변수가 나란히 나열되도록 해놓아야 독립변수 범위를 입력할 수 있습니다.

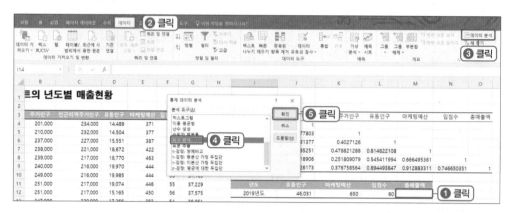

❷ [회귀분석] 창이 열리면 [Y축 입력범위]에 종속변수에 해당하는 [총매출액] 범위 [G3:G22]를 입력하고 [X축 입력범위]에는 독립변수에 해당하는 [유동인구], [마케팅예산], [입점수] 범위인 [D3:F22]를 입력합니다. [이름표]에 체크한 후 [출력범위]의 입력란을 클릭하고 커서가 나타나면 [I14] 셀을 클릭합니다. 그리고 [잔차], [표준잔차]를 체크하고 [확인] 버튼을 클릭합니다.

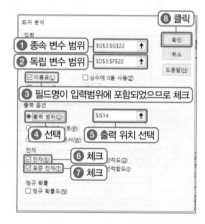

❸ 다중 회귀분석의 결과값이 화면에 표시되었으며, 회귀분석 통계량의 결정계수 값이 0.934749777인 것은 전체 데이터의 93.4749777을 설명하는 것으로 볼 수 있고, 유의한 F의 값이 0.05를 넘지 않으므로 회귀방정식은 직선이고 통계적으로 의미가 있는 것을 알 수 있습니다.

요약 출력

회귀분석 통계량	
다중 상관계수	0.966824584
결정계수	0.934749777
조정된 결정계수	0.921699732
표준 오차	1271.011294
관측수	19

분산 분석

	자유도	제곱합	제곱 평균	F 비	유의한 F
회귀	3	347139030.8	115713010.3	71.62809029	4.04825E-09
잔차	15	24232045.65	1615469.71		
계	18	371371076.4			

	계수	표준 오차	t 통계량	P-값	하위 95%	상위 95%	하위 95.0%	상위 95.0%
Y 절편	11173.37908	3000.104209	3.724330326	0.002035124	4778.808332	17567.94984	4778.808332	17567.94984
유동인구	0.246423719	0.062780419	3.925168415	0.001350132	0.112610423	0.380237015	0.112610423	0.380237015
마케팅예산	23.92294685	7.958566028	3.005936844	0.008864911	6.959664909	40.88622879	6.959664909	40.88622879
입점수	184.0709147	65.98074448	2.789767168	0.013740417	43.43628684	324.7055425	43.43628684	324.7055425

❹ 표준 잔차의 값이 2.5를 넘는 값이 없으므로 회귀분석이 가능한 것을 확인할 수 있습니다.

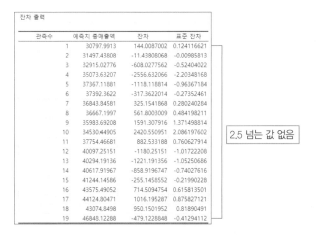

잔차 출력

관측수	예측치 총매출액	잔차	표준 잔차
1	30797.9913	144.0087002	0.124116621
2	31497.43808	-11.43808068	-0.00985813
3	32915.02776	-608.0277562	-0.52404022
4	35073.63207	-2556.632066	-2.20348168
5	37367.11881	-1118.118814	-0.96367184
6	37392.3622	-317.3622014	-0.27352461
7	36843.84581	325.1541868	0.280240284
8	36667.1997	561.8003009	0.484198211
9	35983.69208	1591.307916	1.371498814
10	34530.44905	2420.550951	2.086197602
11	37754.46681	882.533188	0.760627914
12	40097.25151	-1180.25151	-1.01722208
13	40294.19136	-1221.191356	-1.05250686
14	40617.91967	-858.9196747	-0.74027616
15	41244.14586	-255.1458552	-0.21990228
16	43575.49052	714.5094754	0.615813501
17	44124.80471	1016.195287	0.875827121
18	43074.8498	950.1501952	0.81890491
19	46848.12288	-479.1228848	-0.41294112

2.5 넘는 값 없음

멘토의 한 수

잔차는 종속변수에서 실제값과 회귀식을 이용해 추정한 예측치와의 차이를 말하며, 표준잔차는 해당 잔차가 잔차들의 평균에서 얼마만큼의 표준편차가 있는지를 알려주는 값입니다. 표준 잔차의 값이 2.5 이상일 경우는 이상값에 해당하므로 해당값을 찾아 삭제한 후 다시 회귀분석을 하는 것이 좋습니다. 해당값을 찾는 방법은 관측수의 번호입니다. 해당 번호는 선택한 범위 내에서 필드명을 제외한 행 번호로 볼 수 있습니다. 〈307P 단순회귀 분석 참고〉

❺ 이상이 없는 값인 것을 확인하였으니 2019년도의 [총매출액]을 예측하기 위해 [M12] 셀을 선택하고 회귀식에 대입하여 '=J12*J31+K12*J32+L12*J33+J30'을 입력합니다.

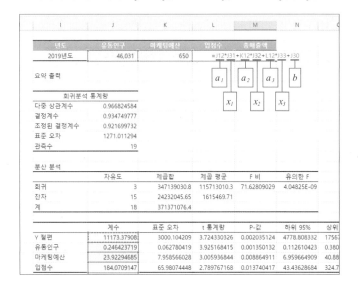

년도	유동인구	마케팅예산	입점수	총매출액
2019년도	46,031	650		=J12*J31+K12*J32+L12*J33+J30

요약 출력

회귀분석 통계량
다중 상관계수	0.966824584
결정계수	0.934749777
조정된 결정계수	0.921699732
표준 오차	1271.011294
관측수	19

분산 분석

	자유도	제곱합	제곱 평균	F 비	유의한 F
회귀	3	347139030.8	115713010.3	71.62809029	4.04825E-09
잔차	15	24232045.65	1615469.71		
계	18	371371076.4			

	계수	표준 오차	t 통계량	P-값	하위 95%	상위
Y 절편	11173.37908	3000.104209	3.724330326	0.002035124	4778.808332	17567
유동인구	0.246423719	0.062780419	3.925168415	0.001350132	0.112610423	0.380
마케팅예산	23.92294685	7.958566028	3.005936844	0.008864911	6.959664909	40.88
입점수	184.0709147	65.98074448	2.789767168	0.013740417	43.43628684	324.7

3. 예측해 본 매출액을 차트로 만들기

주어진 데이터를 통해 예측해 본 총매출액을 [삽입]–[차트] 그룹–[꺾은선형 또는 영역형 차트삽입]–[2차원 꺾은선형]–[꺾은선형] 차트로 가시화하도록 합니다.

❶ 꺾은선형 차트를 만들기 위해 [D3:G22] 셀까지의 범위를 블록지정한 후 Ctrl 키를 누른 상태로 다시 [J11:M12] 셀까지의 범위를 다중 선택합니다.

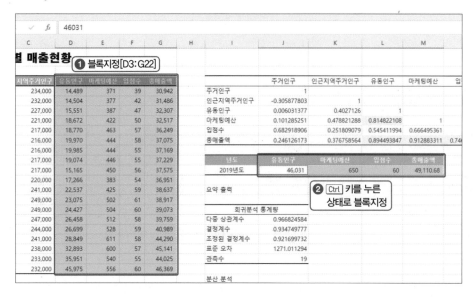

❷ 그리고 [삽입]–[차트] 그룹–[꺾은선형 또는 영역형 차트삽입]–[2차원 꺾은선형]–[꺾은선형]을 선택하여 줍니다.

❸ 차트가 삽입되면 가로 축의 이름을 연도로 변경하기 위해 가로 축의 숫자를 클릭합니다. 그리고 차트의 확장 도구인 차트 도구의 [디자인]-[데이터] 그룹-[데이터선택]을 클릭하여 [데이터 원본 선택] 창이 열리도록 합니다. 이때 [가로(항목)축 레이블] 부분에 있는 [편집] 버튼을 클릭합니다.

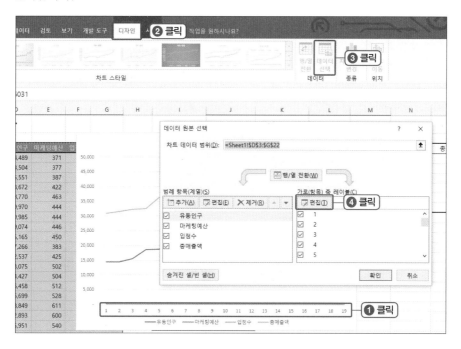

❹ [축 레이블] 창이 열리면 년도가 있는 [A4:A22] 셀까지의 범위를 드래그하여 입력한 후 [확인] 버튼을 클릭합니다.

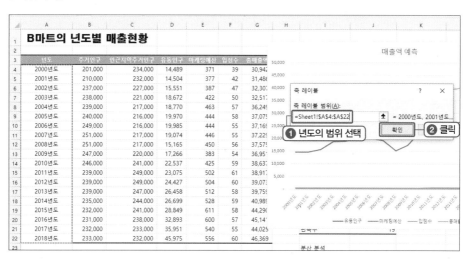

❺ 마케팅예산과 입점수의 값이 유동인구와 총매출액에 비해 작은 숫자단위라 차트에 잘 표시되지 않
으므로 마케팅예산 또는 입점수의 꺾은선을 선택합니다. 해당 꺾은선이 선택되면 작은 점들이 생기
는데 이때 마우스 오른쪽 단추를 클릭하여 [데이터 계열서식]을 선택합니다.

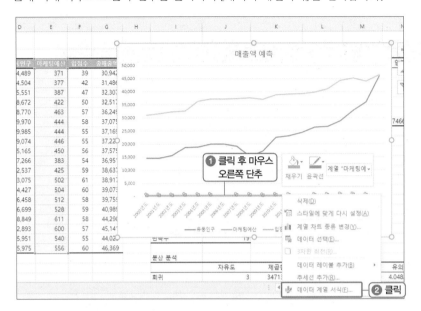

멘토의 한 수

만약 [마케팅예산] 또는 [입점수]의 꺾은선이 잘 선택되지 않는다면 차트를 선택한 상태로 확장 도구인 차트 도
구의 [서식]-[현재선택영역] 그룹-[차트 영역] 목록을 선택하여 해당 항목을 선택하면 됩니다.

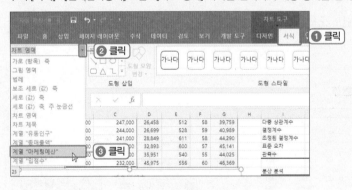

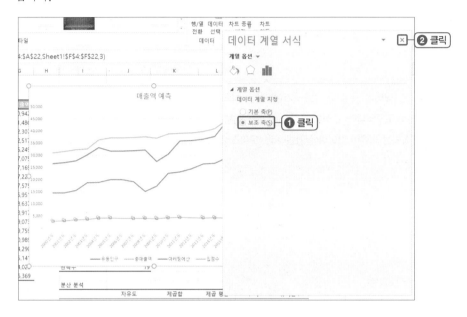

⑥ [데이터 계열 서식] 창에서 [보조 축]을 선택합니다. 화면처럼 [마케팅예산]의 꺾은선이 화면상에 나타나는 것을 확인할 수 있습니다. [데이터 계열 서식]이 열려 있는 상태로 차트에 있는 [입점수]의 꺾은선을 선택한 후 [보조축]을 다시 클릭하면 [입점수]의 꺾은선도 차트상에 나타나게 됩니다.

⑦ 연도별로 각 데이터들의 추이를 쉽게 파악할 수 있으며 [마케팅예산]의 꺾은선과 [총매출액]의 꺾은선 모양이 폭에는 차이가 있지만 유사한 추이로 변화하는 것을 볼 수 있습니다.

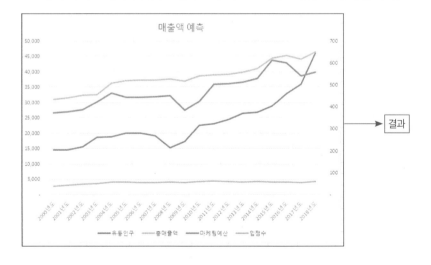

CHAPTER 07

목표 판매금액이 되기 위해 조정해야 할 단가의 비율을 자동으로 찾아주는 목표값 찾기

● 예제파일 : c5-7.xlsx　　● 정답파일 : c5-7f.xlsx

핵심 내용 목표값 찾기는 [데이터]-[예측] 그룹-[가상분석]-[목표값 찾기]에 있으며, 입력값을 조정해 원하는 결과를 찾기 위한 분석 도구입니다. 수식이 들어 있는 셀을 선택하여, 해당 셀의 값이 원하는 값이 되기 위해 값을 바꿀 셀을 지정하면 변화되는 과정이 보이며 실행됩니다. (오피스 2013 이하버전은 [데이터]-[데이터 도구] 그룹-[가상분석]에 있습니다.)

함수 구조

$$=SUMPRODUCT(array1,array2...array255)$$
❶

[수식]-[함수 라이브러리] 그룹-[수학삼각] 안에 있는 함수로 선택한 배열들을 곱하여 합한 값을 구합니다. 2개 ~255개 배열에 대한 곱의 합을 구합니다.

❶ array1,array2...array255 : 각 배열범위를 지정할 수 있으며, 모든 배열은 같은 차원이어야 합니다.

---

1. 'DB' 시트에서 '제품명', '단가', '제품별', '총판매수량'을 구해 기본표를 완성합니다.

'DB' 시트를 이용해 제품명과 제품별 단가 그리고 제품별 총 판매수량을 구하고, 단가에 따른 총 판매금액을 계산합니다. 그리고 목표하는 총 판매금액이 되기 위해 단가의 조정 비율이 어떻게 변해야 하는지를 파악합니다.

❶ '결과' 시트에 제품명과 단가, 판매수량을 추출하기 위해 'DB' 시트로 이동해 [A2] 셀을 선택하고 [삽입]-[표] 그룹-[피벗 테이블]을 선택합니다. [피벗 테이블 만들기] 창이 열리면 [표/범위]에 [DB!$A$2:$I$7005] 셀이 입력되어 있는지 확인하고 [새 워크시트]가 선택된 상태로 [확인] 버튼을 클릭합니다.

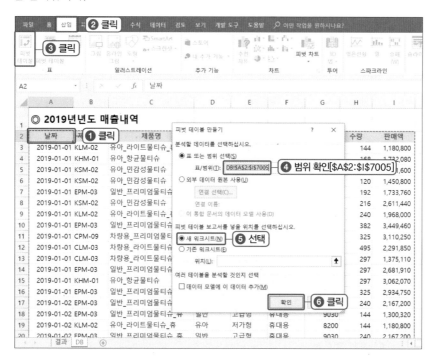

❷ 새로운 시트가 추가되면서 피벗 테이블 필드를 선택할 수 있는 창이 열립니다. 이때 [행]에는 '제품명', [값]에는 '단가', '수량'을 끌어다 놓습니다.

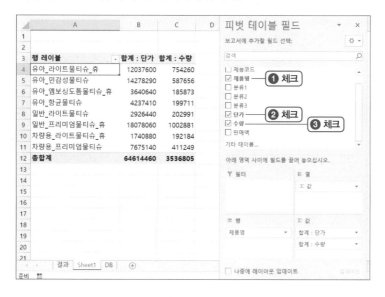

❸ 추가된 피벗 테이블의 '합계 : 단가' 부분의 데이터를 선택한 후 마우스 오른쪽 단추를 눌러 [값 요약 기준]–[평균]으로 선택합니다. '단가'의 값 요약기준을 평균으로 하면 제품의 개당 단가를 확인할 수 있습니다.

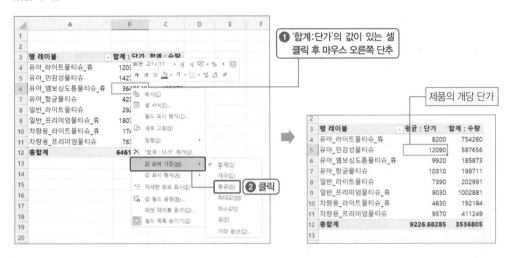

❹ '결과' 시트에 반영하기 위해 피벗 테이블로 구해 놓은 [A4:B11] 셀까지를 블록지정한 후 복사 (Ctrl + C)합니다.

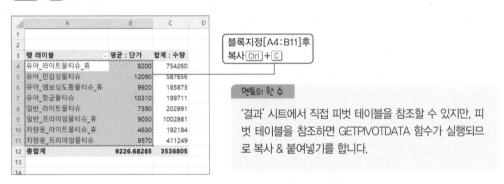

> **멘토의 한 수**
>
> '결과' 시트에서 직접 피벗 테이블을 참조할 수 있지만, 피벗 테이블을 참조하면 GETPIVOTDATA 함수가 실행되므로 복사 & 붙여넣기를 합니다.

❺ '결과' 시트의 [A4] 셀을 클릭한 후 마우스 오른쪽 단추를 눌러 [값]으로 붙여넣기 합니다.

> **다른버전**
>
> 엑셀 2007버전은 마우스 오른쪽 단추의 [선택하여 붙여넣기]를 눌러 창이 나오면 [값]을 선택하고 [확인] 버튼을 클릭합니다.

❻ 다시 'Sheet1' 시트로 이동해 '수량'이 있는 [C4:C11] 셀을 블록 지정합니다. 그리고 복사(Ctrl +C)를 합니다.

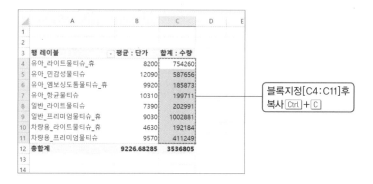

❼ '결과' 시트로 이동해서 [D4] 셀을 클릭하고 마우스 오른쪽 단추를 눌러 [값]으로 붙여넣기 합니다.

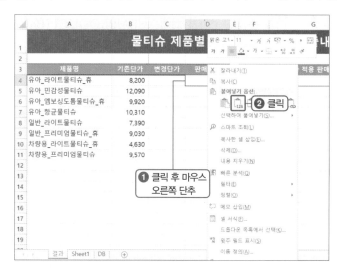

❽ '변경단가'는 '기존단가'에 '조정비율'을 반영한 단가입니다. 즉, 기존단가+(기존단가*조정비율)의 수식을 입력해야 하므로 [C4] 셀을 클릭하고 '=B4+(B4*$F$4)'를 입력합니다.

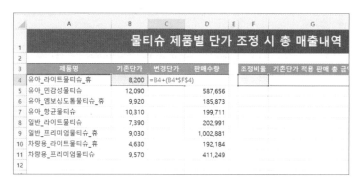

❾ 수식을 입력한 후 [Enter] 키를 쳐서 수식의 결과가 표시되도록 하고, 채우기 핸들을 이용해 제품 전체에 수식을 반영합니다.

제품명	기존단가	변경단가	판매수량	조정비율	기존단가 적용 판매 총 금액	변경단가 적용 판매 총 금액
물티슈 제품별 단가 조정 시 총 매출내역						
유아_라이트물티슈_휴	8,200	8,200	754,260			
유아_민감성물티슈	12,090	12,090	587,656			
유아_엠보싱도톰물티슈_휴	9,920	9,920				
유아_항균물티슈	10,310	10,310				
일반_라이트물티슈	7,390	7,390	202,991			
일반_프리미엄물티슈_휴	9,030	9,030	1,002,881			
차량용_라이트물티슈_휴	4,630	4,630	192,184			
차량용_프리미엄물티슈	9,570	9,570	411,249			

채우기 핸들로 수식 반영

❿ 임의로 '조정비율'에 '5%'를 반영해 보면 변경단가가 변하는 것을 확인할 수 있습니다. [G4] 셀을 클릭하고 기존단가와 판매수량을 곱한 값의 총합을 구하기 위해 '=SUMPRODUCT(B4:B11, $D$4:$D$11)'을 입력합니다.

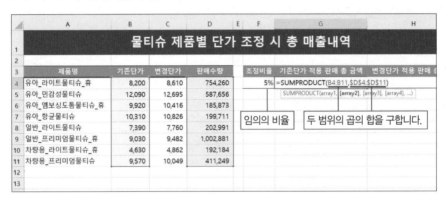

제품명	기존단가	변경단가	판매수량	조정비율	기존단가 적용 판매 총 금액	변경단가 적용 판매 총
물티슈 제품별 단가 조정 시 총 매출내역						
유아_라이트물티슈_휴	8,200	8,610	754,260	5%	=SUMPRODUCT(B4:B11,$D$4:$D$11)	
유아_민감성물티슈	12,090	12,695	587,656		SUMPRODUCT(array1, [array2], [array3], [array4], ...)	
유아_엠보싱도톰물티슈_휴	9,920	10,416	185,873			
유아_항균물티슈	10,310	10,826	199,711			
일반_라이트물티슈	7,390	7,760	202,991		임의의 비율 두 범위의 곱의 합을 구합니다.	
일반_프리미엄물티슈_휴	9,030	9,482	1,002,881			
차량용_라이트물티슈_휴	4,630	4,862	192,184			
차량용_프리미엄물티슈	9,570	10,049	411,249			

⓫ [Enter] 키를 쳐서 '기존단가'와 '판매수량'을 곱한 값의 합을 구합니다. 채우기 핸들을 이용해 [G4] 셀의 값을 오른쪽으로 드래그하여 '변경단가 적용 판매 총금액'도 완성합니다.

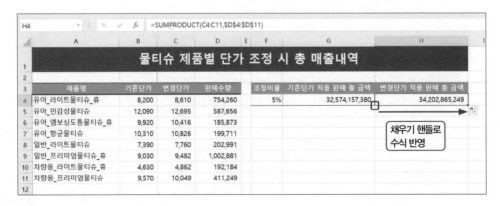

H4   fx   =SUMPRODUCT(C4:C11,$D$4:$D$11)

제품명	기존단가	변경단가	판매수량	조정비율	기존단가 적용 판매 총 금액	변경단가 적용 판매 총 금액
물티슈 제품별 단가 조정 시 총 매출내역						
유아_라이트물티슈_휴	8,200	8,610	754,260	5%	32,574,157,380	34,202,865,249
유아_민감성물티슈	12,090	12,695	587,656			
유아_엠보싱도톰물티슈_휴	9,920	10,416	185,873			
유아_항균물티슈	10,310	10,826	199,711			
일반_라이트물티슈	7,390	7,760	202,991			
일반_프리미엄물티슈_휴	9,030	9,482	1,002,881			
차량용_라이트물티슈_휴	4,630	4,862	192,184			
차량용_프리미엄물티슈	9,570	10,049	411,249			

채우기 핸들로 수식 반영

멘토의 한 수

기존단가가 적용된 판매 총금액을 SUMPRODUCT 함수로 구할 때, 기존단가가 있는 배열은 범위를 선택해서 입력하고, 판매수량 배열은 범위를 선택해서 입력할 때 절대참조 지정을 했습니다. 그래서 [G4] 셀에 구해 놓은 결과를 채우기 핸들로 오른쪽으로 한 칸 드래그하면 기존단가로 되어 있던 범위는 참조영역이 변경되어 오른쪽으로 한 칸 이동하게 됩니다. 이동된 칸은 변경단가 열이 됩니다. 그리고 두 번째 배열 범위였던 판매수량은 절대참조를 지정했으므로 움직이지 않고 고정되어 자동으로 변경단가와 판매수량의 곱을 합한 값으로 결과값이 반영되게 됩니다.

함수수식의 이해

'=SUMPRODUCT(B4:B11,$D$4:$D$11)'
❶ ❷

기존단가와 판매수량을 곱하여 나온 제품별 매출액의 총합을 구하기 위해 SUMPRODUCT 함수를 사용합니다.

❶ 곱할 첫 번째 배열로 '기존단가'가 있는 [B4:B11]을 선택하여 입력합니다.

❷ 곱할 두 번째 배열로 '판매수량'이 있는 [D4:D11]을 선택한 후 키보드의 [F4] 키를 눌러 절대참조 설정합니다. 두 번째 배열에 절대참조 설정을 했기 때문에 채우기 핸들을 이용해 오른쪽으로 수식을 드래그해도 두 번째 배열은 움직이지 않고, 첫 번째 배열이었던 '기존단가'가 '변경단가'로 변경되어 곱해집니다.

2. 목표 매출액이 되기 위한 '조정비율' 구하기

'변경단가'가 적용된 판매 총금액을 목표하는 값으로 만들기 위한 단가 '조정비율'을 구하기 위해 '변경단가'가 적용된 판매 총금액을 350억으로 변경하고자 할 때의 단가 '조정비율'과 300억으로 조정하고자 할 때의 단가 '조정비율'을 구하도록 합니다.

❶ '결과' 시트의 [H4] 셀을 클릭하고 [데이터]-[예측] 그룹-[가상분석]-[목표값 찾기]를 클릭합니다.

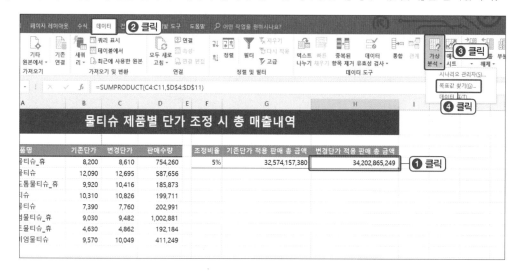

❷ [목표값 찾기] 창이 열리면 [수식 셀]은 [H4] 셀로 되어 있는지 확인하고 [찾는 값]에는 선택한 [수식 셀]인 [H4] 셀이 변경되었으면 하는 값을 입력해야 하므로 350억을 입력합니다. 그리고 [값을 바꿀 셀]에 350억이 되기 위해 조정비율이 몇 %로 변경되어야 하는지 파악할 수 있도록 [F4] 셀을 클릭합니다.

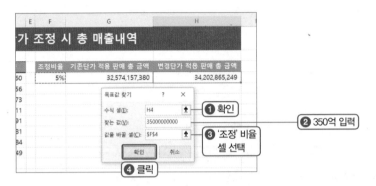

❸ [확인] 버튼을 클릭하면 [목표값 찾기 상태] 창이 열리면서 목표값과 현재값이 변경되는 상태가 보이며 '조정비율'이 완료됩니다.

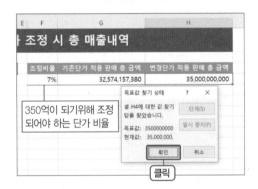

❹ 같은 방법으로 '변경단가 적용 시 판매 총금액'이 300억이 되도록 하기 위해서 [H4] 셀을 클릭하고 [데이터]-[예측] 그룹-[가상분석]-[목표값 찾기]를 클릭합니다. 그리고 [목표값 찾기] 창에 [수식 셀]은 [H4] 셀로 [찾는 값]에는 300억을 입력합니다. 그리고 [값을 바꿀 셀]에 조정비율이 있는 [F4] 셀을 클릭합니다.

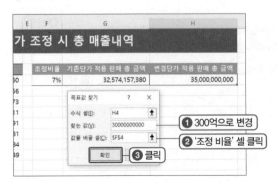

⑤ [확인] 버튼을 클릭하면 [목표값 찾기 상태] 창으로 변경되면서 목표값이 변경되고, 조정비율이 반영됩니다.

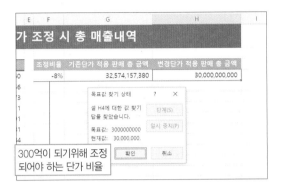

엑셀로 효과적인
보고서 작성

엑셀에서 가공한 데이터를 다른 프로그램으로 옮기지 않고 엑셀에서 바로 발표가 가능한 보고서로 작성하는 경우가 많아지고 있습니다. 엑셀의 추가 기능 중 하나인 개발도구의 양식 컨트롤을 활용하면 데이터를 효과적으로 표현할 수 있는 비주얼 보고서를 작성할 수 있습니다. 양식 컨트롤을 활용하는 방법에 대해 익히고, 보고서를 만들도록 합니다.

Excel

확인란을 활용한 직원의 역량평가 분석 보고서

● 예제파일 : c6-1.xlsx   ● 정답파일 : c6-1f.xlsxx

핵심내용 요즘은 엑셀에서 작성한 자료를 다른 프로그램으로 옮겨서 다시 보고서를 만드는 것보다 엑셀에서 가공한 자료를 바로 보고서로 작성하는 추세로 변하고 있습니다. 이때 엑셀에서 추가하여 사용할 수 있는 [개발도구]−[컨트롤] 그룹−[삽입]−[양식컨트롤]을 활용하면 원하는 데이터를 효과적으로 표현할 수 있는 보고서를 작성할 수 있습니다.

1. [결과] 시트에 보고서를 만들기 위해 필요한 테이블 구성하기

'진단자료' 시트의 데이터를 활용해 '결과' 시트에 항목별 직원의 진단 결과점수를 표시하고 개인의 진단 결과점수를 전체평균, 직급평균, 직책평균, 소속평균점수와 비교하기 위한 테이블을 구성합니다.

❶ 보고서에 제목을 설정하기 위해 '진단자료' 시트의 [A1] 셀에 있는 제목을 복사(Ctrl + C)하여 '결과' 시트의 [A1] 셀에 붙여넣기를 합니다.

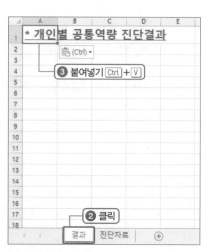

❷ 직원의 정보를 표시하기 위해 '진단자료' 시트의 [B3:E3] 셀을 선택하여 복사(Ctrl + C)하고 '결과' 시트의 [B3] 셀에 붙여넣기(Ctrl + V)합니다. 붙여넣기한 데이터와 값이 입력될 [B3:E4] 셀을 블록지정하여 [홈]–[글꼴] 그룹–[테두리]–[모든 테두리]를 선택합니다.

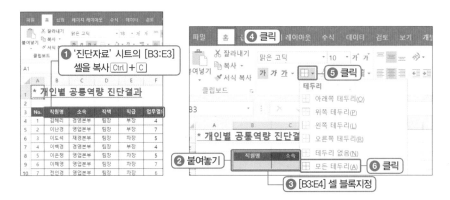

❸ 직원데이터에 맞는 각 항목별 진단 점수를 생성하기 위해 '진단자료' 시트의 [F3:L3] 셀까지를 복사하여 '결과' 시트의 [C18] 셀에 붙여넣기 합니다.

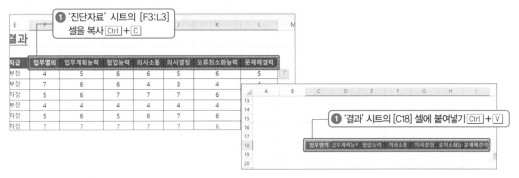

❹ [B18] 셀부터 내용을 입력한 후 [B18:I23] 셀까지 블록 지정하여 [홈]–[글꼴] 그룹–[테두리]–[모든 테두리]를 선택합니다.

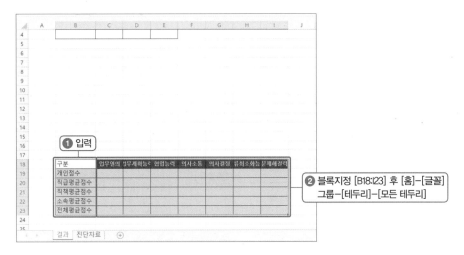

❺ [C18] 셀을 선택하고 [홈]–[클립보드] 그룹–[서식복사]를 클릭한 후 '구분'이 있는 [B18] 셀을 클릭하면 '업무열의'의 서식이 적용됩니다.

❻ [B19:B23] 셀을 선택하여 [홈]–[맞춤] 그룹–[오른쪽 맞춤]을 선택하여 줍니다.

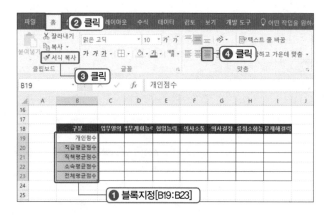

❼ [B:I] 열 전체를 블록 지정하여 열 너비를 12~13 정도로 넓혀주도록 합니다.

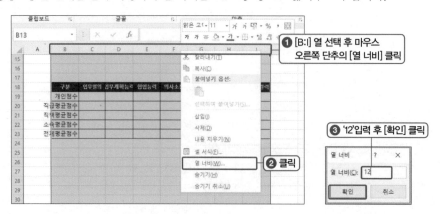

❽ [A] 열은 열 너비를 1 정도로 줄여 설정해 줍니다.

선택 후 마우스 오른쪽 단추
[열 너비]에서 1 입력

2. '직원명'에 맞는 '소속', '직책', '직급' 데이터 추출하기

데이터를 구성하기 위해 '직원명'에 맞는 '소속', '직책', '직급' 데이터를 추출합니다. 이때 '직원명'을 목록단추로 만들어 '직원명'에 따라 데이터들이 변경되도록 합니다.

❶ '직원명'은 목록단추에서 선택하도록 설정하기 위해 [B4] 셀을 선택하고 [데이터]–[데이터 도구] 그룹–[데이터 유효성 검사]를 선택합니다. [데이터 유효성 검사] 창이 열리면 [설정] 탭에서 [제한 대상]을 '목록'으로 변경합니다.

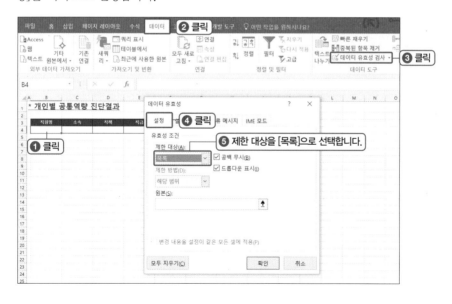

❷ [원본]의 입력란을 클릭하여 '진단자료' 시트의 [B4:B103] 셀을 선택하고 [확인] 버튼을 클릭합니다. 〈엑셀 2007버전은 107P 참고〉

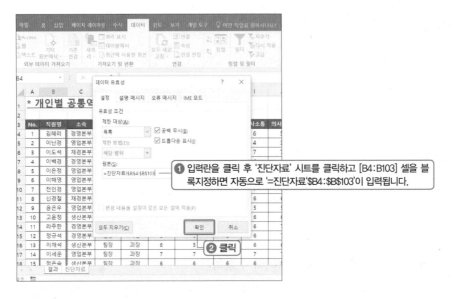

❸ '결과' 시트로 이동하여 [B4] 셀을 클릭하여 나오는 목록단추를 눌러 직원의 이름을 선택합니다. 예제에서는 편의상 '김혜리'를 선택하도록 합니다.

❹ 목록에 나타난 직원에 대한 소속과 직책, 직급을 추출하기 위해 먼저 [C4] 셀을 선택하고 '=VLOOKUP($B$4,진단자료!$B:$L,MATCH(결과!C$3,진단자료!$B$3:$L$3,0),FALSE)'를 입력합니다.

⑤ '소속'에 '경영본부'가 입력되면 자동 채우기로 '직책'과 '직급'에 대한 값을 추출합니다.

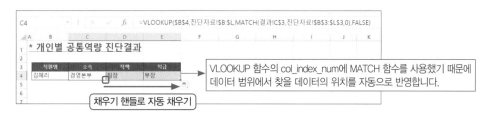

VLOOKUP 함수의 col_index_num에 MATCH 함수를 사용했기 때문에 데이터 범위에서 찾을 데이터의 위치를 자동으로 반영합니다.

채우기 핸들로 자동 채우기

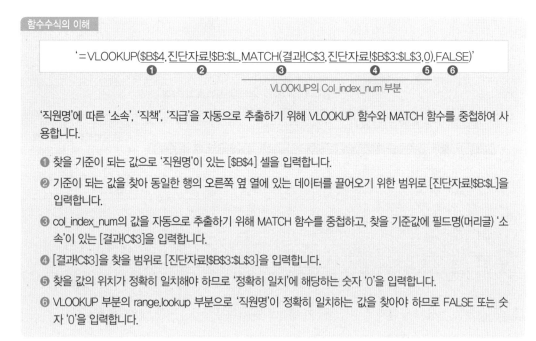

함수수식의 이해

'=VLOOKUP($B$4,진단자료!$B:$L,MATCH(결과!C$3,진단자료!$B$3:$L$3,0),FALSE)'
 ❶   ❷   ❸   ❹   ❺ ❻

VLOOKUP의 Col_index_num 부분

'직원명'에 따른 '소속', '직책', '직급'을 자동으로 추출하기 위해 VLOOKUP 함수와 MATCH 함수를 중첩하여 사용합니다.

❶ 찾을 기준이 되는 값으로 '직원명'이 있는 [$B$4] 셀을 입력합니다.

❷ 기준이 되는 값을 찾아 동일한 행의 오른쪽 옆 열에 있는 데이터를 끌어오기 위한 범위로 [진단자료!$B:$L]을 입력합니다.

❸ col_index_num의 값을 자동으로 추출하기 위해 MATCH 함수를 중첩하고, 찾을 기준값에 필드명(머리글) '소속'이 있는 [결과!C$3]을 입력합니다.

❹ [결과!C$3]을 찾을 범위로 [진단자료!$B$3:$L$3]을 입력합니다.

❺ 찾을 값의 위치가 정확히 일치해야 하므로 '정확히 일치'에 해당하는 숫자 '0'을 입력합니다.

❻ VLOOKUP 부분의 range.lookup 부분으로 '직원명'이 정확히 일치하는 값을 찾아야 하므로 FALSE 또는 숫자 '0'을 입력합니다.

3. 직원에 따라 각 항목의 점수와 직급, 직책, 소속, 전체 평균점수 생성하기

목록단추로 생성해 놓은 직원명에 따라 각 진단항목의 점수를 표시하고 직급, 직책, 소속, 전체의 평균점수를 생성하여 비교할 수 있도록 합니다.

❶ '결과' 시트의 [C19] 셀에 있는 '업무열의' 부분의 '개인점수'를 추출하기 위해 '=VLOOKUP($B$5, 진단자료!$B:$L,MATCH(C$22,진단자료!$B$3:$L$3,0),FALSE)'를 입력합니다.

찾을 값'업무열의'이 있는 [C22]

vlookup의 col_index_num 부분으로 데이터가 있는 열의 위치를 자동으로 추출하기 위해 MATCH 함수사용

❷ 채우기 핸들을 이용해 오른쪽으로 드래그하면 '문제해결력'까지 자동으로 추출되어 옵니다.

❸ '직급평균점수'를 생성하기 위해 '결과' 시트의 [C20] 셀을 선택하고 '=AVERAGEIF(진단자료!$E$3:$E$103,결과!$E$4,진단자료!F$3:F$103)'을 입력합니다.

❹ [Enter] 키를 쳐서 나온 결과 점수를 채우기 핸들로 '문제해결력'까지 자동 채우기를 합니다.

❺ 완성해 놓은 [C20] 셀의 함수 수식을 채우기 핸들로 [C21] 셀에 드래그합니다. 수식이 반영된 [C21] 셀을 더블클릭하고, '직책평균점수'를 입력할 것이므로 range 부분을 '직책'에 대한 데이터범위 '진단자료!$D$3:$D$103'로 변경합니다. criteria 부분은 직원의 직책이 표시된 '결과!$D$4'로 변경합니다.

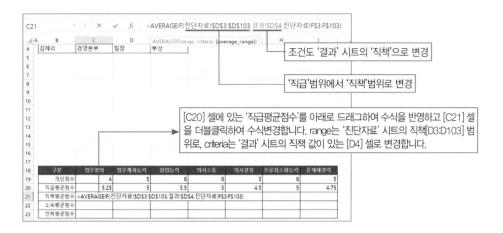

❻ 결과가 표시되면 채우기 핸들로 '문제해결력'까지 자동 채우기를 합니다.

❼ '소속평균점수'도 동일한 방법으로 함수수식을 입력한 후 range 부분을 '소속'에 대한 데이터범위 '진단자료!$C$3:$C$103'로 변경하고 criteria 부분을 직원의 소속이 표시된 '결과!$C$4'로 변경합니다.

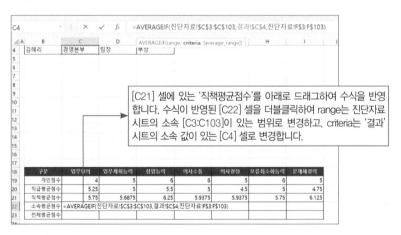

❽ 결과가 표시되면 채우기 핸들로 '문제해결력'까지 자동 채우기를 합니다.

❾ '전체평균점수'는 조건이 없으므로 '=AVERAGE(진단자료!F$3:F$103)'을 입력합니다.

'업무열의'에 대한 평균을 구할 범위로, 채우기 핸들을 아래로 드래그하면 범위에 변화가 없지만 오른쪽으로 드래그하면 참조하는 열이 변경되면서 다른 항목의 평균도 구할 수 있습니다.

❿ '업무열의'에 대한 전체평균점수가 생성되면 '진단자료' 시트와 '결과' 시트의 각 항목순서가 동일하므로 생성된 점수를 채우기 핸들로 '문제해결력'까지 자동 채우기를 합니다.

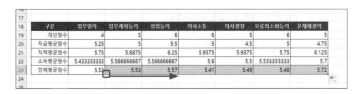

⓫ 항목별 데이터가 완성된 후 [C19:I23] 셀을 선택하여 [홈]-[표시형식] 그룹-[자릿수 줄임]을 눌러 소수점 첫째 자리까지만 표시되도록 합니다.

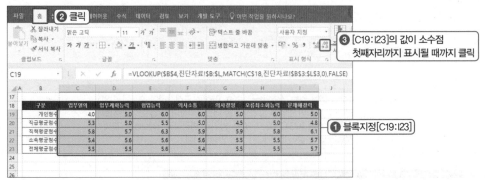

함수수식의 이해

'=AVERAGEIF(진단자료!$E$3:$E$103,결과!$E$4,진단자료!F$3:F$103)'

         ❶   ❷   ❸

'직급'에 따른 '업무열의'의 평균을 구하기 위해 AVERAGEIF 함수를 사용합니다.

❶ 조건을 찾을 범위로 '진단자료' 시트의 [E3:E103] 셀을 입력하고 [F4] 키를 눌러 절대참조 지정합니다.

❷ 조건 범위에서 찾을 조건으로 '결과' 시트에 직원에 따른 '직급'이 추출되도록 해 놓았으므로 해당 셀인 [E4] 셀을 클릭하여 입력하고 [F4] 키를 눌러 절대참조 지정합니다.

❸ 조건에 맞는 데이터만 평균을 구할 데이터의 범위로 '진단자료' 시트의 [F3:F103] 셀을 입력하고 [F4] 키를 눌러 행 혼합참조 지정합니다.

4. 양식컨트롤의 [확인란]을 삽입하고 [확인란]과 연결하기 위한 테이블 작성하기

앞에서 만들었던 표를 [개발 도구]의 [양식 컨트롤]-[확인란]과 연결하려고 합니다. [확인란]을 이용해 원하는 데이터만 차트에 표시할 수 있도록 [확인란]과 연결된 테이블을 작성하도록 합니다.

❶ [양식컨트롤]과 연결할 테이블을 만들기 위해 [B18:I23] 셀을 블록 지정하여 복사(Ctrl + C) 하고, [B25] 셀에 붙여넣기(Ctrl + V)합니다. 붙여넣기 된 테이블에서 '개인점수'만 제외하고 [C27:I30] 셀까지의 범위를 블록 지정하여 데이터를 삭제합니다.

❷ [개발 도구]-[컨트롤] 그룹-[삽입]-[양식 컨트롤]-[확인란]을 선택합니다. 〈개발도구 추가는 11P 참조〉

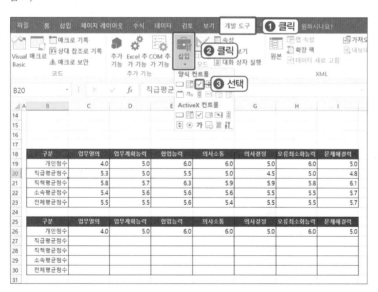

멘토의 한 수

[개발 도구]의 [삽입]에는 양식컨트롤과 ActiveX 컨트롤로 나뉘어져 있습니다. 양식컨트롤은 주로 엑셀프로그램 내에서 함수와 연결하여 사용하거나, 매크로 기능과 연결하여 사용하며, ActiveX 컨트롤은 엑셀의 VBA 또는 외부 프로그램과 연결하여 사용합니다.

❸ [확인란]을 표시할 [B20] 셀의 '직급평균점수' 글자 앞에 마우스를 위치시켜 줍니다. 그림과 같은 마우스 포인터 모양이 나타나면 클릭하거나 원하는 크기만큼 드래그하여 [확인란]을 입력합니다.

마우스포인터의 모양이 나타나면 원하는 크기만큼 드래그하거나 클릭하여 [확인란] 삽입

❹ [확인란]을 원하는 위치에 삽입하면 그림과 같이 입력되며 확인란과 확인란의 이름이 표시됩니다. 확인란의 이름이 표시되지 않도록 하기 위해 [확인란] 주변에 조절점에서 마우스 오른쪽 단추를 클릭하여 메뉴의 [텍스트 편집]을 선택합니다.

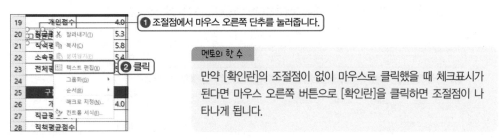

❶ 조절점에서 마우스 오른쪽 단추를 눌러줍니다.

❷ 클릭

멘토의 한 수

만약 [확인란]의 조절점이 없이 마우스로 클릭했을 때 체크표시가 된다면 마우스 오른쪽 버튼으로 [확인란]을 클릭하면 조절점이 나타나게 됩니다.

❺ [텍스트 편집]을 클릭하면 마우스 커서가 [확인란] 안으로 들어가게 되는데 확인란의 이름을 지워주도록 합니다.

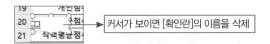

커서가 보이면 [확인란]의 이름을 삭제

❻ 같은 방법으로 [확인란]을 '전체평균점수'까지 삽입합니다. [확인란]을 모두 삽입하면, 삽입한 [확인란]을 정렬하기 위해 키보드의 [F5] 키를 눌러 [이동] 창-[옵션] 버튼을 클릭합니다.

❷ 클릭

❶ 확인란 삽입 후 키보드의 F5 키를 누릅니다.

멘토의 한 수

[확인란]을 복사해서 사용하고자 할 경우, 삽입해 놓은 '직급평균점수'의 [확인란]을 마우스 오른쪽단추로 클릭하여 복사하고, 각 셀을 클릭하여 붙여넣기할 수 있습니다.

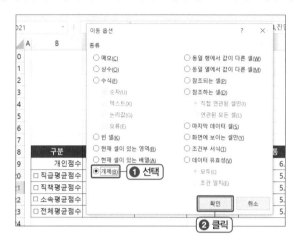

❼ [이동 옵션] 창이 열리면 종류를 [개체]로 선택하고 [확인] 버튼을 클릭합니다.

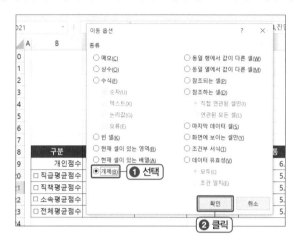

❽ [확인란]이 모두 선택되면 확장 도구 [서식]-[정렬] 그룹-[맞춤]-[왼쪽 맞춤]을 선택하여 정렬합니다.

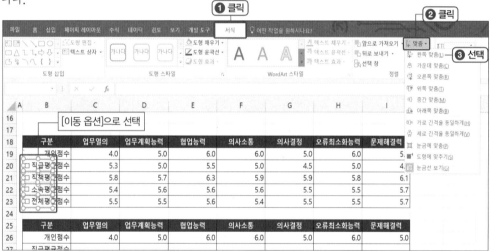

❾ [확인란]을 선택하면 체크되면서 TRUE, 다시 선택하면 체크가 해제되면서 FALSE값을 갖게 됩니다. 이 값을 특정 셀에 표시되면 TRUE와 FALSE를 이용하여 함수를 사용할 수 있게 됩니다. 먼저 '직급평균점수'의 [확인란]을 마우스 오른쪽단추로 클릭하고 메뉴에서 [컨트롤 서식]을 선택합니다.

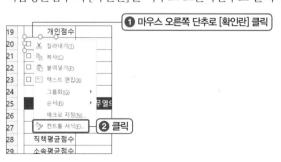

⑩ [컨트롤 서식] 창이 열리면 [컨트롤] 탭의 [셀 연결] 입력란에 마우스를 클릭하고 [A20] 셀을 선택합니다. [확인] 버튼을 클릭합니다.

⑪ '직책평균점수'에 해당하는 [확인란]도 동일한 방법으로 [A21] 셀에 셀 연결하고 [확인] 버튼을 클릭합니다.

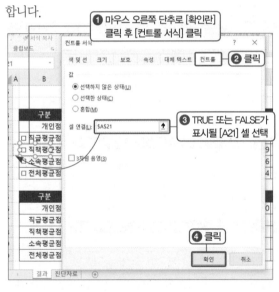

⑫ 동일한 방법으로 '소속평균점수', '전체평균점수'의 [확인란]을 [A22] 셀과 [A23] 셀에 연결하고 [확인] 버튼을 클릭합니다.

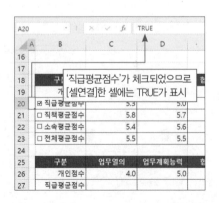

⓭ '직급평균점수'의 [확인란]을 체크하면 [C27] 셀에 '직급평균점수'의 '업무열의' 점수가 표시되도록 할 것입니다. 즉, 셀 연결을 해 놓았던 [$A20] 셀의 값이 TRUE일 경우, [C20] 셀에 있는 값이 [C27] 셀에 표시되도록 하고, FALSE일 경우는 NA( )를 입력하여 #N/A 오류를 표시하기 위해 '=IF($A20=TRUE,C20,NA())'를 입력합니다.

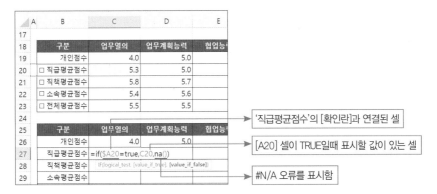

구분	업무열의	업무계획능력	협업능
개인점수	4.0	5.0	
☐ 직급평균점수	5.3	5.0	
☐ 직책평균점수	5.8	5.7	
☐ 소속평균점수	5.4	5.6	
☐ 전체평균점수	5.5	5.5	

'직급평균점수'의 [확인란]과 연결된 셀

구분	업무열의	업무계획능력	협업능
개인점수	4.0	5.0	
직급평균점수	=if($A20=true,C20,na())		
직책평균점수	IF(logical_test, [value_if_true], [value_if_false])		
소속평균점수			

[A20] 셀이 TRUE일때 표시할 값이 있는 셀

#N/A 오류를 표시함

⓮ 수식을 입력하면, [확인란]에 체크를 하지 않은 상태일 경우 #N/A라는 오류값이 표시됩니다. 채우기 핸들로 [C27:I30] 셀까지 함수 수식을 반영합니다.

구분	업무열의	업무계획능력	협업능력	의사소통	의사결정	오류최소화능력	문제해결력
개인점수	4.0	5.0	6.0	6.0	5.0	6.0	5.0
☐ 직급평균점수	5.3	5.0	5.5	5.0	4.5	5.0	4.8
☐ 직책평균점수	5.8	5.7	6.3	5.9	5.9	5.8	6.1
☐ 소속평균점수	5.4	5.6	5.6	5.6	5.5	5.5	5.7
☐ 전체평균점수	5.5	5.5	5.5	5.4	5.5	5.5	5.7

구분	업무열의	업무계획능력	협업능력	의사소통	의사결정	오류최소화능력	문제해결력
개인점수	4.0	5.0	6.0	6.0	5.0	6.0	5.0
직급평균점수	#N/A	#N/A	#N/A	#N/A	#N/A	#N/A	#N/A
직책평균점수	#N/A	#N/A	#N/A	#N/A	#N/A	#N/A	#N/A
소속평균점수	#N/A	#N/A	#N/A	#N/A	#N/A	#N/A	#N/A
전체평균점수	#N/A	#N/A	#N/A	#N/A	#N/A	#N/A	#N/A

채우기 핸들로 함수 수식 반영

⓯ [확인란]에 체크를 하면 [확인란]과 연결된 테이블 [C27:I30]에 값이 표시되게 됩니다.

결과값 표시

구분	업무열의	업무계획능력	협업능력	의사소통	의사결정	오류최소화능력	문제해결력
개인점수	4.0	5.0	6.0	6.0	5.0	6.0	5.0
☑ 직급평균점수	5.3	5.0	5.5	5.0	4.5	5.0	4.8
☑ 직책평균점수	5.8	5.7	6.3	5.9	5.9	5.8	6.1
☑ 소속평균점수	5.4	5.6	5.6	5.6	5.5	5.5	5.7
☑ 전체평균점수	5.5	5.5	5.6	5.4	5.5	5.5	5.7

구분	업무열의	업무계획능력	협업능력	의사소통	의사결정	오류최소화능력	문제해결력
개인점수	4.0	5.0	6.0	6.0	5.0	6.0	5.0
직급평균점수	5.3	5.0	5.5	5.0	4.5	5.0	4.8
직책평균점수	5.8	5.7	6.3	5.9	5.9	5.8	6.1
소속평균점수	5.4	5.6	5.6	5.6	5.5	5.5	5.7
전체평균점수	5.5	5.5	5.6	5.4	5.5	5.5	5.7

함수수식의 이해

$$=IF(\$A20=TRUE,C20,NA(\ ))$$

❶   ❷   ❸

[확인란]이 체크되면 [A20:A23] 셀에 TRUE 또는 FALSE가 표시되도록 셀 연결을 했고, TRUE인지 FALSE인지에 따라 값을 표시해야 하므로 IF 함수를 사용합니다.

❶ [확인란]이 체크되면 [A20] 셀에 TRUE가 표시되므로 체크가 되었는지 확인하기 위해 '$A20=TRUE'를 입력합니다. [A20] 셀은 열 혼합 참조하여 채우기 핸들로 오른쪽 드래그 시 열이 변경되지 않도록 합니다.

❷ 조건의 결과가 TRUE이면 [C20] 셀의 값인 '업무열의'의 '직급평균점수'를 입력합니다.

❸ 조건의 결과가 FALSE라면 '값없음'을 나타내는 #N/A가 표시되도록 'NA( )'를 입력합니다.

5. 데이터 가시화하기

직원의 기본정보와 진단 결과 데이터를 표시하는 테이블이 완성되었으므로 차트를 이용하여 가시화합니다.

❶ 직원의 개인 점수를 차트로 표시하기 위해 [B18:I19] 셀까지 블록지정한 후 [삽입]-[차트] 그룹-[표면형 또는 방사형 차트삽입]-[방사형]을 선택합니다.

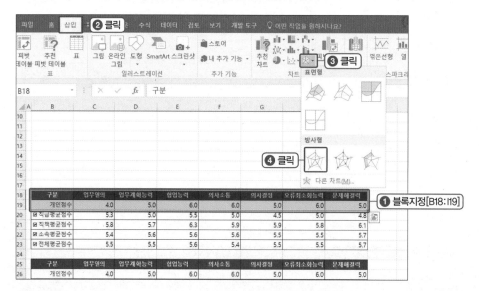

멘토의 한 수

만약 [삽입]-[차트] 그룹에 방사형이 없다면 [모든 차트 보기]를 클릭합니다. [차트삽입] 창에서 [모든 차트] 탭을 클릭하여 [방사형]을 선택합니다.

❷ 차트가 삽입되면 [B8] 셀로 이동시키고 [차트 도구]-[서식]-[크기] 그룹의 도형 너비와 높이를 7~7.5로 맞춰줍니다.

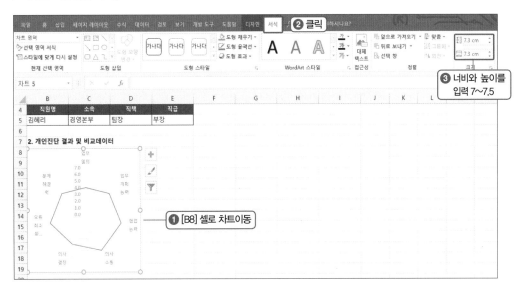

❸ 두 번째 차트는 '개인점수'와 '전체평균점수'를 비교하는 차트로, [B18:I19] 셀을 선택하고 Ctrl 키를 눌러 [B23:I23] 셀을 다중 선택합니다. 그리고 [삽입]-[차트] 그룹-[콤보]-[묶은 세로막대형, 꺾은선형, 보조축]을 선택하고 차트가 삽입되면 차트의 위치를 조절합니다. 그리고 도형의 너비와 높이는 7~7.5정도로 조절합니다.

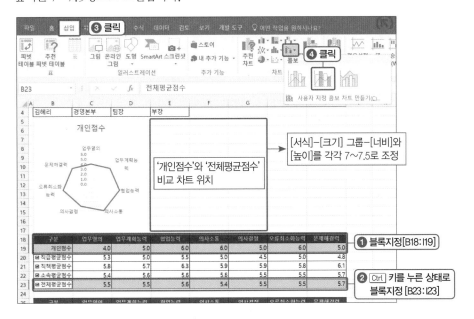

다른버전

〈엑셀 2010 이하버전〉 콤보차트가 없으므로 세로막대형 그래프를 삽입한 후 이중축혼합형 차트로 변경합니다. 〈279p 설명 참조〉

❹ 데이터 전체에 대한 차트를 삽입하기 위해 [B25:I30]까지의 셀을 블록 지정합니다. 그리고 [삽입]-[차트] 그룹-[표면형 또는 방사형 차트 삽입]-[방사형]을 선택하여 [G8] 셀의 중간정도에 삽입후 크기는 7~7.5 정도로 조절합니다.

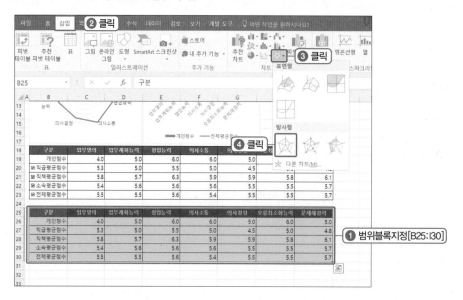

❺ 차트가 모두 삽입되었으면 처음에 삽입한 방사형 차트에서 차트 제목인 '개인점수' 글자를 선택하여 삭제합니다. 그리고 차트의 안쪽 그림영역을 선택한 후 조절점이 나타나면 조절점에 마우스를 가져다 대고 드래그하여 크기를 조절합니다. 차트 그림 부분의 크기가 커집니다.

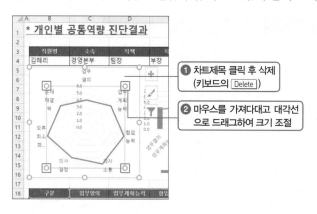

❻ 두 번째 차트인 콤보(이중축 혼합형 차트)의 보조축 눈금을 기본축의 눈금과 동일하게 맞추기 위해 보조축의 숫자를 클릭한 후 마우스 오른쪽 단추를 눌러 [축 서식]을 클릭합니다.

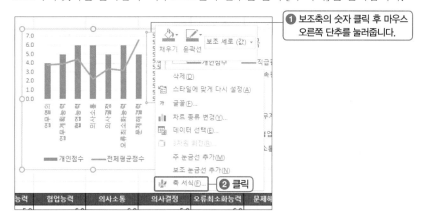

❼ [축 서식] 창이 열리면 [축 옵션]에서 최소값을 0으로 최대값을 7로 만들어 줍니다. 데이터가 달라질 때마다 눈금이 변경되지 않도록 하기 위해 막대그래프의 눈금을 선택합니다. 축서식이 막대그래프의 축서식으로 변경되는데 이때 [축 옵션]에서 최대값과 최소값을 동일하게 맞춰줍니다.

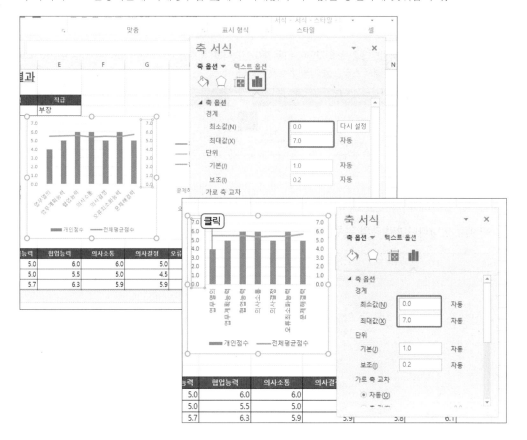

❽ 세 번째 차트를 선택하여 '차트 제목'이라고 쓰여 있는 글자를 선택하여 삭제하고, 차트 도구의 [디자인]–[차트 스타일] 그룹–스타일2로 적용합니다.

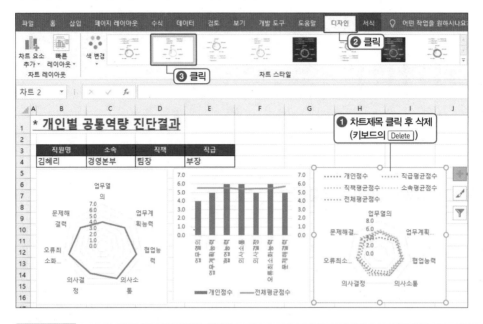

멘토의 한 수

오피스 2013 이상 버전부터 차트 디자인이 더욱 좋아졌습니다. 차트를 선택하면 나타나는 차트 도구의 [디자인]–[차트 스타일] 그룹에서 스타일을 지정할 수 있습니다.

❾ 차트를 클릭하여 [차트 요소] 버튼이 표시되면 차트 요소의 범례 부분 하위 표시를 클릭합니다. 하위 메뉴가 나타나면 범례의 위치를 [아래쪽]으로 변경합니다.

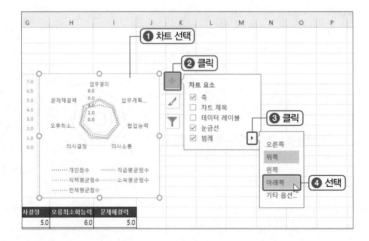

⑩ 범례와 항목을 각각 선택하여 [홈]−[글꼴] 그룹에서 글자크기를 줄여 8로 변경합니다.

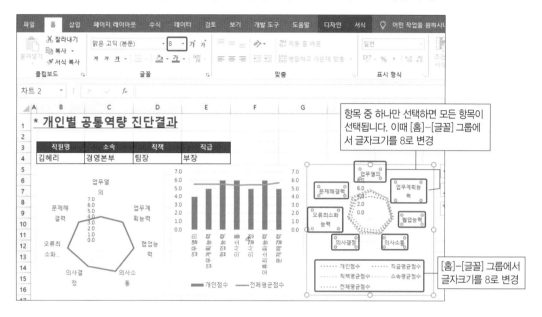

⑪ 그래프의 색을 변경하기 위해 '개인점수'에 대한 그래프를 선택하고 차트 도구의 [서식]−[도형 스타일] 그룹−[도형 윤곽선]−[대시]에 있는 [실선]을 선택합니다. '개인점수'의 그래프선이 다른 데이터의 그래프선보다 진하게 보일 수 있습니다.

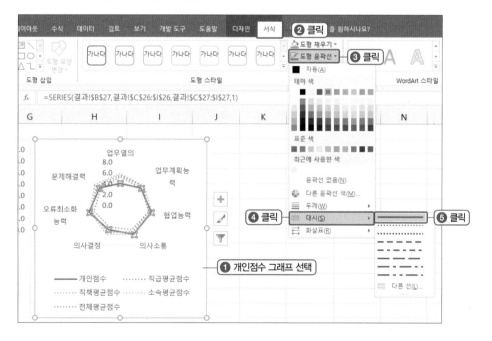

⑫ 데이터가 변경되면 방사형 차트의 눈금이 변경되지 않도록 방사형 차트의 눈금을 선택한 후 마우스 오른쪽 단추를 눌러 메뉴에서 [축 서식]을 클릭합니다.

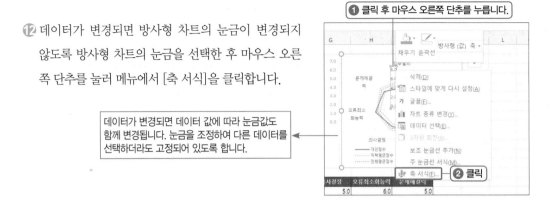

> 데이터가 변경되면 데이터 값에 따라 눈금값도 함께 변경됩니다. 눈금을 조정하여 다른 데이터를 선택하더라도 고정되어 있도록 합니다.

⑬ [축 서식] 창이 열리면 [축 옵션]에서 최소값을 0으로 최대값을 7, 단위에 기본값을 1로 설정하여 차트의 눈금이 0부터 1씩 증가하여 7까지 보일 수 있도록 합니다. 제일 처음에 만들었던 개인 점수 차트도 동일한 방법으로 [축 옵션]을 설정합니다.

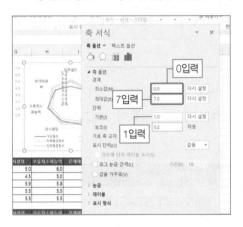

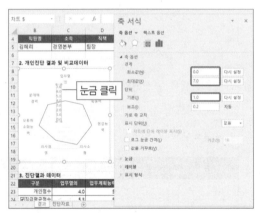

⑭ 눈금을 조절하였으면 닫기를 하고, 차트의 그림영역을 선택하여 조절점이 나오면 마우스로 드래그하여 크기를 키워 줍니다.

> 차트의 그림영역을 클릭하면 나오는 조절점에 마우스를 가져다대고 드래그하면 그림영역이 커집니다.

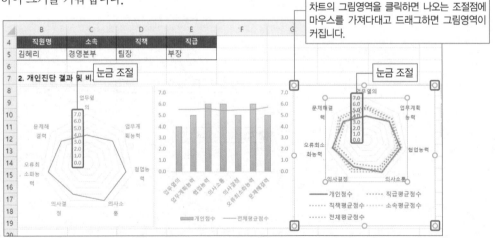

⑮ 차트에 바탕색을 지정하기 위해 차트영역을 선택하고 마우스 오른쪽 단추를 눌러 [차트 영역 서식]을 클릭합니다.

⑯ [차트 영역 서식] 창이 열리면 [채우기] 부분에 [단색채우기]를 선택하고 나타나는 색 부분에 '흰색, 배경 15% 더 어둡게'를 선택하여 배경색을 지정합니다. [닫기] 버튼을 눌러줍니다.

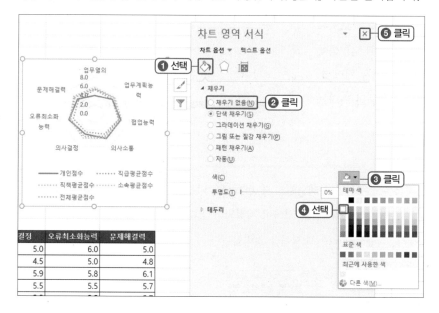

⑰ 양식컨트롤과 연결하기 위해 만들어놓은 데이터 영역[B25:I30]을 블록지정합니다. 데이터를 지우거나 숨기기 하면 차트의 모양이 변경되기 때문에 [홈]–[글꼴] 그룹–[글꼴 색]을 '흰색'으로, [테두리]에서 '테두리 없음'을 선택합니다.

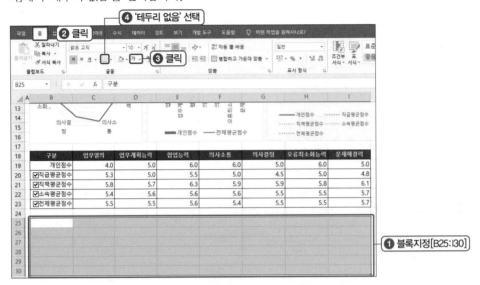

⑱ 차트의 서식지정이 모두 완료되었으면 상단에 직원명의 목록단추를 눌러 다른 직원으로 변경해 보도록 합니다. 그리고 [B20:B23] 셀에 있는 양식컨트롤 확인란을 체크 또는 체크 해제하여 차트들의 변화를 확인합니다.

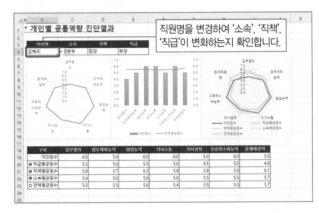

⑲ 각 데이터에 소제목을 설정하기 위해 3행의 행 번호에서 마우스 오른쪽 단추를 눌러 [삽입]을 클릭합니다. 삽입된 후 표의 제목행과 같은 서식이 지정되어 있다면 [삽입옵션]–[위와 같은 서식]을 선택합니다. 3행에 "1. 직원정보"라는 소제목을 입력합니다.

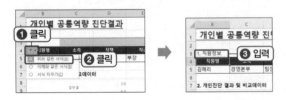

⑳ 동일한 방법으로 6행 위에 2개의 행을 삽입하기 위해 6, 7행을 선택한 후 마우스 오른쪽 버튼을 눌러 나오는 메뉴에서 [삽입]을 클릭합니다. 삽입된 7행에 "2. 개인진단 결과 및 비교데이터"라는 소제목을 입력합니다.

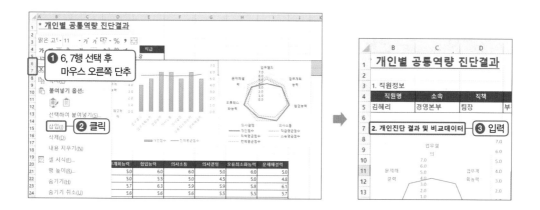

㉑ 같은 방법을 이용해 21행에도 "3. 진단결과 데이터"라는 소제목을 입력합니다.

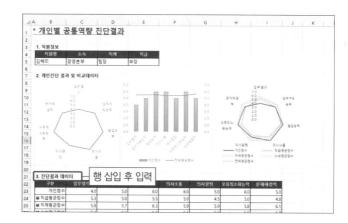

멘토의 한 수

[B6] 셀에 마우스를 클릭해 보면 목록단추가 나오는 경우가 있습니다. 이때는 해당 셀을 선택한 후 [데이터]-[데이터 도구]-[데이터 유효성 검사]를 클릭하고 [데이터 유효성] 창이 열리면 하단에 [모두 지우기] 버튼을 클릭하고 [확인] 버튼을 클릭하여 [B5] 셀에만 목록단추가 나타나도록 합니다.

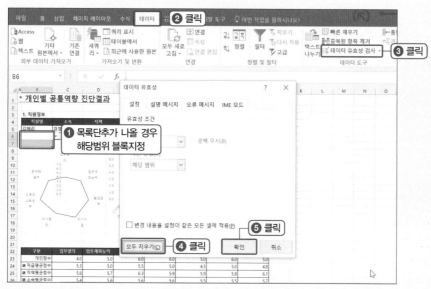

CHAPTER
02

슬라이드바를 활용한 기간별 매출 분석 보고서

● 예제파일 : c6-2.xlsx ● 정답파일 : c6-2f.xlsxx

핵심 내용
주어진 예제는 2019년도~2020년도의 물티슈 매출내역입니다. '분류1'을 기준으로 일 매출현황, 주간 매출현황, 월매출현황을 나타내는 보고서를 만들도록 합니다. [개발 도구]-[컨트롤] 그룹-[삽입]-[양식 컨트롤]에 있는 스크롤 막대와 스핀단추를 활용해 기간별 매출 분석 보고서를 자동화하도록 합니다.

1. [DB] 시트의 데이터 가공하기

[DB] 시트에 있는 2019년~2020년도 매출내역 시트를 활용해 일별, 주별, 월별 데이터를 가공하고자 합니다. [DB] 시트에 [날짜] 열이 있지만, 데이터 추출의 편리함을 위해 년도, 월을 따로 추출하도록 합니다.

❶ SUMIFS 함수를 사용하게 되면 range 부분에는 함수를 사용할 수 없으므로 [날짜] 열에서 년도와 월을 추출해야 합니다. [B:C] 열을 블록 지정하여 마우스 오른쪽 단추의 [삽입]을 눌러줍니다.

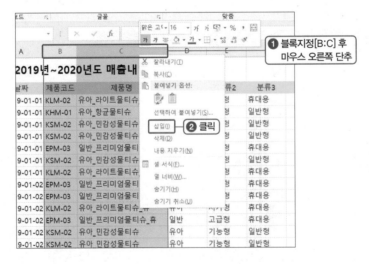

❷ [B2] 셀에 '년도'를 입력하고 [C2] 셀에는 '월'을 입력합니다. 그리고 [B3] 셀을 선택하고 년도를 추출할 함수를 '=year(A3)'을 입력합니다.

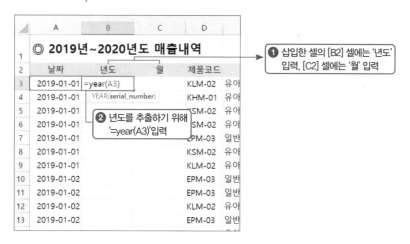

❶ 삽입한 셀의 [B2] 셀에는 '년도' 입력, [C2] 셀에는 '월' 입력

❷ 년도를 추출하기 위해 '=year(A3)'입력

❸ 년도를 추출한 셀인 [B3] 셀의 값이 년도가 아니라 날짜 형식으로 나오더라도 그 상태로 놓고, [C3] 셀을 선택하여 월을 추출할 함수 '=MONTH(A3)'을 입력합니다.

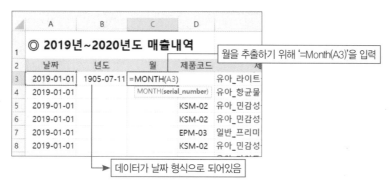

월을 추출하기 위해 '=Month(A3)'을 입력

데이터가 날짜 형식으로 되어있음

❹ [C3] 셀의 값도 날짜로 나왔더라도 그 상태로 [B3:C3]을 블록지정하고 채우기 핸들을 이용해 자동 채우기를 합니다.

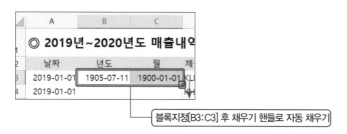

블록지정[B3:C3] 후 채우기 핸들로 자동 채우기

❺ 채우기 핸들로 자동채우기 하면 년과 월의 데이터 전체가 블록지정되는데 이때 [홈]-[표시형식] 그룹-[표시형식] 목록-[일반]을 선택하면 날짜 형태였던 년도와 월이 숫자값으로 변경됩니다.

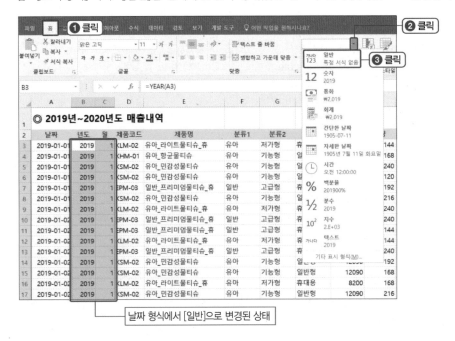

날짜 형식에서 [일반]으로 변경된 상태

2. 기준일, 시작일, 종료일 설정하기

일별 매출 데이터를 생성하기 위해 기준일과 시작일, 종료일을 설정합니다. 기준일은 최초 시작일이 되며, 시작일은 매출데이터를 생성할 실제 날짜가 됩니다. 종료일은 시작일이 있는 주의 일요일 날짜로 설정하도록 합니다.

❶ '기간별 매출분석' 시트의 [B1:D2] 셀에 기준일, 시작일, 종료일을 차례로 입력합니다. 그리고 [B2] 셀에는 기준일을 '2018-12-31'로 입력하고 [C2] 셀에는 기준일을 참조하도록 '=B2'를 입력합니다.

'기준일', '시작일', '종료일'을 차례로 입력

'=B2' 입력

'2018-12-31'입력

> **멘토의 한 수**
>
> 'DB' 시트에는 '2019-01-01'의 데이터가 전체 데이터 중 첫 데이터입니다. 그런데 기준일에 '2018-12-31'을 입력한 이유는 '2019-01-01'이 들어 있는 주의 월요일이 '2018-12-31'이기 때문입니다. 주간 매출 데이터를 추출할 때 월요일부터 기준을 설정할 것이므로 '2019-01-01'이 들어 있는 주의 월요일을 기준일로 합니다.

❷ 종료일을 입력할 [D2] 셀에는 '=C2+6'을 입력하여 종료일이 일요일이 되도록 합니다.

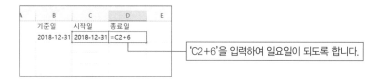

'C2+6'을 입력하여 일요일이 되도록 합니다.

3. 스핀단추로 날짜를 변경하도록 하기

날짜를 직접 입력하여 변경할 수도 있지만, [개발 도구]–[컨트롤] 그룹–[삽입]–[양식 컨트롤]–스핀단추를 이용하면 버튼으로 날짜를 변경할 수 있습니다.

❶ [B5] 셀에 '일 매출현황'을 입력하고 [홈]–[글꼴] 그룹에서 글자 크기 '12pt', '굵게'로 지정합니다. [개발 도구]–[컨트롤] 그룹–[삽입]–[양식 컨트롤]–스핀단추를 클릭합니다.

❷ [D7] 셀의 중간 정도에 스핀단추를 삽입합니다. 스핀단추의 위아래 버튼을 눌렀을 때를 설정하기 위해 스핀단추를 마우스 오른쪽 단추로 눌러 [컨트롤 서식]을 클릭합니다.

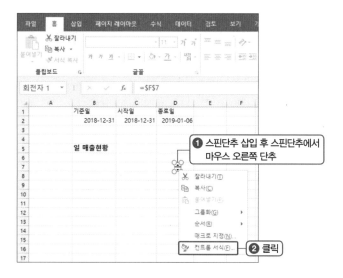

❸ [컨트롤 서식] 창의 [컨트롤] 탭에서 [셀 연결]의 입력란에 클릭하여 커서가 나타나면 [D7] 셀을 클릭합니다. [확인] 버튼을 눌러 [컨트롤 서식]을 완료합니다.

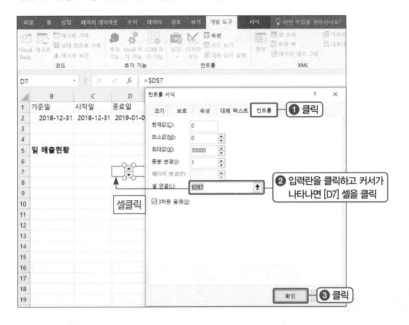

멘토의 한 수

[컨트롤 서식] 창의 [현재값]은 컨트롤 서식을 설정하기 전에 스핀 단추를 누른 값만큼 표시됩니다. [최소값]은 처음 시작할 때의 값을 나타내며, [최소값]으로 설정해 놓은 값 이하로는 내려가지 않습니다. [최대값]은 30,000까지 설정할 수 있습니다. [증분 변경]은 설정한 값만큼 스핀 단추를 눌렀을 때 값이 증감하게 됩니다. [셀 연결]은 스핀단추를 눌렀을 때 증감되는 값이 선택한 셀에 표시되도록 하는 것입니다.

❹ 스핀단추를 누르면 [셀 연결]에 설정해 놓은 [D7] 셀에 값이 표시되는 것을 확인할 수 있습니다.

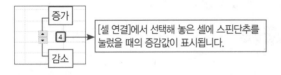

❺ [B7] 셀에 '기준일'을 입력하고 [C7] 셀에 일 매출현황의 기준일이 될 '=C2+D7'을 입력합니다. 일 매출현황의 기준일은 시작일에 스핀단추를 눌러서 증감되는 값을 더한 날입니다.

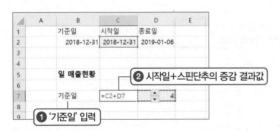

❻ 기준일에 시작일이 더해진 '2019-01-04'일이 표시되었습니다. [D7] 셀을 선택하고 [홈]-[맞춤] 그룹-[왼쪽 맞춤]을 눌러 왼쪽으로 이동하도록 합니다.

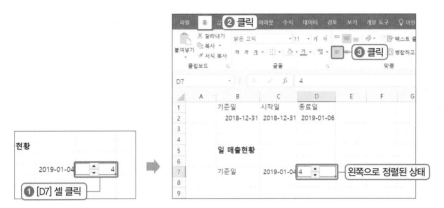

❼ 스핀단추를 마우스 오른쪽 단추로 클릭하여 조절점이 나타나면 Shift 키를 누른 상태로 왼쪽으로 이동하여 표시된 스핀단추의 증분값을 가려줍니다.

4. 일 매출현황의 기준일에 맞는 분류별 매출액 및 총매출액, 누적매출현황 구하기

스핀단추로 선택한 일 매출현황의 기준일에 대한 분류별 매출현황과 총매출액, 그리고 누적매출액을 구하고, 총매출액과 누적매출액은 도형에 표시하도록 합니다.

❶ [C7] 셀에 표시된 기준일의 총매출액과 누적매출액을 표시할 도형을 삽입하기 위해 [삽입]-[일러스트레이션] 그룹-[도형]-[사각형 : 둥근 모서리]를 선택합니다.

❷ 선택한 도형을 일 매출현황의 기준일 아래에 삽입하고 도형이 선택된 상태로 [서식]–[크기] 그룹에서 높이와 너비를 3.5 정도로 맞춰 줍니다.

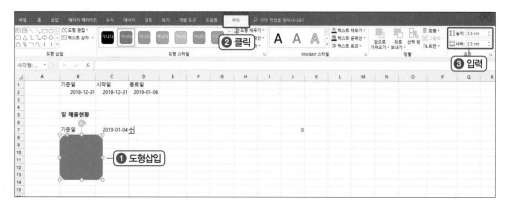

❸ 그리고 [서식]–[도형 스타일] 그룹–[도형 채우기]를 눌러 도형의 바탕색을 '흰색'으로 설정합니다.

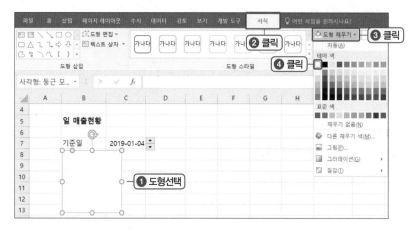

❹ 다시 아래에 있는 [도형 윤곽선]을 선택하여 윤곽선의 색을 '흰색, 배경1, 5% 더 어둡게'를 선택합니다.

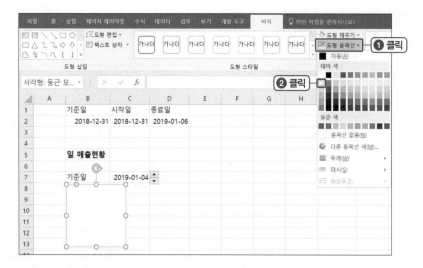

❺ 배경과 테두리를 설정한 둥근 모서리 사각형을 더블 클릭하여 커서가 나타나면 '일일 매출액'을 입력하고 [홈]-[글꼴] 그룹에서 글자 크기는 '14pt', '굵게'로 설정합니다. 그리고 [Enter] 키를 쳐서 '(단위 : 천원)'을 입력합니다. '(단위 : 천원)'은 글자 크기를 '8pt', '굵게', '오른쪽 맞춤'으로 설정합니다.

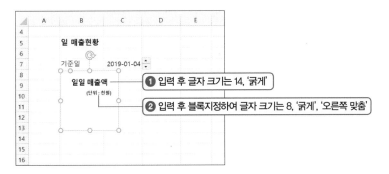

❻ 입력된 둥근 모서리 사각형의 테두리 부분을 선택하여 조절점이 생기면서 복사([Ctrl]+[C])합니다. [B14] 셀에 붙여넣기([Ctrl]+[V])를 합니다.

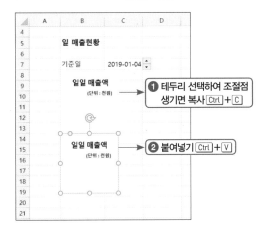

❼ 복사된 둥근 모서리 사각형에 있는 '일일 매출액'을 '누적 매출액'으로 변경합니다.

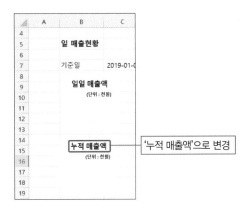

❽ '일일 매출액'과 '누적매출액'에 표시할, 각 분야별 매출액을 구해야 합니다. [I5:N7] 셀에 '일별데이터', '기준일', '유아', '일반', '차량', '총매출액', '누적매출액'을 입력한 후 기준일을 입력하기 위해 [I7] 셀에 마우스를 클릭하고 '=C7'을 입력하여 일 매출현황의 기준일이 있는 셀을 연결합니다.

❾ '일별 데이터'의 기준일에 표시된 날짜의 '유아', '일반', '차량', '총매출액'을 구하기 위해 [J7] 셀을 선택하고 '=SUMIFS(DB!$K:$K,DB!$A:$A,'기간별 매출분석'!$I$7,DB!$F:$F,'기간별 매출분석'!J$6)'을 입력합니다.

함수수식의 이해

'=SUMIFS(DB!$K:$K,DB!$A:$A,'기간별 매출분석'!$I$7,DB!$F:$F,'기간별 매출분석'!J$6)'
　　　　　❶　　　　❷　　　　　　❸　　　　　❹　　　　　　❺

일별 데이터의 기준일과 분류에 해당하는 매출액의 합계를 구하기 위해 SUMIFS 함수를 사용합니다.

❶ 조건에 맞는 데이터의 합계를 구할 범위로 'DB' 시트의 [K] 열을 입력하고 키보드의 F4 키를 눌러 절대 참조 설정합니다.

❷ 첫 번째 조건을 찾을 범위로 날짜가 있는 'DB' 시트의 [A] 열을 입력하고 키보드의 F4 키를 눌러 절대 참조 설정합니다.

❸ 첫 번째 조건 범위에서 찾을 첫 번째 조건으로 '기간별 매출분석' 시트의 [I7] 셀을 입력하고 키보드의 F4 키를 눌러 절대 참조 설정합니다.

❹ 두 번째 조건을 찾을 범위로 '분류1'이 있는 'DB' 시트의 [F] 열을 입력하고 키보드의 F4 키를 눌러 절대 참조 설정합니다.

❺ 두 번째 조건 범위에서 찾을 두 번째 조건으로 항목명 중 '유아'가 있는 '기간별 매출분석' 시트의 [J6] 셀을 입력하고 키보드의 F4 키를 눌러 행 혼합참조를 설정합니다.

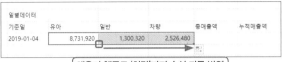

⑩ Enter 키를 쳐서 나온 결과값을 채우기 핸들로 '차량'까지 자동 채우기로 합니다.

채우기 핸들로 '차량'까지 수식 자동 반영

⑪ 총매출액을 입력하기 위해 [M7] 셀을 클릭하고 '=SUM(J7:L7)'을 입력합니다.

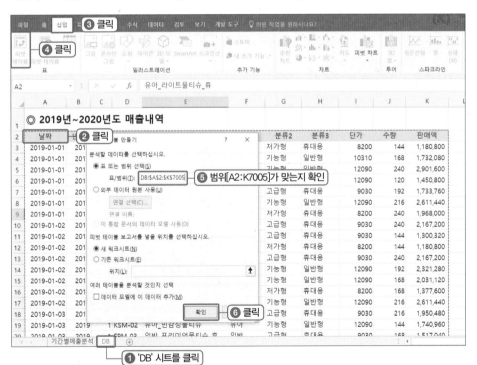

⑫ 누적매출액을 구하기 위해 피벗 테이블을 활용합니다. 'DB' 시트로 이동하여 [A2] 셀에 마우스를 클릭하고 [삽입]-[표] 그룹-[피벗 테이블]을 클릭합니다. [피벗 테이블 만들기] 창에 [표/범위]의 입력란에 'DB!$A$2:$K$7005'가 맞는지 확인하고 [확인] 버튼을 클릭합니다.

⑬ 새로운 시트가 삽입되면 피벗 테이블 필드 목록에서 '분류1'을 [열](열레이블)로, '날짜'는 [행](행레이블)로, '판매액'은 [값]으로 이동합니다.

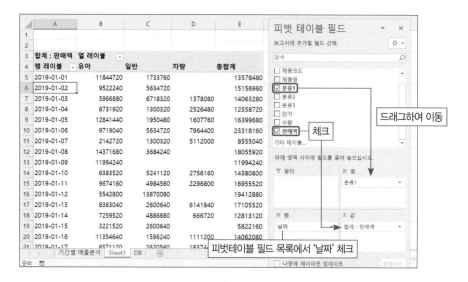

멘토의 한 수

엑셀 2016 이상버전에서는 날짜를 [행](행레이블)에 추가하면 자동으로 연도별 그룹화가 되는데 일별 데이터가 필요할 경우, 피벗 테이블의 날짜에서 마우스 오른쪽 단추를 눌러 [그룹해제]를 합니다.

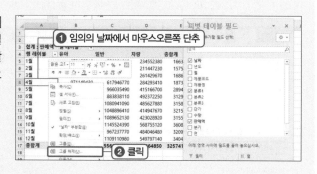

⑭ 일별로 나타난 데이터 중 2019년 데이터 범위인 [A4:E363] 셀만 블록 지정하여 복사(Ctrl + C)하고, [M4] 셀에 붙여넣기(Ctrl + V)를 합니다.

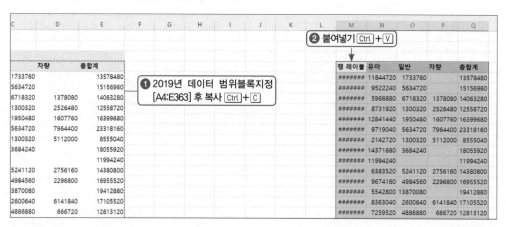

⑮ 다시 피벗 테이블에서 2020년도 데이터가 있는 [A364:E722] 셀까지 범위를 블록지정하여 복사 (Ctrl + C)하고, [T5] 셀에 붙여넣기(Ctrl + V)를 합니다.

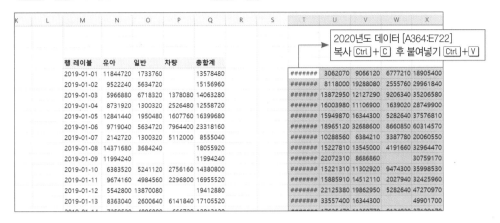

⑯ [M4:Q4] 셀에 있는 필드명을 복사(Ctrl + C)하여 [T4] 셀에 붙여넣기(Ctrl + V)합니다.

⑰ [R4] 셀에 '누적매출액'을 입력하고 [R5] 셀에 '=Q5'를 입력하여 누적매출액의 첫 행값을 만 듭니다.

⑱ Enter 키를 쳐서 [R6] 셀로 이동한 후 '=R5+Q5'를 입력하여 '누적매출액'의 첫 행에 있는 값에 '총 합계'의 두 번째 행에 있는 값을 더해줍니다. 그러면 2019-01-02일 까지의 누적매출액이 완성됩니 다. [R6] 셀의 채우기 핸들을 이용해 자동 채우기 하면 2019년도의 일자별 '누적매출액'이 생성됩니다.

⑲ 같은 방법으로 2020년도의 누적매출액을 생성하기 위해 [Y5] 셀을 클릭하고 '=X5'를 입력하여 누적매출액의 첫 행을 완성합니다. 그리고 Enter 키를 쳐서 [Y6] 셀로 이동한 후 '=Y5+X6'을 입력하여 2020-01-02일의 누적매출액을 생성합니다.

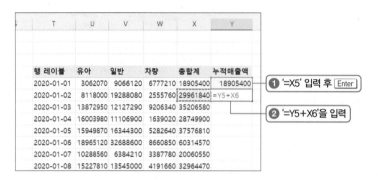

① '=X5' 입력 후 Enter

② '=Y5+X6'을 입력

⑳ 채우기 핸들로 자동 채우기 하여 2020년도의 누적매출액을 생성합니다.

행 레이블	유아	일반	차량	총합계	누적매출액		행 레이블	유아	일반	차량	총합계	누적매출액
2019-01-01	11844720	1733760		13578480	13578480		2020-01-01	3062070	9066120	6777210	18905400	18905400
2019-01-02	9522240	5634720		15156960	28735440		2020-01-02	8118000	19288080	2555760	29961840	48867240
2019-01-03	5966880	6718320	1378080	14063280	42798720		2020-01-03	13872950	12127290	9206340	35206580	84073820
2019-01-04	8731920	1300320	2526480	12558720	55357440		2020-01-04	16003980	11106900	1639020	28749900	112823720
2019-01-05	12841440	1950480	1607760	16399680	71757120		2020-01-05	15949870	16344300	5282640	37576810	150400530
2019-01-06	9719040	5634720	7964400	23318160	95075280		2020-01-06	18965120	32688600	8660850	60314570	210715100
2019-01-07	2142720	1300320	5112000	8555040	103630320		2020-01-07	10288560	6384210	3387780	20060550	230775650
2019-01-08	14371680	3684240		18055920	121686240		2020-01-08	15227810	13545000	4191660	32964470	263740120
2019-01-09	11994240			11994240	133680480		2020-01-09	22072310	8686860		30759170	294499290
2019-01-10	6383520	5241120	2756160	14380800	148061280		2020-01-10	15221310	11302920	9474300	35998530	330497820
2019-01-11	9674160	4984560	2296800	16955520	165016800		2020-01-11	15885910	14512110	2027940	32425960	362923780
2019-01-12	5542800	13870080		19412880	184429680		2020-01-12	22125380	19862950	5282640	47270970	410194750
2019-01-13	8363040	2600640	6141840	17105520	201535200		2020-01-13	33557400	16344300		49901700	460096450
2019-01-14	7259520	4886880	666720	12813120	214348320		2020-01-14	17635470	11368770	8124930	37129170	497225620

채우기 핸들로 '2020년도 누적매출액' 생성

㉑ '기간별 매출분석' 시트로 이동하여 누적매출액을 구할 [N7] 셀을 클릭하고 함수를 입력합니다. 기준일의 년도가 2019년도인지 2020년도인지에 따라 참조하는 영역이 다르므로 '=IF(YEAR($I$7)=2019,'를 입력해 '[I7] 셀의 년도가 2019와 같다'라는 조건식을 입력합니다.

일별데이터					
기준일	유아	일반	차량	총매출액	누적매출액
2019-01-04	8,731,920	1,300,320	2,526,480	12,559	=IF(YEAR($I$7)=2019,
					IF(logical_test, [value_if_true], [value_if_false])

기준년도가 '2019'년도인지 확인

㉒ 만약 2019년도 일 경우는 2019년도 데이터 범위에서 기준일에 해당하는 누적매출액을 찾아야 하므로 INDEX 함수를 사용하여 피벗 테이블이 있는 'Sheet3'의 범위[M4:R363]을 '=IF(YEAR($I$7)=2019,INDEX(Sheet3!$M$4:$R$363' 입력합니다.

멘토의 한 수

피벗 테이블이 삽입된 시트명이 예제의 'Sheet3'과 다를 수 있습니다. 사용자가 피벗 테이블을 만들어 놓은 시트로 이동하여 해당 범위를 선택하여 입력하도록 합니다.

㉓ 쉼표(,)를 입력하고 '기준일'의 행 번호를 자동으로 찾기 위해 MATCH 함수를 열어줍니다. 그리고 찾을 기준일이 있는 '기간별매출분석' 시트의 [$I$7] 셀을 입력하고, 쉼표(,)를 입력하여 찾을 데이터가 있는 'sheet3'의 날짜범위 [$M$4:$M$363]을 입력합니다. 지정한 기준일과 정확히 일치하는 값의 위치를 찾아야 하므로 쉼표(,)를 입력해 '0-정확히 일치'를 선택한 후 괄호를 닫습니다. '=IF(YEAR($I$7)=2019,INDEX(Sheet3!$M$4:$R$363,MATCH(기간별매출분석!$I$7,Sheet3!$M$4:$M$363,0)'

㉔ 다시 쉼표(,)를 입력하면 INDEX 함수의 column_num 부분으로 데이터가 위치한 열 번호를 입력하는 부분이 됩니다. '누적매출액'의 열 위치인 6을 입력하고 괄호를 닫으면 INDEX 함수가 끝나며, IF 함수의 조건의 결과가 참일 때 표시할 값을 '=IF(YEAR($I$7)=2019,INDEX(Sheet3!$M$4:$R$363,MATCH(기간별매출분석!$I$7,Sheet3!$M$4:$M$363,0),6)' 입력한 것입니다. 이제 조건의 결과가 거짓일 때의 값을 입력해야 합니다.

㉕ 조건의 결과가 거짓일 때 표시할 값을 입력하기 위해 쉼표(,)를 하고 다시 INDEX 함수를 이용해 2020년도 데이터가 있는 범위 'INDEX(Sheet3!$T$4:$Y$363'을 입력합니다.

㉖ 쉼표(,)를 입력하고 앞에서처럼 '기준일'의 행 번호를 자동으로 찾기 위해 MATCH 함수를 열어 줍니다. 그리고 찾을 기준일이 있는 '기간별매출분석' 시트의 [$I$7] 셀을 입력하고, 쉼표(,)를 입력하여 찾을 날짜 데이터가 있는 'sheet3'의 [$T$4:$T$363]을 입력합니다. 지정한 기준일과 정확히 일치하는 값의 위치를 찾아야 하므로 쉼표(,)를 입력해 '0-정확히 일치'를 선택한 후 괄호를 닫습니다. '=IF(YEAR($I$7)=2019,INDEX(Sheet3!$M$4:$R$363,MATCH(기간별매출분석!$I$7,Sheet3!$M$4:$M$363,0),6),INDEX(Sheet3!$T$4:$Y$363,MATCH(기간별매출분석!$I$7,Sheet3!$T$4:$T$363,0)'

㉗ 다시 쉼표(,)를 입력하면 INDEX 함수의 column_num 부분으로 데이터가 위치한 열 번호를 입력하는 부분이 됩니다. '누적매출액'의 열 위치인 6을 입력하고 괄호를 닫으면 INDEX 함수가 끝나며 다시 한 번 괄호를 닫으면 IF 함수가 종료됩니다. 스핀단추를 눌러 기준일을 변경하여 데이터의 변화를 확인합니다. '=IF(YEAR($I$7)=2019,INDEX(Sheet3!$M$4:$R$363,MATCH(기간별매출분석!$I$7,Sheet3!$M$4:$M$363,0),6),INDEX(Sheet3!$T$4:$Y$363,MATCH(기간별매출분석!$I$7,Sheet3!$T$4:$T$363,0),6))'

멘토의 한 수

'총매출액'과 '누적매출액'의 숫자단위를 줄이기 위해서는 [M7:N7] 셀을 블록지정하고 마우스 오른쪽단추를 눌러 메뉴에서 [셀 서식] Ctrl + 1 을 눌러 줍니다. [셀 서식] 창이 열리면 [표시 형식] 탭-[사용자 지정]을 선택하고 [형식]의 입력란에 '#,###,'을 입력하여 천원 단위 아래가 표시되지 않도록 설정한 후 [확인] 버튼을 클릭합니다.

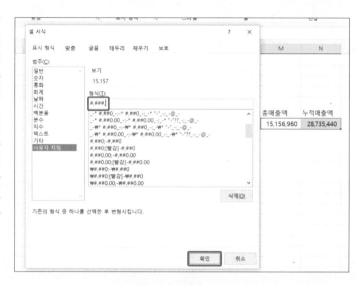

㉘ '기간별매출분석' 시트에서 [삽입]-[일러스트레이션] 그룹-[도형]-[직사각형]을 선택하여 '일일 매출액'을 입력해 놓았던 모서리가 둥근 사각형 안에 삽입합니다. 그리고 삽입된 직사각형을 [서식]-[도형 스타일] 그룹-[도형 채우기]를 눌러 배경색을 '흰색'으로 설정하고 [도형 윤곽선]을 눌러 [윤곽선 없음]을 선택합니다.

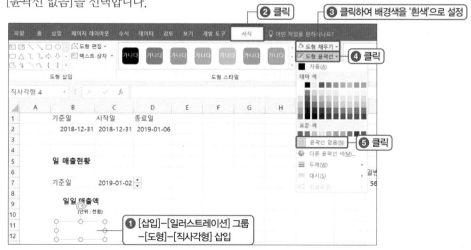

㉙ 해당 사각형이 선택되어 조절점이 나온 상태로 수식 입력줄에 '='을 입력하고 총매출액 값이 있는 [M7] 셀을 클릭하고 Enter 키를치면 자동으로 절대참조 상태가 되면서 해당 셀에 있던 값이 도형에 표시되게 됩니다.

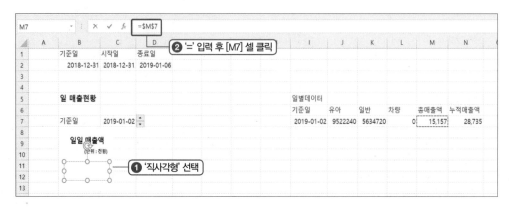

㉚ 이때 사각형이 선택된 상태로 [홈]-[글꼴] 그룹-[글꼴색]을 '파랑'으로 설정하고 글자 크기는 '16pt', '굵게'로 지정합니다.

멘토의 한 수

글자 크기, 글자색, 글자 강조는 사용자가 보고서의 형태에 맞게 자연스럽게 나타나도록 합니다.

㉛ 누적 매출액의 모서리가 둥근 사각형도 동일한 방법으로 [직사각형]을 삽입하고, 수식 입력줄에 '='을 입력하고 총매출액 값이 있는 [N7] 셀을 클릭하여 Enter 키를치면, 자동으로 절대참조상태 가 되면서 해당 셀에 있던 값이 도형에 표시되게 됩니다. 그리고 [홈]-[글꼴] 그룹에서 글자 크기는 '16pt', '굵게'를 설정합니다. 그리고 글자색은 '검정'을 선택합니다.

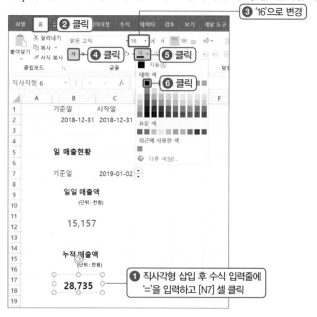

5. 일 매출현황을 차트로 표현하기

가공해 놓은 일별 데이터의 분야별 매출액을 [도넛형] 차트를 이용하여 표현합니다.

❶ 분야별 매출액을 차트로 표현하기 위해 데이터가 있는 [J6:L7] 셀을 블록지정하고 [삽입]-[차트] 그룹-[원형 또는 도넛형 차트 삽입]을 눌러 목록 중 가장 하단에 있는 도넛형 차트를 선택합니다.

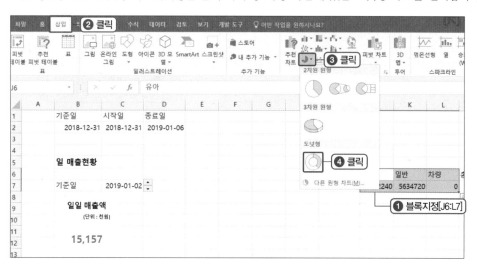

❷ 도넛형 차트를 [C] 열의 적당한 위치에 놓고 차트를 선택한 상태에서 [서식]–[크기] 그룹에서 높이 7, 너비 6.5 정도로 맞춰줍니다.

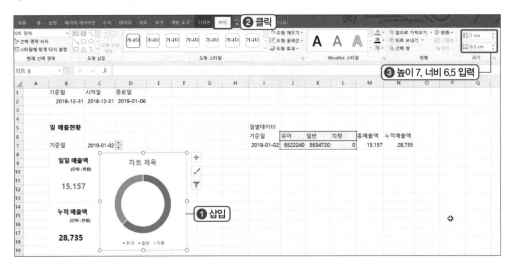

❸ 차트에서 실제 그림 영역이 크게 보일 수 있도록 차트 제목을 선택하고 키보드의 Delete 키를 눌러 삭제합니다.

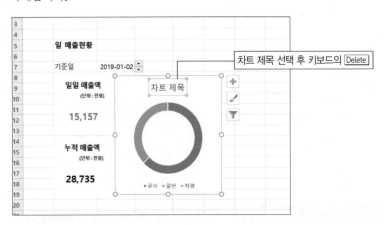

❹ 기준일 '2019-01-02'의 차량의 매출액이 0이므로 스핀단추를 이용해 날짜를 '2019-01-03'으로 변경해 줍니다. 차트의 유아에 해당하는 파란색 도넛 조각을 한 번 클릭한 후 다시 한 번 더 클릭하면 유아에 해당하는 파란색 도넛 조각만 선택이 되는데 이때 마우스 오른쪽 단추를 눌러 메뉴에서 [데이터 요소 서식]을 클릭합니다.

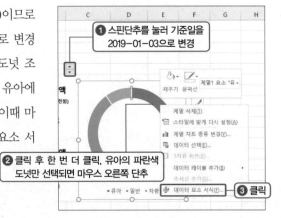

❺ [데이터 요소 서식]이 열리면 [도넛 구멍 크기]를 '60%'로 맞춰 전체적인 도넛의 두께를 두껍게 합니다.

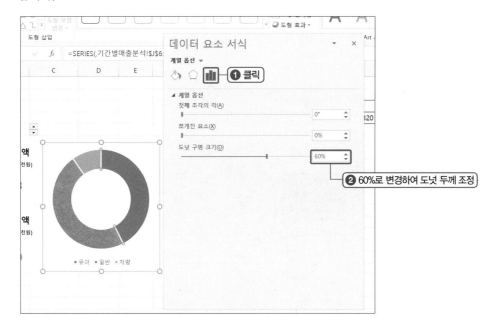

❻ [데이터 요소서식]의 [채우기 및 선]을 선택하고 [채우기]–[단색 채우기]를 선택하고 [채우기 색] 버튼을 눌러 색 목록의 맨 아래에 있는 [다른 색]을 선택합니다.

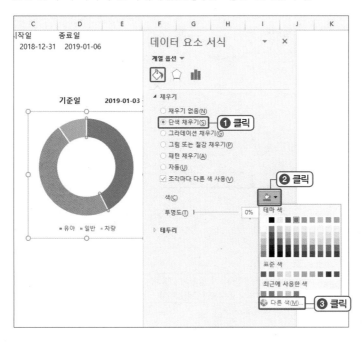

❼ [색] 창이 열리면 [사용자 지정] 탭을 선택하고 색을 '빨강 : 255, 녹색 : 202, 파랑 : 3'을 지정하고 [확인] 버튼을 클릭합니다. '유아'에 해당하는 도넛의 색이 변경되었습니다.

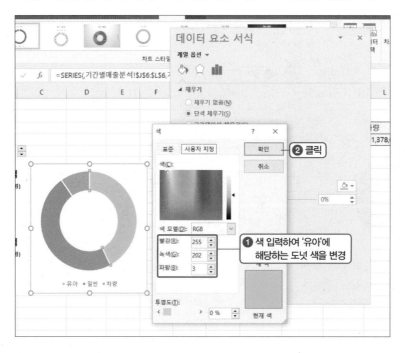

❽ 현재 상태에서 '일반'에 해당하는 주황색 도넛 조각을 선택하면 [데이터 요소 서식]도 '일반'에 대한 것으로 변경됩니다. [채우기 색]의 [다른색]을 클릭하여 차트 도넛의 색을 '빨강 : 68, 녹색 : 219, 파랑 : 164'로 지정하고 [확인] 버튼을 클릭합니다.

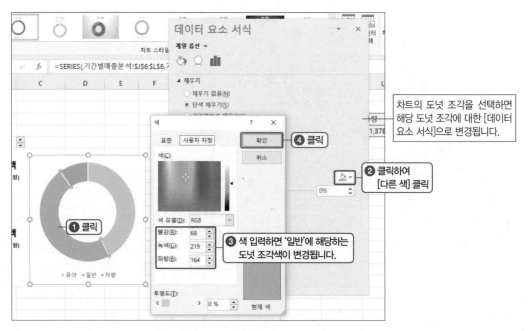

❾ 같은 방법으로 '차량'에 대한 회색 차트 도넛 조각의 색도 '빨강 : 233, 녹색 : 59, 파랑 : 94'로 변경하고 [확인] 버튼을 클릭합니다. [데이터 요소 서식]을 닫고 차트 내의 범례를 선택하여 키보드의 Delete 키를 눌러 삭제합니다.

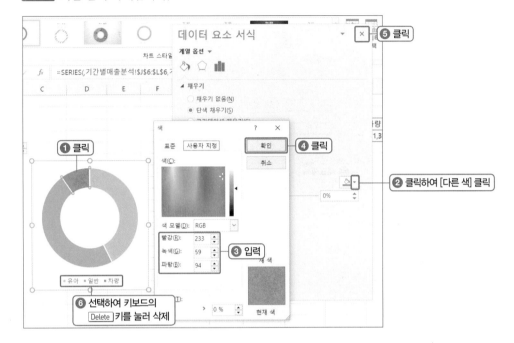

❿ 차트의 도넛 모양을 마우스로 클릭한 후 마우스 오른쪽 단추를 눌러 [데이터 레이블 추가]를 클릭하면 각 도넛 조각에 값이 표시되는데 이때 다시 차트의 도넛을 선택하고 마우스 오른쪽 단추의 [데이터 레이블 서식]을 클릭합니다.

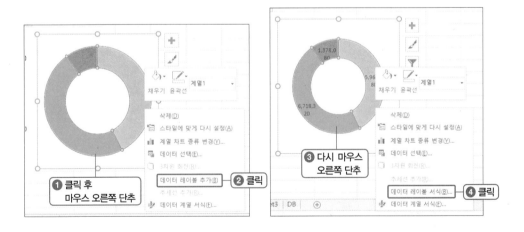

⑪ [데이터 레이블 서식] 창이 열리면 [레이블 옵션]에서 [항목 이름], [백분율]을 먼저 체크한 후 [값]을 체크해제 합니다. 그리고 [데이터 레이블 서식]을 닫고 나옵니다.

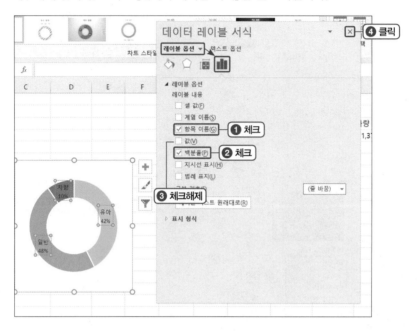

⑫ 차트에서 도넛 모양이 있는 영역(그림 영역)을 크게 만들기 위해 차트를 선택하고 [서식]−[현재 선택 영역] 그룹−[차트 요소] 목록에서 [그림 영역]을 선택합니다.

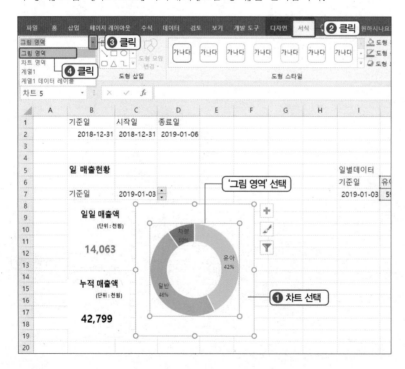

⓭ 그림 영역에 조절점이 생기면 조절점을 당겨 크기를 조금씩 키워줍니다.

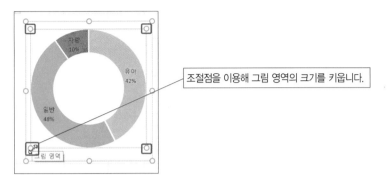

조절점을 이용해 그림 영역의 크기를 키웁니다.

⓮ 그림 영역을 조금 더 크게 만들었다면 차트의 도넛을 선택하여 차트확장 도구인 [차트 도구]-[서식]-[도형 스타일] 그룹-[도형 효과]-[그림자]-[오프셋 : 오른쪽 아래]를 선택하여 차트에 그림자를 추가합니다.

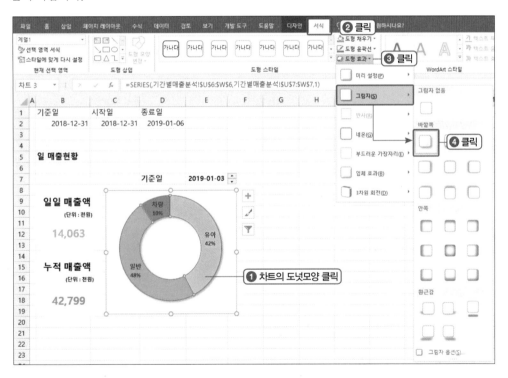

⑮ 그리고 차트가 선택된 상태로 [차트 도구]-[서식]-[도형 스타일] 그룹-[도형 윤곽선]-[윤곽선 없음]을 선택하여 윤곽선을 지워줍니다.

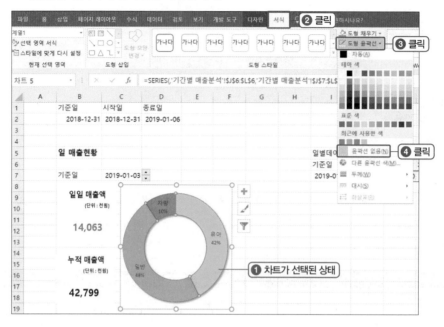

6. 주간매출현황의 분야별 매출액 구하기

주간매출현황의 시작일은 미리 설정해 놓았던 '시작일'을 기준으로 해당주의 분야별 매출액을 구합니다. 해당 주의 5주 전 분야별 매출액도 함께 구해 매출 추이를 볼 수 있도록 합니다. [개발 도구]-[컨트롤] 그룹-[삽입]-[양식 컨트롤]에 있는 스크롤 막대로 한 주씩 주간단위를 변경할 수 있도록 합니다.

❶ 주간 매출현황을 나타내는 차트를 삽입할 공간을 만들기 위해 [G:M] 열까지 블록 지정하고 마우스 오른쪽 단추를 눌러 [삽입]을 눌러줍니다.

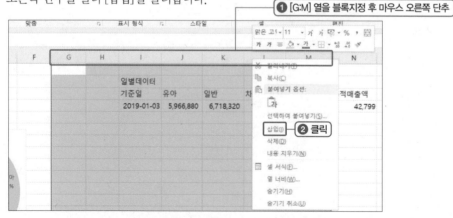

❷ [P9] 셀에 '주간데이터'를 입력하고 [P10:S10] 셀에 '기준일', '유아', '일반', '차량'을 입력합니다. 그리고 미리 설정해 놓았던 '시작일'을 기준일로 설정하여 해당일부터 5주 전 데이터까지 추출할 것이므로 [P15] 셀에 '=C2'를 입력합니다.

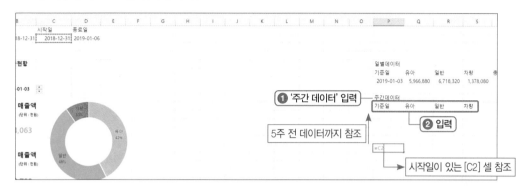

❸ [P14] 셀에는 [P15] 셀에 입력된 날짜보다 일주일 전 날짜를 입력할 것이므로 '=P15-7'을 입력합니다.

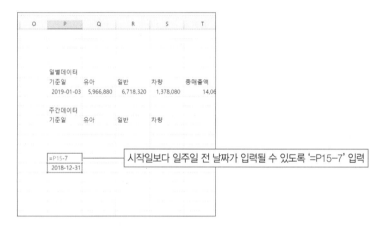

❹ [P14] 셀의 채우기 핸들을 이용해 [P11] 셀까지 자동채우기 합니다. 기준으로 설정했던 시작일보다 5주 전 날짜까지 표시되었습니다.

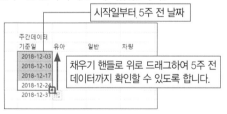

❺ 주간 데이터의 각 분야별 매출액을 생성하기 위해 미리 만들어 놓았던 피벗 테이블을 활용합니다. 피벗 테이블이 있는 'Sheet3'으로 이동하여 피벗 테이블의 임의의 날짜에 마우스를 클릭하고 마우스 오른쪽 단추를 눌러 [그룹]을 클릭합니다.

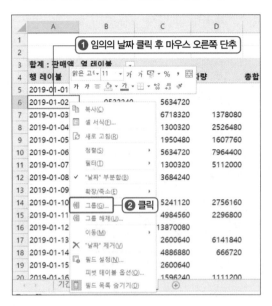

❻ [그룹화] 창이 열리면 시작이 '2019-01-01'로 되어 있는데 '2019-01-01'이 화요일이므로 '2018-12-31'로 변경하여 월요일로 지정합니다. 그리고 단위는 선택되어 있는 '월'을 클릭하여 선택 해제하고 '일'을 선택하여 '일'만 표시되도록 합니다. 날짜 수를 7로 하여 7일 간격으로 일을 표시하도록 합니다.

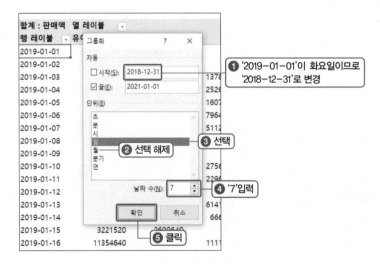

❼ 확인 버튼을 클릭하면 피벗 테이블의 날짜가 7일 간격으로 월요일이 시작일이 되도록 설정되었습니다. [G:K] 열까지 열을 블록 지정하여 마우스 오른쪽 단추를 눌러 [삽입]을 선택합니다. 그리고 [A4:E109] 셀까지 블록지정하고 복사(Ctrl+C)한 후 [G4] 셀에 붙여넣기(Ctrl+V)합니다.

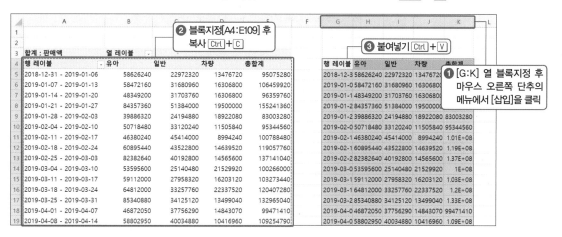

❽ 7일 간격의 날짜 구간을 시작일과 종료일로 분리하여 날짜 형식으로 표시하기 위해 [H:I] 열을 선택하고 마우스 오른쪽 단추의 [삽입]을 눌러 열을 삽입합니다.

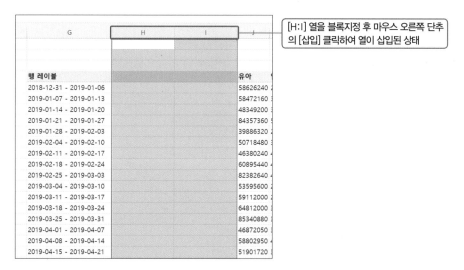

멘토의 한 수

[데이터]-[데이터 도구] 그룹-[텍스트 나누기]를 하면 나누어진 데이터가 다음 열로 덮어쓰기 되면서 다음 열에 있던 데이터가 지워질 수 있습니다. 그래서 텍스트 나누기 기능을 사용할 때는 나눌 텍스트가 몇 개의 셀에 표시될지 계산하여 열을 삽입한 후에 해야 합니다.

⑨ 열을 삽입했으면 날짜가 있는 [G5:G109] 셀까지 범위를 블록지정하고 [데이터]–[데이터 도구] 그룹–[텍스트 나누기]를 클릭합니다. [텍스트마법사] 창이 열리면 [너비가 일정함]을 선택하고 [다음] 버튼을 누릅니다.

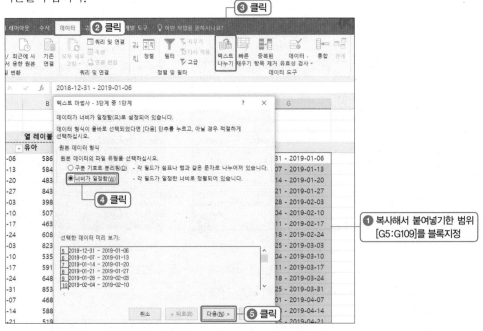

⑩ 시작일 뒤와 '–' 기호 뒤에 구분선이 나타나는데 종료일의 년도 앞으로 구분선을 이동하여 위치를 그림처럼 조정하고 [다음]을 클릭합니다.

멘토의 한 수

필요 없는 구분선은 클릭하여 밖으로 끌어내듯 드래그하면 없어집니다.

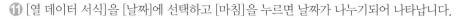

⑪ [열 데이터 서식]을 [날짜]에 선택하고 [마침]을 누르면 날짜가 나누기되어 나타납니다.

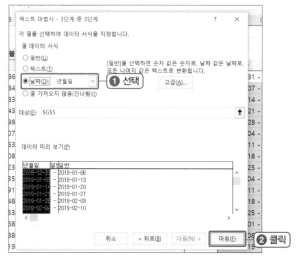

⑫ 그리고 [H] 열에 있는 '–'를 삭제하기 위해 [H] 열에서 마우스 오른쪽 단추를 눌러 [삭제]하고 날짜의 필드명을 각각 '시작일', '종료일'로 표시합니다.

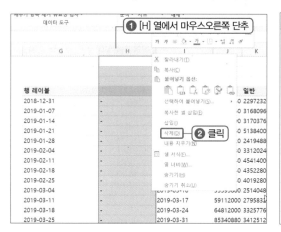

⑬ '기간별 매출분석' 시트로 이동하여 기준일에 맞는 분류별 매출액을 구하기 위해 [Q15] 셀을 클릭하고 '=INDEX('를 입력합니다. 데이터의 범위 부분에 'Sheet3' 시트를 선택하여 [G4:L109] 셀을 입력합니다. 그리고 키보드의 F4 키를 눌러 절대참조를 설정합니다. '=INDEX(Sheet3!$G$4:$L$109'

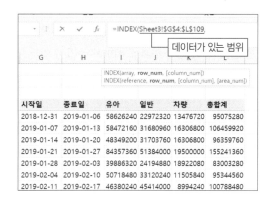

⓮ 쉼표(,)를 입력하여 row_num 부분이 진해지면 데이터가 위치한 행의 위치를 찾기 위해 MATCH 함수를 입력합니다. 'MATCH('를 입력하고 lookup_value 부분에, 미리 설정해 놓았던 '기간별 매출분석' 시트의 [T15] 셀을 선택하고 키보드의 F4 키를 눌러 열 혼합참조를 설정합니다. '=INDEX(Sheet3!$G$4:$L$109,MATCH(기간별매출분석!$T15'

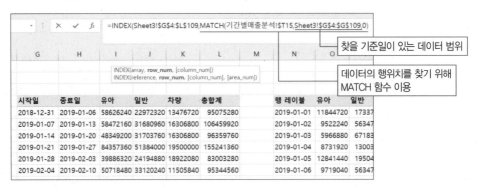

⓯ 쉼표(,)를 입력하고 'Sheet3' 시트의 시작일이 있는 [G4:G109] 셀을 선택하여 입력합니다. 그리고 쉼표(,)를 눌러 match_type을 '0'으로 설정하여 정확히 일치하는 값을 찾도록 합니다. '=INDEX(Sheet3!$G$4:$L$109,MATCH(기간별매출분석!$P15,Sheet3!$G$4:$G$109,0)'

=INDEX(Sheet3!$G$4:$L$109,MATCH(기간별매출분석!$T15,Sheet3!$G$4:$G$109,0)

찾을 기준일이 있는 데이터 범위

데이터의 행위치를 찾기 위해 MATCH 함수 이용

INDEX(array, **row_num**, [column_num])
INDEX(reference, **row_num**, [column_num], [area_num])

시작일	종료일	유아	일반	차량	총합계		행 레이블	유아	일반
2018-12-31	2019-01-06	58626240	22972320	13476720	95075280		2019-01-01	11844720	17337
2019-01-07	2019-01-13	58472160	31680960	16306800	106459920		2019-01-02	9522240	56347
2019-01-14	2019-01-20	48349200	31703760	16306800	96359760		2019-01-03	5966880	67183
2019-01-21	2019-01-27	84357360	51384000	19500000	155241360		2019-01-04	8731920	13003
2019-01-28	2019-02-03	39886320	24194880	18922080	83003280		2019-01-05	12841440	19504
2019-02-04	2019-02-10	50718480	33120240	11505840	95344560		2019-01-06	9719040	56347

⓰ 다시 쉼표(,)를 입력하면 INDEX 함수의 column_num 부분이 진해지면서 찾을 열의 위치를 입력할 수 있습니다. '유아' 항목에 대한 열의 위치를 자동으로 찾기 위해 'MATCH('를 입력하고, '기간별매출분석' 시트의 [Q10] 셀을 선택합니다. 쉼표(,)를 입력하여 피벗 테이블이 있는 'Sheet3'으로 이동합니다. 항목에 해당하는 값이 있는 [G4:L4] 셀까지의 범위를 입력하고, 키보드의 F4 키를 눌러 열 절대참조를 설정합니다.다시 쉼표(,)를 입력하여 match_type을 '0'으로 하여 정확히 일치하는 값을 찾을 수 있도록한 후 괄호를 닫고 다시 한 번 괄호를 더 닫아 INDEX 함수를 종료합니다. '=INDEX(Sheet3!$G$4:$L$109,MATCH(기간별매출분석!$P15,Sheet3!$G$4:$G$109,0),MATCH(기간별매출분석!Q$10,Sheet3!$G$4:$L$4,0))'

⑰ 결과값이 구해진 '유아'의 수식을 채우기 핸들로 '일반'과 '차량'에 자동채우기를 합니다.

채우기 핸들로 '차량'까지 함수 수식 채우기

⑱ 결과값이 반영된 [Q15:S15] 셀까지를 블록지정하여 채우기 핸들을 이용해 [Q11:S11] 셀까지 자동 채우기를 합니다. 기준일에 대한 데이터가 없을 경우에는 #N/A로 표시되게 됩니다.

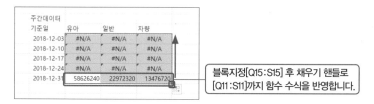

블록지정[Q15:S15] 후 채우기 핸들로
[Q11:S11]까지 함수 수식을 반영합니다.

멘토의 한 수

DB 시트에서 데이터의 시작일은 '2019-01-01'일 이므로 '2018-12-31'일 부터 시작되는 주의 항목별로 결과값이 표시되었습니다. 그러나 그 전 주에는 데이터가 없으므로 #N/A라는 오류값이 표시되었습니다.

7. 주간 매출현황을 차트로 표시하기

기준일에 해당하는 날짜는 DB 시트에 있는 전체 데이터 중 가장 첫날이 포함되어 있는 주의 월요일입니다. 이 날짜를 기준으로 [스크롤 막대]를 움직여 시작일을 설정합니다. 시작일에 표시된 주의 분야별 매출 흐름을 파악할 수 있도록 하며 5주 전 데이터까지 매출 흐름을 파악할 수 있도록 합니다.

Excel

❶ 주 단위를 스크롤 막대로 이동하여 데이터를 표시하기 위해 [개발 도구]–[컨트롤] 그룹–[삽입]–[양
식 컨트롤]–[스크롤 막대]를 선택합니다.

❷ '기간별 매출분석' 시트의 [J7:L7] 셀에 드래그하여 [스크롤 막대]를 삽입합니다.

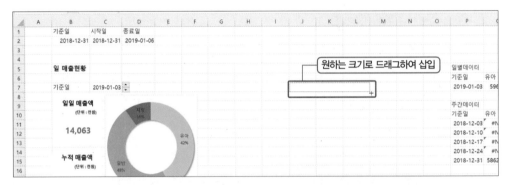

❸ 삽입된 [스크롤 막대]에서 마우스 오른쪽 단추를 눌러 메뉴가 나오면 [컨트롤 서식]을 클릭합니다.

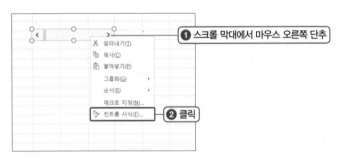

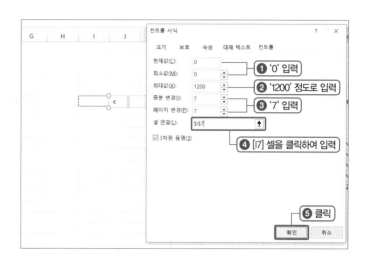
❹ [컨트롤 서식] 창-[컨트롤] 탭에서 [현재값]과 [최소값]을 0으로 [최대값]은 1,200 정도로 맞춰줍니다. [증분변경]과 [페이지 변경]은 각각 7로 입력하고 [셀 연결]은 [I7] 셀을 클릭하여 [증분변경]과 [페이지 변경]으로 변경된 값을 표시합니다.

멘토의 한 수

[컨트롤 서식] 창-[컨트롤] 탭의 세부 항목을 살펴보도록 합니다.

❶ 현재값 : 현재 스크롤 막대가 있는 위치로 0~30,000까지의 값을 입력할 수 있습니다. 예제에서는 0으로 해 놓으면 처음 시작할 때 기준일에 대한 매출액을 표시할 수 있습니다.

❷ 최소값 : 최소값은 0~30,000까지의 값을 입력할 수 있으며, 스크롤 막대로 표시할 수 있는 가장 작은 값입니다.

❸ 최대값 : 최대값은 0~30,000까지의 값을 입력할 수 있으며 스크롤 막대로 표시할 수 있는 가장 큰 값입니다.

❹ 증분변경 : 스크롤 막대의 양쪽 방향 버튼을 눌렀을 때 변경될 값의 크기입니다.

❺ 페이지변경 : 스크롤 막대의 중간 부분을 눌렀을 때 변경될 값의 크기입니다.

❻ 셀 연결 : 증분변경을 하거나, 페이지변경을 했을 때 값이 표시될 셀입니다. 해당 셀에 표시된 값을 잘 활용하면 최대값과 최소값에 표시될 수 있는 값의 한계치를 넘어서는 값도 표시할 수 있습니다.

❺ 스크롤 막대를 클릭하여 5주 간의 데이터 값이 모두 표시되도록 합니다. 그리고 [C2] 셀에 있는 시작일은 기준일과 동일한 날짜였으나, [스크롤 막대]와 연결된 [I7] 셀의 값을 더하여 '2018-12-31'을 기준으로 주 단위로 데이터를 변경할 수 있도록 합니다.

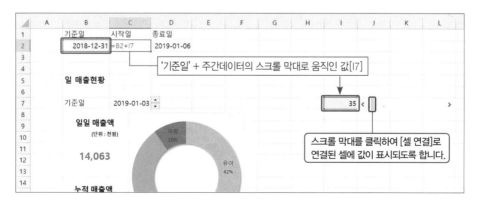

❻ [스크롤 막대]를 마우스 오른쪽으로 클릭하여 선택하고 왼쪽으로 드래그해서 [I7] 셀에 표시된 값이 [스크롤 막대]로 가려지도록 합니다. 마우스 오른쪽 버튼을 떼면 나오는 메뉴 중에서 [여기로 이동]을 누르면 [스크롤 막대]가 이동하게 됩니다.

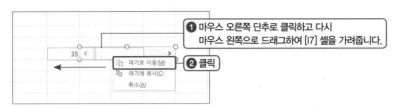

❼ 차트를 삽입하기 위해 함수로 구해 놓은 주간 데이터[P10:S15] 셀을 블록지정합니다. 그리고 [삽입]-[차트] 그룹-[꺾은 선형 또는 영역형 차트삽입]-[꺾은 선형]을 선택합니다.

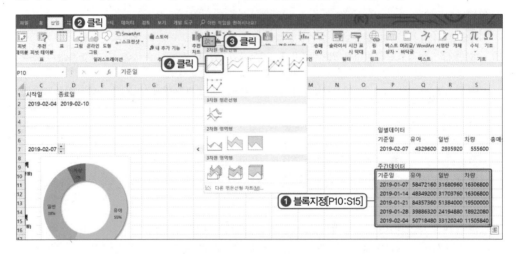

❽ 삽입된 차트를 스크롤 막대 아래에 위치시킨 후 '차트제목'을 클릭하여 키보드의 Delete 키를 눌러 삭제합니다.

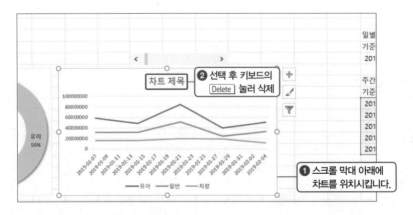

❾ 차트의 꺾은 선형 중 '유아' 항목에 해당하는 꺾은 선형을 선택하고 마우스 오른쪽 단추를 눌러 [데이터 계열 서식]을 클릭합니다.

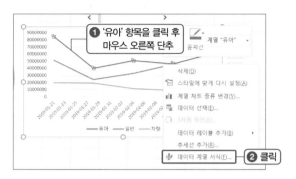

❿ [데이터 계열 서식]이 열리면 [채우기 및 선]을 선택하고 [선]-[실선]을 선택합니다. 그리고 [색]에 [윤곽선 색] 목록-[최근 사용한 색 목록]의 색에서 선택합니다.

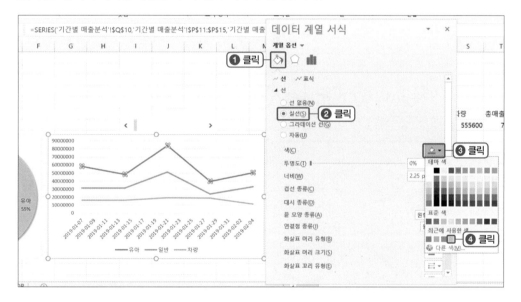

멘토의 한 수

[최근 사용한 색 목록]에 색이 없을 경우 [다른 색]을 선택하여 [색] 창이 열리면 '빨강(R):255, 녹색(G):202, 파랑(B):3'으로 설정하고 [확인]을 클릭합니다.

⓫ 색을 지정한 후 [너비]를 4pt로 변경하여 꺾은 선형의 두께를 늘려주고 [완만한 선]에 체크하여 꺾은 선형의 그래프가 곡선으로 보일 수 있도록 합니다.

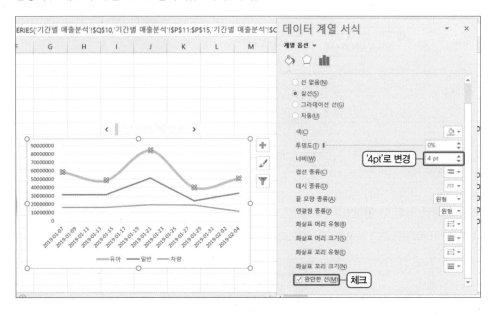

⓬ 그리고 다시 [효과]-[그림자]를 눌러 [그림자] 목록-[오프셋 : 오른쪽 아래]를 선택하여 줍니다.

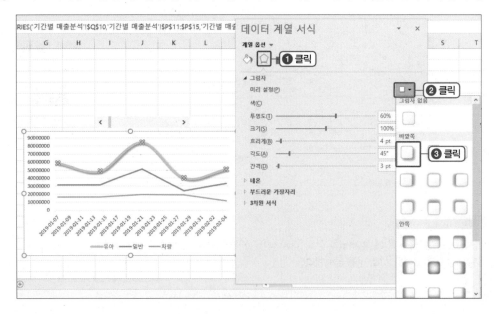

⓭ 그림자까지 선택한 후 [데이터 계열 서식] 창이 열린 상태로 차트에 '일반' 항목 그래프를 선택하면 [데이터 계열 서식] 창이 '일반' 항목으로 변경되어 그래프의 모양을 설정할 수 있습니다. '유아' 항목과 같은 방법으로 모양을 설정하는데 [색]은 '빨강(R) : 68, 녹색(G) : 219, 파랑(B) : 164, [너비] : 4pt, [완만한 선]'에 체크하여 곡선형태로 변경합니다.

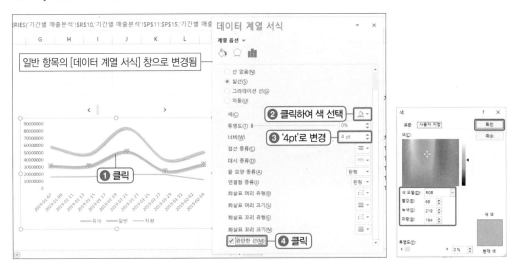

⓮ [효과]–[그림자]를 눌러 [그림자] 목록–[오프셋 : 오른쪽 아래]를 선택하여 줍니다.

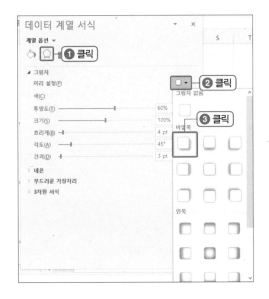

⓯ '일반' 항목에 대한 설정을 완료한 후 같은 방법으로 삽입된 차트에서 '차량' 항목을 선택하여 그래프를 설정합니다. [색]은 '빨강(R) : 233, 녹색(G) : 59, 파랑(B) : 94, [너비] : 4pt, [완만한 선]'에 체크하여 곡선 형태로 변경합니다.

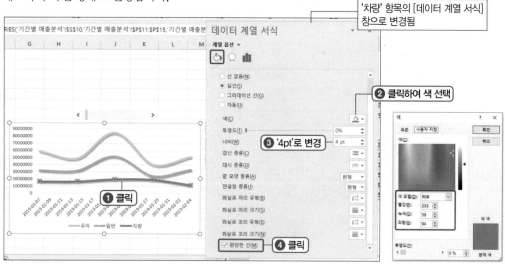

⓰ [효과]−[그림자]를 눌러 [그림자] 목록−[오프셋 : 오른쪽 아래]를 선택하여 줍니다. 모든 설정이 완료되면 [데이터 계열 서식]을 닫아 줍니다.

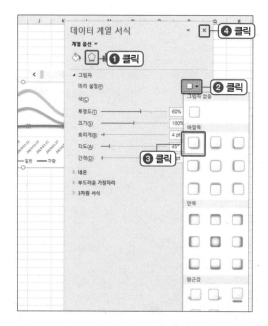

⑰ 차트 도구의 [서식]-[현재 선택 영역] 그룹-[차트 요소] 목록-[세로 (값) 축 주 눈금선]을 선택하면 차트에 표시된 주 눈금선이 표시됩니다. 이때 키보드의 Delete 키를 눌러 세로 축 주 눈금선을 삭제합니다.

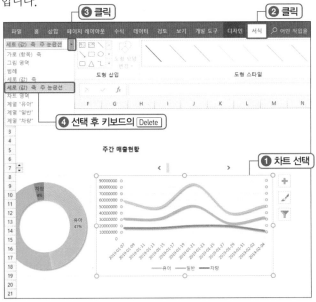

⑱ 세로 축의 주 눈금선을 삭제한 후 세로 축 값에서 마우스 오른쪽 단추를 눌러 메뉴 중 [축 서식]을 클릭합니다. [축 서식] 창이 열리면 [축 옵션]-[표시형식]에서 범주의 목록을 [사용자 지정]으로 변경하고 [형식]의 목록을 눌러 '#,###,'으로 변경합니다.

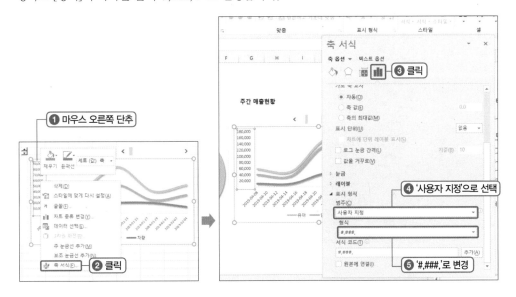

멘토의 한 수

만약 [형식] 목록에 '#,###,'이 없을 경우에는 [서식 코드]의 입력란에 '#,###,'을 입력하고 [추가] 버튼을 클릭한 후 [형식] 목록을 확인하면 '#,###,'이 추가되어 있는 것을 확인할 수 있습니다.

⑲ 세로 축 값의 표시 형식을 조절했다면 [축 서식] 창을 닫고 나옵니다. 그리고 [G5] 셀에 '주간 매출현황'을 입력한 후 [홈]–[글꼴] 그룹에서 글꼴 크기를 12pt, 굵게 지정합니다.

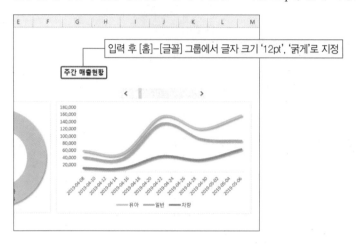

8. 월매출현황의 분야별 매출액 구하기

월매출현황은 미리 설정해 놓았던 시작일에서 년도와 월을 추출하고 각 분야별 매출액을 구합니다.

❶ 월매출현황을 구하기 위해 [P17] 셀에 '월 데이터'를 입력하고 [P10:S10] 셀에 있는 항목을 블록지정하여 복사([Ctrl]+[C])합니다. [P18] 셀을 클릭하여 붙여넣기([Ctrl]+[V])하여 매출현황을 구하기 위한 필드명을 입력합니다.

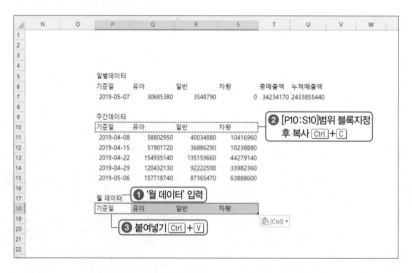

❷ 월 데이터 부분에 날짜를 표시하기 위해 [P19] 셀을 클릭하고 '=YEAR($C$2)&"년 "'을 입력하여 [C2] 셀에 있는 시작일에서 년도를 추출하고 "년"을 표시합니다. 연결하여 월을 구하기 위해 '&MONTH($C$2)&"월"'을 입력하여 월을 추출한 후 "월"을 '=YEAR($C$2)&"년 "&MONTH($C$2)&"월"' 표시합니다.

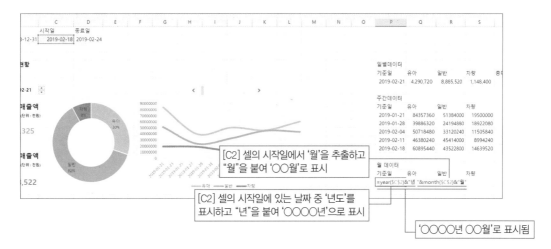

[C2] 셀의 시작일에서 '월'을 추출하고 "월"을 붙여 '○○월'로 표시

[C2] 셀의 시작일에 있는 날짜 중 '년도'를 표시하고 "년"을 붙여 '○○○○년'으로 표시

'○○○○년 ○○월'로 표시됨

멘토의 한 수

엑셀에는 여러 가지의 연산자가 존재합니다. 그 중 '&' 기호는 특정 셀에 있는 값을 연결하거나 수식에 다른 함수나 텍스트를 연결해주는 연결자 역할을 합니다.

❸ 세 가지의 조건(년, 월, 항목)에 맞는 매출액의 합계를 구하기 위해 [Q19] 셀을 클릭하고 합계를 구할 범위와 첫 번째 조건 범위를 입력하여 '=SUMIFS(DB!$K:$K,DB!$B:$B'를 입력합니다.

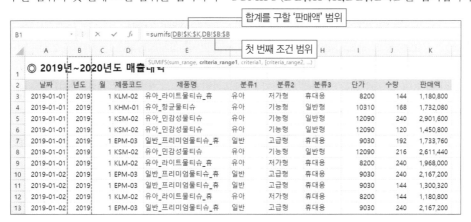

합계를 구할 '판매액' 범위

첫 번째 조건 범위

멘토의 한 수

SUMIFS 함수에 range 부분에는 함수를 포함할 수가 없습니다. 그래서 데이터를 가공하는 기초단계에서 YEAR 함수와 MONTH 함수를 이용해 DB 시트에 있는 날짜에서 년도와 월을 추출해 놓았습니다.

④ 쉼표(,)를 입력한 후 첫 번째 조건 범위에서 찾을 조건을 입력하기 위해 'YEAR('를 입력하고, '기간별 매출분석' 시트로 이동하여 [C2] 셀을 입력한 후 키보드의 F4 키를 눌러 절대참조를 설정하면 연도만 추출하게 됩니다. 다시 쉼표(,)를 입력하여 두 번째 조건 범위가 있는 'DB' 시트로 이동하여 미리 추출해 놓은 월이 있는 [C] 열을 선택하여 'DB!$C:$C'가 표시되도록 합니다. 다시 쉼표(,)를 입력한 후 'MONTH('를 입력하고, 두 번째 조건이 있는 '기간별 매출분석' 시트로 이동하여 [C2] 셀을 클릭하고 보드의 F4 키를 눌러 월을 추출할 수 있도록 합니다. '=SUMIFS(DB!$K:$K,DB!$B:$B,YEAR('기간별 매출분석'!$C$2),DB!$C:$C,MONTH('기간별 매출분석'!$C$2)'

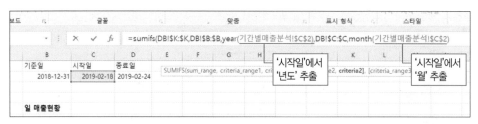

⑤ 세 번째 조건 범위를 입력하기 위해 쉼표(,)를 입력하고 'DB' 시트로 이동해 세 번째 조건 범위인 [F] 열을 선택하여 'DB!$F:$F'가 표시되도록 합니다. 쉼표(,)를 입력하여 조건이 있는 '기간별 매출분석' 시트로 이동한 후 [Q18] 셀을 클릭하여 함수수식 '=SUMIFS(DB!$K:$K,DB!$B:$B,YEAR('기간별 매출분석'!$C$2),DB!$C:$C,MONTH('기간별 매출분석'!$C$2),DB!$F:$F,'기간별 매출분석'!Q$18)'을 완성합니다.

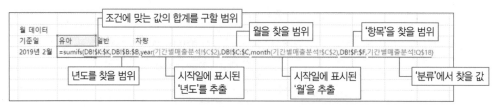

⑥ 결과값이 나오면 채우기 핸들로 '차량'까지 자동 채우기합니다. 그리고 [홈]-[표시형식] 그룹-[쉼표 스타일]을 눌러 줍니다.

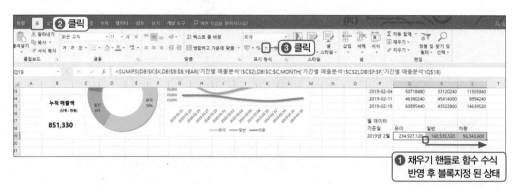

❼ '기간별 매출 분석' 시트의 [N:Q] 열을 블록지정하여 마우스 오른쪽단추를 눌러 메뉴가 나오면 [삽입]을 눌러 월매출에 대한 차트를 표시할 공간을 만들어 줍니다.

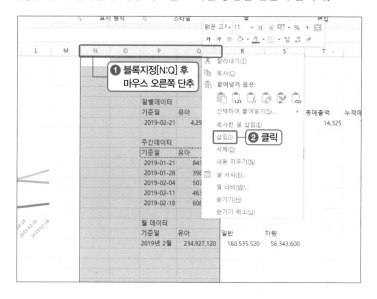

9. 월매출현황을 차트로 표현하기

주간 매출현황의 슬라이드를 이용하여 변경된 시작일이 포함된 '월'의 분야별 월매출현황을 세로 막대형으로 표현합니다.

❶ 월별, 분야별 매출액을 구해 놓은 범위 [U18:W19] 셀을 블록지정 한 후 [삽입]-[차트] 그룹-[세로또는 가로막대형 차트 삽입]-[2차원 세로막대형의 묶은 세로막대형]을 선택합니다.

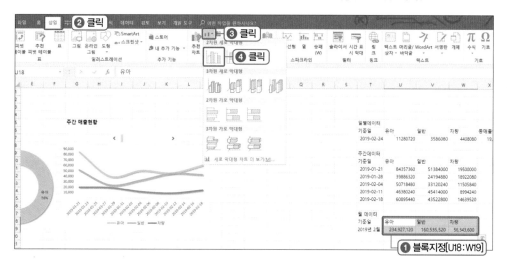

❷ 차트를 선택하고 [차트 도구]-[서식]-[크기] 그룹에서 높이를 7cm, 너비를 6.5~7cm로 변경합니다. 차트를 주간 매출현황 차트에 맞춰 적당한 위치를 잡아 줍니다.

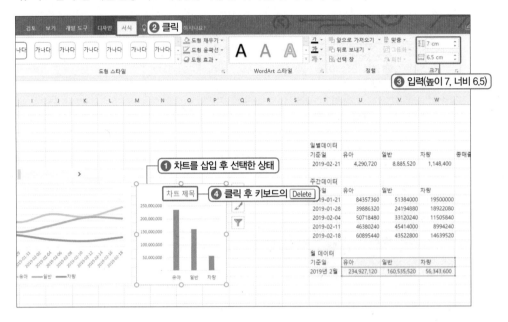

❸ 차트에 있는 '차트 제목'을 클릭하여 키보드에 있는 Delete 키로 삭제하고, 차트에 있는 막대그래프를 선택합니다. 그리고 마우스 오른쪽 단추를 눌러 메뉴에서 [데이터 계열 서식]을 선택합니다.

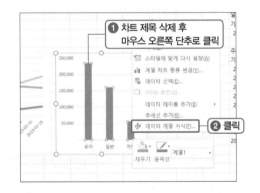

❹ [데이터 계열 서식] 창이 열리면 [계열 겹치기]는 0%, [간격 너비]는 50%로 하여 간격을 좁혀 줍니다. 간격너비를 50%로 변경하면 자동으로 차트안의 막대그래프의 너비가 넓어지게 됩니다.

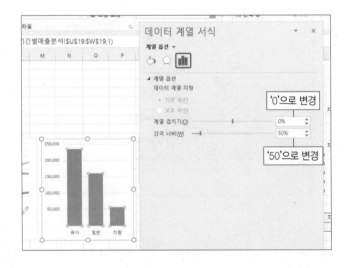

❺ 간격너비를 조정한 후 [데이터 요소서식] 창이 열려있는 상태로 차트에서 '유아'에 해당하는 막대그 래프를 한 번 더 클릭하여 '유아'만 선택합니다. 그리고 [채우기 및 선]-[채우기]를 클릭하여 [단색 채우기]를 선택하고, [채우기 색] 목록에서 기존에 설정해 놓았던 색을 선택합니다. 만약 없다면 [채 우기 색] 목록-[다른 색]을 클릭하고 나타나는 [색] 창에서 빨강은 255, 녹색은 202, 파랑은 3으로 입력한 후 [확인] 버튼을 클릭합니다.

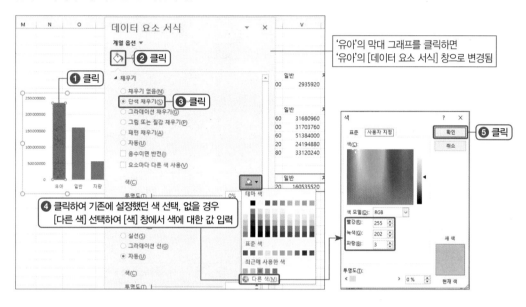

❻ 이번에는 [데이터 요소 서식] 창의 [효과]를 클릭하고 [그림자]-[그림자] 목록에서 [오프셋 : 오른쪽 아래]를 선택하여 '유아'의 막대그래프에 그림자를 설정해 줍니다.

❼ [데이터 요소서식] 창이 열린 상태로 다시 차트의 '일반' 막대그래프를 선택하면 [데이터 요소 서식] 창이 '일반' 항목에 대한 것으로 변경됩니다. 이때 [효과]-[그림자]-[그림자] 목록에서 [오프셋 : 오른쪽 아래]를 선택하여 그림자를 설정해 줍니다.

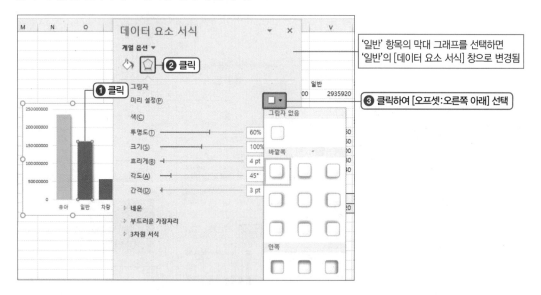

❽ 그림자 설정 후 [데이터 요소 서식] 창-[채우기 및 색]-[채우기] 목록에서 [단색 채우기]를 선택 후 미리 설정해 놓았던 '일반' 항목에 대한 색을 지정하고, 해당 색이 없을 경우 [채우기 색] 목록-[다른 색]을 클릭하고 나타나는 [색] 창에서 빨강은 68, 녹색은 219, 파랑은 164로 입력한 후 [확인] 버튼을 클릭합니다.

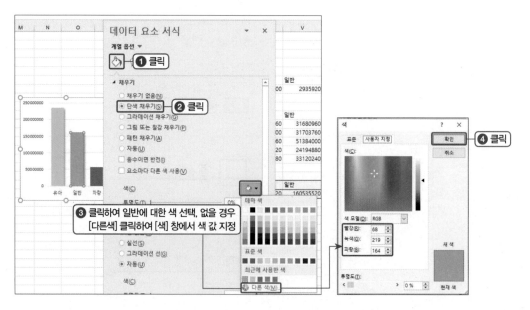

❾ [데이터 요소 서식] 창이 열려 있는 상태에서 차트의 '차량' 항목의 막대그래프를 선택합니다. 그리고 [데이터 요소 서식] 창–[채우기 및 색]–[채우기] 목록에서 미리 설정해 놓았던 '차량' 항목에 대한 색을 지정하고 해당 색이 없을 경우 [채우기 색] 목록–[다른 색]을 클릭하고 나타나는 [색] 창에서 빨강은 233, 녹색은 59, 파랑은 94로 입력한 후 [확인] 버튼을 클릭합니다.

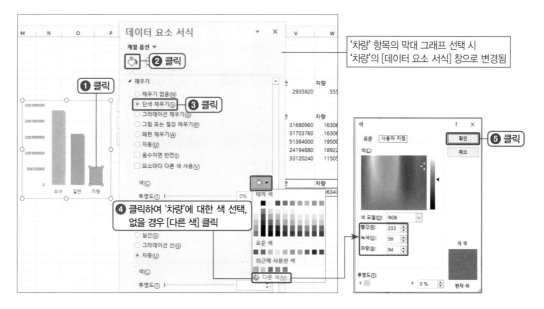

❿ 그림자를 넣기 위해 [데이터 요소 서식] 창에서 [효과]–[그림자]–[그림자] 목록 중 [오프셋 : 오른쪽 아래]를 선택하여 '차량'의 막대그래프에 그림자를 설정해 줍니다. [닫기]를 클릭하여 완료합니다.

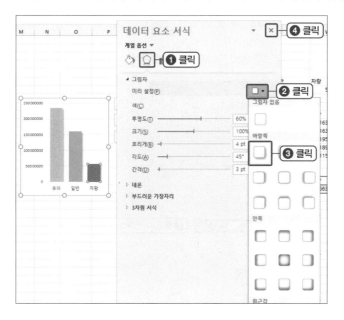

⑪ 모든 항목의 막대그래프 색을 변경했으면 차트에 보이는 '세로 축 값'을 마우스로 클릭하여 키보드의 Delete 키를 눌러 삭제합니다. 같은 방법으로 '세로 (값) 축 주 눈금선'을 선택하여 삭제(Delete)합니다.

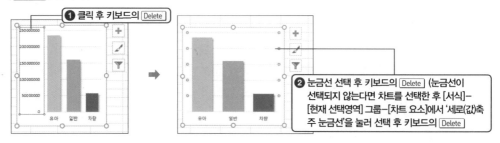

⑫ [N5] 셀에 '월 매출현황'을 입력하고 [홈]−[글꼴] 그룹−[글꼴크기]를 '12'로 변경하고 '굵게'로 지정합니다. 그리고 [O7] 셀에 '기준월 :'을 입력하고 [P7] 셀에 미리 추출해 놓은 기준월을 입력하기 위해 '=T19'를 입력합니다.

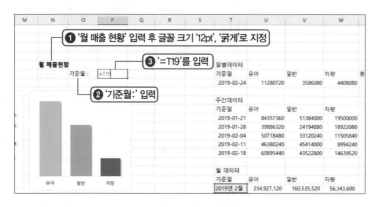

⑬ [O7:P7] 셀까지 블록지정하여 [홈]−[글꼴] 그룹에서 '굵게'를 지정합니다.

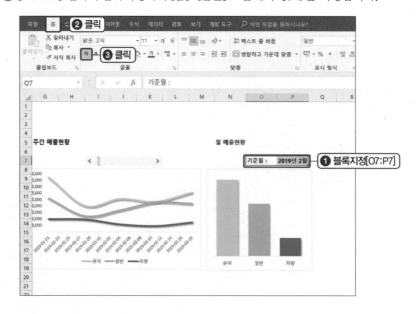

10. 데이터 범위 서식 설정하기

일, 주간, 월 데이터를 분석하고 차트로 표현했으니 전체적인 서식을 설정하여 보고서를 완료합니다.

❶ [A] 열의 너비를 줄여 준 후 [B1:D2] 셀을 블록
지정하여 [홈]–[글꼴] 그룹에 '굵게'를 눌러 진하
게 하고 [홈]–[맞춤] 그룹–[가운데 맞춤]을 눌러
줍니다.

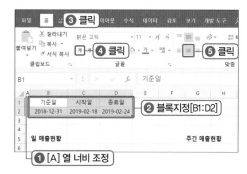

❷ [B1:D1] 셀까지 범위만 블록지정한 후 [홈]–[글꼴]
그룹에 [채우기 색] 목록에서 '황금색, 강조4, 80%
더 밝게'를 눌러 줍니다.

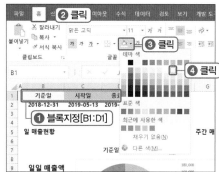

❸ 추출해 놓은 데이터들의 서식을 지정하기 위해 [T5:Y19] 셀까지의 범위를 블록지정하여 [홈]–[글
꼴] 그룹–[글꼴 크기]를 '9'로 변경하여 크기를 줄여줍니다.

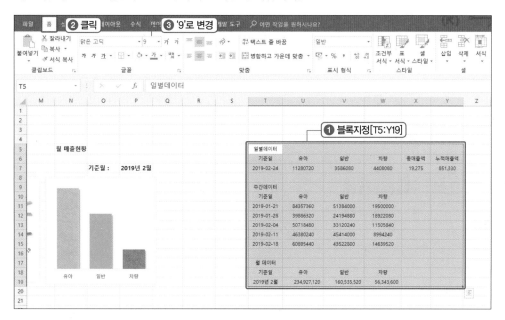

❹ 일별데이터가 있는 [T6:Y7] 셀을 블록지정한 후 마우스 오른쪽 단추를 눌러 셀 서식(Ctrl + 1)
을 눌러줍니다.

❺ [셀 서식] 창이 열리면 [테두리] 탭을 클릭하고 [색] 목록에서 '흰색, 배경1, 35% 더 어둡게'를 테두
리색으로 지정합니다. 그리고 [미리 설정] 부분에 있는 [안쪽]을 눌러 블록 지정했던 범위의 안쪽에
만 테두리를 설정하고 [확인]을 누릅니다.

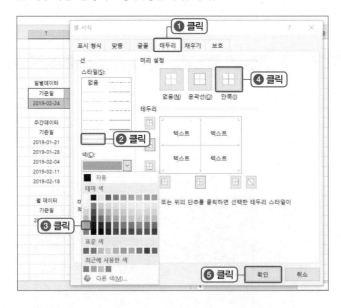

⑥ 다시 [T6:Y6] 셀을 블록지정한 후 [홈]-[글꼴] 그룹-[채우기 색] 목록에서 '흰색, 배경1, 15% 더 어둡게'를 선택하여 일별데이터의 필드명(머리글) 부분에 서식을 지정합니다.

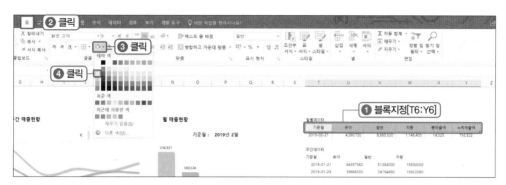

⑦ 주간데이터가 있는 범위 [T10:W15]와 월 데이터가 있는 범위 [T18:W19]를 각각 블록지정하여 [셀 서식]([Ctrl]+[1])의 [테두리] 탭을 클릭합니다. [색] 목록에서 '흰색, 배경1, 35% 더 어둡게', 그리고 [미리 설정] 부분에 있는 [안쪽]을 눌러 블록 지정했던 범위의 안쪽에만 테두리를 설정하고 [확인]을 누릅니다.

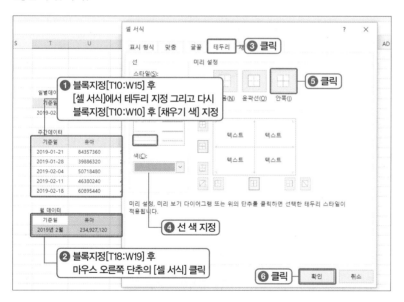

❽ 다시 주간데이터의 필드명 범위 [T10:W10]와 월 데이터의 필드명 범위 [T18:W18]을 각각 블록 지정한 후 [홈]-[글꼴] 그룹-[채우기 색] 목록에서 '흰색, 배경1, 15% 더 어둡게'를 선택하여 필드명 (머리글) 부분에 서식을 지정합니다.

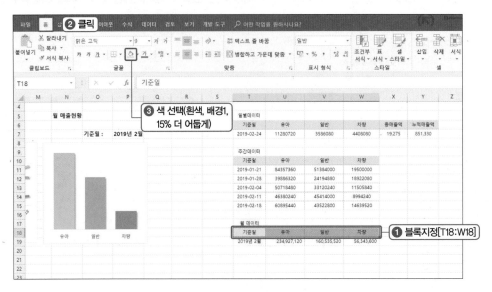

멘토의 한 수

[보기]-[표시] 그룹-[눈금선]을 체크해제하면 배경이 흰색으로 표시됩니다.

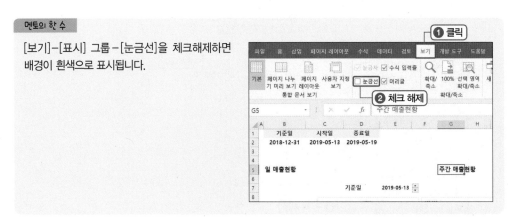